우울한 사람 곁에서
무너지지 않게 도움 주는 법

우울한 사람 곁에서
무너지지 않게 도움 주는 법

수전 J. 누난 지음 | 문희경 옮김

날
아날로그

일러두기

- 이 책에 실린 정보는 자격 있는 의학 전문가의 조언보다 우선하거나 그것을 대체할 수 없다. 정신의학적 질병과 장애는 광범위한 종류의 증상과 임상적 경과를 보인다. 따라서 정신과적 질환과 장애의 진단 및 치료는 반드시 자격 있는 의학전문가와 상담해야 한다.

- 이 책에 실린 정보의 정확성을 보증하기 위해 기울인 모든 노력은 출간 시점에 적용된다. 저자와 출판사는 책에 포함된 정보의 사용이나 적용에서 일어나는 잘못된 결과에 대해 책임을 지지 않는다.

- 상담이 필요하다면 보건복지 희망 콜센터 129, 정신건강상담 핫라인 1577-0199, 청소년 상담전화 1388을 이용하라.

- 본문 중 괄호로 영문명과 연도를 표시한 것은 해당 내용에 관한 참고문헌 표기다. 예를 들어 (Hyde, 2016)은 부록의 참고문헌 중 Hyde CL, Nagle MW, Tian C, et al. Identification of 15 genetic loci associated with risk of major depression in individuals of European descent. *Nat Genet*. 2016;48(9):1031-1036을 뜻한다.

차례

Chapter 01 | 도움을 주려면 먼저 제대로 알아야 한다
_ **기분장애에 대한 이해**

Chapter 02 | 말과 행동이 평소와 다르다면 우울증의 신호일 수 있다
_ **우울증의 징후와 진단**

Chapter 03

기분장애 관리의 목표는 일상생활을 가능하게 하는 데 있다

_ 기분장애 관리를 위한 기초적이지만 필수적인 방법

Chapter 04

보호자는 지지와 돌봄을, 치료는 전문가에게 맡겨라

_ 전문가에게 도움 구하기

Chapter 05

경청을 통해 믿음을 주고 섣불리 판단하지 말라

_ 돌봄 과정의 어려움과 지지하고 소통하는 법

표·훈련자료 목록

우울증에 영향받는 모든 이에게 꼭 필요한 책

세계적으로 2억 5천만 명 이상이 우울증을 경험한다. 누구나 교통편이 연착하거나 인간관계에서 갈등이 생기거나 프로젝트의 마감이 다가오는 등 일상의 스트레스로 괴로워하지만, 이런 스트레스는 대개 일시적이다. 우울증은 이런 단순한 정서적 고통과는 차원이 다르다. 우울증의 주요 증상은 일상을 방해한다. 일반적인 우울증 증상으로는 의기소침하거나 가라앉은 기분, 일상의 활동에 관심이 떨어지는 상태, 무엇에도 즐거움을 느끼지 못하는 상태, 수면장애와 식욕 저하, 집중력 저하, 활력 저하, 절망감과 무력감이 있다.

우울증 환자의 다수가 자살을 생각한다. 세계적으로 매년 75만 명이 자살로 생을 마감한다. 미국에서는 2007년부터 2017년까지 10년간 10~24세 사이의 자살률이 56퍼센트 증가했다. 게다가 10~34세 사이의 연령대에서 자살은 두 번째 사망 원인이다. 우울증은 신체 건강에도 악영향을 끼칠 수 있다. 가령 심장 질환을 앓으면 우울증이 발병할 위험이 높아지고, 우울증이 생기면 심장 질환 예후가 나빠질 수 있다.

학술적 연구를 거쳐 개발된 우울증 치료법이 많이 나와 있지만 현재 정신건강 전문가들은 환자 개개인에게 어떤 치료법이 가장 효과적인지를 찾는 데 주목하기 시작했다. 환자에게 적합한 치료법에 관한 연구는 현재도 진행 중인 중요한 연구 분야다. 약물치료든 상담치료든 심호흡 기법 같은 심신치료법이든 우울증 환자의 30~40퍼센트 정도만 초기 단계에서 효과를 본다. 각종 치료법이 나와 있지만 현실적으로 우울증 환자 대다수는 한 가지 이상의 치료법을 함께 적용해야 그나마 효과를 볼 수 있다. 연구에 따르면 우울증치료 횟수가 늘어날수록 우울증이 호전될 가능성은 점차 떨어진다고 한다. 이는 초기 치료 단계부터 환자 개인에게 가장 적합한 치료법을 적용하는 것이 중요하다는 뜻이기도 하다.

정신건강 전문가들은 더 나아가 연구를 통해 개발된 치료법을 현장의 전문가와 환자들에게 더 많이 소개할 방법도 모색해야 한다. 인터넷이라는 가상의 공간을 통해 잘못된 정보가 널리 퍼져 있는 현실에서 우울증의 예방과 진단과 치료에 관한 신뢰할 만한 정보를 제대로 전달하려는 노력은 그 어느 때보다 중요해졌다. 치료자든 환자든 외딴 지역에서 거주하고 일하는 사람이 많아질수록 유튜브나 팟캐스트 또는 전자책 등으로 정보를 접하는 비율도 높아질 것이다.

수전 J. 누난 박사의 책『우울한 사람 곁에서 무너지지 않게 도움 주는 법』은 광범위한 연구에 기반한 훌륭한 자료다. 우울증 환자는 물론, 가족과 친구를 비롯한 주변 사람들, 최전선에서 우울증과 싸우는 전문가들에게 실질적인 정보를 제공한다. 누난 박사는 오랜 세월 우울증과 싸워온 정신건강 전문가이자 환자로서 이 책에 생생한 지식과 경험을 담았다. 우울증 평가와 정확한 진단, 정신건강 치료 시스템, 인지행동 전략 활용, 세대별 우울증에 대한 이해, 보호자가 할 수 있는 가장 효과적인 대처 방법 등을 다루었다. 누난 박사는 쉽게 읽히는 문체로 생생하게 정보를 전달한다. 사례를 적절히 활용해 주요 개념과 원칙을 효과적으로 전달한다.

정신과 의사이자 심리학자의 관점에서 보면 이 책은 이 분야의 중요한 저작물이다. 우울증 환자의 가족이나 친구들은 무슨 말을 해주고 어떻게 도와줘야 할지 모르겠다고 호소할 때가 많다. 이 책에서는 어떻게 소통하고 언제 개입하며 어떻게 도와줄 수 있는지를 비롯해 구체적이고 유용한 방법을 소개한다. 우울증에 영향을 받는 모든 이에게 꼭 필요한 책을 내준 누난 박사의 노고에 찬사를 보낸다.

모리지오 파바 MD
(매사추세츠주 보스턴 매사추세츠병원 정신과 과장)

티모시 J. 피터슨 PhD
(매사추세츠주 보스턴 매사추세츠병원 심리학자)

기분장애를 겪고 있는 가족 또는 친구를
어떻게 대해야 할지 막막한가요?

이 책을 집어 들었다면 당신은 아마도 우울증이나 양극성장애를 앓는 가족이나 친구를 도와줄 방법을 찾는 사람일 것이다. 환자에게 무슨 말을 해주고 어떻게 도와줄지에 관한 아이디어가 풍부하게 담긴 이 책은 바로 당신을 위한 책이다. 이 책은 주요우울증, 양극성장애 등 기분장애를 겪고 있는 사람들을 위한 워크북 형식의 기분 관리 안내서 『기분을 관리하면 당신도 잘 살 수 있습니다』의 뒤를 잇는 책이기도 하다.

우울증을 겪고 있는 사람의 가족, 친구에게도 도움이 필요하다

누구든 마음의 병을 앓는 사람을 도우려다가 좌절한 경험이 있을 것이다. 어떻게 대해야 하는지 아득해지거나 예민한 문제를 직접 꺼내지 못하고 무슨 말을 해야 할지 쩔쩔맸을 것이다. '잘못된' 말을 내뱉거나 '잘못된' 조치를 취해서 오히려 상황을 악화시킬까 봐 걱정하는 것도 당연하다. 마땅한 두려움이다.

우울증 때문에 마음을 닫고 대화를 거부하는 친구나 가족에게 말을 걸려고 전전긍긍해봤을 것이다. 도와주고 싶어 다가가면서도 당신의 행동이 도움이 되지 않을까 봐 두려웠을 수도 있다. 또는 좌절하고 무력감에 시달리다가 결국 지쳐서 나가떨어졌을 수도 있다.

세심한 접근이 필요한 순간에 스스로 경험이 부족하다는 것을 깨달았을 수도 있다. 더욱이 당장 정서적으로 위태로운 상태인 환자는 제대로 사고하지 못할 가능성이 높다. 환자가 당신의 말이나 행동을 곡해할 수도 있다. 이 책은 환자의 가족이나 친구가 환자의 왜곡된 생각을 섬세하게 감지하거나 알아채야 하는 상황을 잘 헤쳐 나가도록 도와준다.

기분장애를 앓는 청소년 자녀를 둔 부모라면 자녀가 마음의 병을 이겨내도록 이끌어주고 지지해야 한다는 책임감을 더 크게 느낄 것이다. 자녀가 부모에게 고통을 털어놓지 않을 수도 있고 치료를 통해 고통의 이유를 알아보고 싶어 하지 않을 수도 있다. 이런 경우는 비일비재하다. 그러면 부모는 좌절하고 무력감에 빠져서 자녀를 위해 아무것도 하지 못할 수 있다. 또 노년의 부모가 우울증에 걸리면 정신 질환에 대한 그 세대의 고정관념 때문에 치료를 받지 않으려 할 수 있다. 특히 정신 질환의 경우 치료를 제대로 받지 못하면 위험이 커질 수 있다.

이 책의 목적은 배우자나 형제자매, 부모나 청소년 또는 성인 자녀, 가까운 친구가 앓는 이 무기력한 질환과 싸우는 사람들에게 우울증을 다스리는 전략을 소개하는 데 있다. 나는 이 책에 환자이자 보호자로서 나의 개인적인 경험, 과학 연구를 비롯한 교육용 자료, 심리교육 프로그램과 세미나, 이 분야의 전문가, 그리고 다른 치료자들의 환자와 환자 가족들의 경험을 담았다. 나아가 가족이나 친구가 우울증을 앓을 때 무슨 말을 해주고 어떻게 도와줄지에 관한 조언도 담았다. 더불어 우울증을 겪고 있는 사람이 회복력을 기르게 해줄 방법도 소개했다. 다음으로 우울증의 스트레스에 시달리는 환자의 보호자이자 지지자인 바로 당신을 돌보는 방법도 다루었다. 보호자도 환자를 보살피는 동안 지지를 받아야 하고 자신을 돌보는 법을 배워야 한다.

기분장애는 사람을 가장 심각하게 무너뜨리는 병

이 책에서는 구체적으로 어떤 내용을 다룰까? 주요우울장애(우울증)와 양극성장애는 생물학적 기반의 마음과 몸의 질환으로 사람들의 생각, 감정, 행동, 일상생활에 영향을 미친다. 기분장애인 두 질환은 재발과 완화를 반복하는 병이다. 말하자면 환자마다 고유한 양상으로 장기간에 걸쳐 증상이 나타났다가 사라지기를 반복할 수 있다는 뜻이다. 배우자 또는 자녀, 부모의 우울증이 이렇게 재발과 완화를 반복하면 하루하루가 어떻게 될지 예측하기 어렵다. 이런 식으로 시시각각 기분이 달라지면 옆에서 지켜보거나 같이 사는 사람은 많은 경우 좌절감에 빠지고 어떻게 대처할지 몰라 난감해진다.

기분장애는 사람을 가장 심각하게 무너뜨리는 병으로 세계적으로 막대한 부담을 초래한다. 특히 우울증은 세계적으로 '질병이나 상해가 초래하는 부담'이 네 번째로 큰 질환이고 자살과 심장(심혈관) 질환의 근본 원인이다. 우울증과 양극성장애는 환자의 일상생활 거의 모든 차원에 영향을 미치고, 결과적으로 전반적인 삶의 질에 영향을 미친다. 이 두 질환에 의해 심리적·사회적으로 무력해지는 정도는 우울증 증상의 심각도와 관련이 있다. 어느 문화와 사회에서든 우울증은 인지(사고)장애, 일상생활 기능과 생산성 저하, 학교나 직장에서 수행 저하와 잦은 결석이나 결근과 관련이 있다. 결과적으로 소득이 줄어들거나 실업률이 증가하고 삶의 질이 떨어지며 가족과 사회에 대한 (사회, 경제적) 부담이 커질 수 있다. 게다가 기분장애는 가족의 안정성을 침해하거나 별거나 이혼으로 이어질 수도 있다. 부모가 우울증에 걸리면 같이 사는 자녀에게 영향을 미치고, 또 태아와 신생아가 위험해지거나 부모-자녀의 유대 또는 애착이 손상되어 정상적인 아동발달을 저해할 수 있다.

세계적으로 모든 연령대에서 약 3억 명이 우울증에 걸린다(세계보건기구, 2018). 2016년에 미국에서는 성인 1,620만 명과 청소년 310만 명이 적어도 한 번 이상 주요우울장애 삽화를 경험한 것으로 추산했다(미국 국립정신건강연구소, 2018). 그리고 이 수치는 계속해서 증가하는 추세다. 게다가 우울증을 겪고 있는 성인의 3분의 1과 청소년의 3분의 2 정도는 정신건강 전문가에게 치료받지 않았다(미국 국립정신건강연구소, 2016). 또 성인의 4.5퍼센트와 청소년의 2.9퍼센트는 생애에 어느 시점에 양극성장애(양극성장애 1형, 2형, 양극성 스펙트럼)를 경험한다.

이렇게 높은 수치에 놀랐을 것이다. 사람들은 온갖 이유로 병을 숨기고 공개적으로 말하지 않는다. 사회적으로 낙인찍힐까 봐 두려운 마음이 가장 흔한 이유다. 낙인, 곧 근거 없는 심판과 잘못된 정보에 의한 비난은 정신 질환을 앓는 사람들을 괴롭히고 막대한 고통을 준다. 현재 정신 질환을 의학적 문제로 보는 관점이 크게 발전했다고 해도, 환자들은 여전히 사회나 직장에서 차별을 당한다.

환자 곁을 지키는 사람이 좌절하지 않고 도울 방법을 함께 찾아가는 책

나는 보스턴 매사추세츠병원에서 환자, 부모, 배우자 들과 기분장애에 관한 원탁회의를 가지면서 우울증과 양극성장애 환자를 곁에서 지지하는 사람들이 얼마나 큰 좌절감에 빠지는지 알게 되었다. 환자의 가족과 친구는 누구보다도 먼저 환자에게서 우울증 증상을 알아채고 가까이서 지지해주는 사람들이다. 하지만 어떤 단계를 밟아야 할지, 증상이 나타날 때 무슨 말을 해주고 어떻게 도와줄지, 우울증의 진행 경과를 어떻게 바꿔야 할지 몰라 무력감에 빠진다. 나는 환자 가족과 친구들이 기분장애의 예기치 못한 특성에 당혹스러워하는 모습을 지켜보았다. 나 역시 기분장애가 좋아졌다 나빠지기를 반복할 때 어떻게 대응할지 알아봐도 마땅히 도움이 될 만한 정보를 얻을 곳이 거의 없는 현실을 직접 경험했다.

이 책에서는 환자의 가족과 친구가 시도할 만한 다양한 방법을 소개한다. 어떤 방법은 도움이 되지만 어떤 방법은 도움이 되지 않을 것이다. 모든 가족과 인간관계가 똑같이 소통하지 않기 때문이다. 각자에게 효과적인 방법을 시도해야 한다. 우울증의 양상은 비슷해도 우울증을 앓은 사람은 저마다 다르다. 고통을 호소하고 도움을 받아들이는 방식이 개인마다 다르다. 어떤 사람은 혼자 있고 싶어 하고 어떤 사람은 말을 많이 하고 어떤 사람은 적극적이다. 따라서 환자가 도움을 받아들이는 태도와 반응과 열려 있는 정도를 파악해서 적절히 방법을 조율해야 한다.

이 책에서 도움이 될 만한 방법을 찾아서 시도해보고 환자가 어떻게 반응하는지 확인하자. 어느 한 가지 방법만 강요해서는 안 된다. 특히 그 방법이 환자를 불안하고 움츠러들게 만든다면 더욱 신중히 적용해야 한다. 한 가지 방법으로 효과를 보지 못하면 다른 방법을 시도하자. 아니면 같은 방법이라도 약간 변형해서 다른 날에 시도하자. 예를 들어 우울증을 겪고 있는 배우자에게 우울증에 대해 언급하자 화를 내거나, 무엇이 문제이고 기분이 어떠냐고 물어볼 때 불쾌하게 받아들인다면 그 방법을 중단하고 다른 방법을 시도해야 한다. 질환을 겪는 당사자가 말하기 싫어 한다면 같이 자전거를 타러 가거나 산책을 해도 된다. 다음에 다른 날 다시 말하고 싶어 할 수도 있다. 무엇보다도 당신은 환자를 지지해주고 사랑해주려고 노력해야지, 치료자가 되려고 해서는 안 된다.

이 책의 구성과 각 장의 핵심 내용

우선 1장에서는 주요우울증과 양극성장애를 개략적으로 설명하고 우리가 어떤 병을 상대하는지를 이해하기 위한 배경 정보를 제공한다. 그리고 우울증의 일반적인 증상과 양극성장애의 고양된 기분을 한눈에 볼 수 있도록 표로 정리했다. 청소년, 여성, 노인, 기타 질병이 있는 환자들이 앓는 우울증의 고유한 특징도 함께 다룬다. 대사증후군에 관해서도 살펴본다. 대사증후군은 복부비만, 고혈압, 경계성 당뇨병, 고지혈증이 주요 증상인 질환으로 기분장애, 약물치료, 그로 인한 수면장애와도 밀접한 관련이 있다. 대사증후군은 우울증 치료의 부작용이기도 하고 우울증이 불러오는 질환이기도 하다. 이 외에도 치료 저항성 우울증에 관해 설명하고, 불안증과 환자의 모든 증상을 추적하는 기분 기록지를 소개하고, 마지막으로 기분장애의 사회적 낙인에 관해 논의한다.

2장에서는 우울증의 징후를 살펴본다. 환자의 전반적인 외양, 필수적인 감각(수면 습관, 식욕), 자기에 대한 태도 변화에서 우울증의 징후를 포착할 수 있다. 그리고 기분장애로 진단할 만한 특징을 설명한다. 치료자가 환자에게 확인해야 할 정서적·신체적 변화가 여기에 해당한다. 치료자는 혈액검사나 정밀검사나 X선 촬영의 도움 없이 환자를 면밀히 관찰해야 한다.

3장에서는 기분장애를 다스리기 위해 시도할 만한 생활양식의 개입을 알아본다. 환자가 스스로의 병을 인정하고, 정신건강의 기본 요소(처방약 복용, 규칙적인 수면, 건강한 식습관과 영양, 일상적인 신체 운동, 하루의 일과와 구조 만들기, 고립 피하기)를 따르면 기분장애를 어느 정도는 스스로 다스릴 수 있다.

4장에서는 전문가에게 도움을 구하는 방법, 현재 이용할 수 있는 정신건강 지원 기관과 다양한 치료법, 그리고 함께하는 의사결정에 관해 알아본다. 전문가의 도움이 언제 필요한지 판단하는 법을 소개한다. 마지막으로 환자가 치료를 거부한다면 상황을 이해하고 어떤 조치를 취할지 파악하기 위한 방법을 소개한다.

5장에서는 우울증 환자의 보호자에게 특히 유용한 지지 기술과 의사소통 전략을 소개한다. 적극적 경청과 공감적 반응을 소개한다. 구체적인 사례를 들어 어떤 상황에서 어떻게 말하고 어떻게 대처할지 예시한다.

6장에서는 우울증 환자와의 일상적인 대화를 개선하는 데 유용한 방법을 제안한다. 이를테면 환자를 '아픈' 사람이 아니라 정상인으로 대하고, 희망을 보여주고, 현실적인 기대치를 정하고, 부정적인 생각에 맞서고, 전문가에게 도움을 구할 시기를 판단하고, 경계선을 설정하고, 정신건강을 향상시키기 위한 기본 지침에 익숙해지는 방법을 소개한다.

7장에서는 정신의학 표준 진단편람 『정신 질환의 진단 및 통계 편람』 제5판((DSM-5)에 실린 우울증의 아홉 가지 주요 증상에 효과적으로 대처하는 방법을 소개한다.

8장에서는 가족이나 친구가 자살할 것 같다는 의심이 들 때 필요한 조언을 제시한다. 자살의 위험 요인과 경고 신호와 함께 자해할까 봐 걱정될 때 어떻게 대처해야 할지도 조언한다.

9장에서는 기분장애와 물질남용이 혼합된 이중진단에 관해 설명한다. 이중진단은 사람들이 정신적 고통을 스스로 치료하려고 시도할 때 흔히 나타나는 현상이다.

10장에서는 청소년이나 청년 환자의 부모를 위한 정보를 소개한다. 이 연령대의 고유한 위험 요인, 증상, 치료법, 학교문제, 의사소통을 다룬다. 우울증이나 양극성장애를 앓는 부모를 둔 청소년이나 청년 자녀에 관해서도 논의하고 조언을 제시한다.

11장에서는 노인 우울증에 관해 알아보고, 노인층 특유의 위험 요인, 증상, 치료법, 치료 자원을 알아본다.

12장에서는 기분장애에서 회복하면 어떤 모습이 되는지 설명하고 정신건강의 회복 과정에 관해 알아본다.

13장에서는 우울증이나 양극성장애 환자에게 회복력을 길러주는 방법을 소개한다. 회복력이란 힘든 시간을 견디면서 잘 적응하는 능력이자 기분장애와 같은 병을 앓은 뒤 회복하는 능력을 뜻한다. 우울증은 재발하고 완화하기를 반복하면서 환자에게 극한의 고통을 준다. 하지만 고통을 견뎌내면 점차 우울증 삽화의 강도도 줄어들고 삶의 질도 나아질 수 있다.

14장에서는 보호자에게 초점을 맞춘다. 우선 가족 구성원의 우울증이 어떻게 가족 전체에 영향을 미치는지 알아본다. 이어서 보호자가 자신의 신체적·정서적 건강을 챙기고 가족의 건강을 유지하고 페이스를 조절하는 법을 다룬다. 조력자 역할을 수행하는 데 필수적인 요소다.

15장에서는 보호자가 할 말과 행동, 하지 말아야 할 말과 행동을 표로 정리해서 한눈에 비교하고 참고할 수 있게 했다.

자, 그럼 이제부터 어떤 사람이 주요우울장애와 양극성장애를 겪게 되는지, 기분장애가 환자와 환자의 가족이나 친구들에게 어떤 영향을 미치는지, 가족이나 친구로서 환자가 좋아지도록 도와주기 위해 무슨 말을 해주고 어떻게 도와줄지 하나하나 알아보자. 우선 우울증 증상은 무엇이고 개인마다 어떻게 다르게 나타나는지부터 천천히 알아보자.

Chapter 01

도움을 주려면 먼저 제대로 알아야 한다

· 기분장애에 대한 이해 ·

"우울증에 걸렸을 때 깨달은 중요한 진실 중 하나는
나는 혼자가 아니라는 사실이었다."

– 드웨인 존슨(영화배우)

☹️-☹️-☹️-😐-😊-🙂

    우선 기분장애가 무엇인지 알아보자. 주요우울장애(우울증)와 양극성장애에 관한 배경 지식이 있다면 기분장애를 이해하는 데 도움이 될 것이다. 기분장애를 겪고 있는 가족이나 친구가 어떤 경험을 하고 어떤 감정을 느끼는지 많이 이해하면 이해할수록 환자에게 가장 도움이 되는 말과 행동을 할 수 있다.

    기분장애는 주요우울장애와 양극성장애를 아우르는 정신장애의 한 범주다. 기분장애는 마음 상태이고, 생각과 감정과 행동에 영향을 미치고 주도하는 우리 내면의 일부다. 기분장애는 생물학적 질환이자 치료가 가능한 질병으로, 삶의 모든 측면에 영향을 미친다.

    기분은 시간에 따라 변하고 다채로운 정서로 나타난다. 기분은 '고양되다', '가라앉다', '무덤덤하다', '행복하다', '슬프다'를 비롯해 다양한 언어로 표현된다. 우울할 때는 기분이 한없이 가라앉고 몸과 마음의 기능이 평소처럼 예리하지 않다. 생각이 전처럼 명료하지 않고 마음을 차분히 가라앉힐 수도 없어 일상생활이 제대로 굴러가지 않는다. 부정적인 기분은 내면에서 서서히 올라오기도 하고 외부 또는 내면의 사건으로 인해 일어나기도 한다. 외부의 사건이란 우리에게 일어나거나 주변에서 일어나는 일이다. 실직하거나 연인과 헤어지거나 통제하려 드는 부모의 집에 방문해야 하는 것 등이 부정적인 외부 사건에 해당한다. 내면의 사건은 스스로 사랑받지 못하거나 호감을 주지 못하는 사람이라고 여기는 식의 내면에서 일어나는 생각이나 감정이다.

외부 사건과 내면의 사건은 기분을 바꿔놓는 계기^{trigger}가 될 수 있다. 계기는 고통을 유발하고 우울증 증상을 심화할 만한 사건이나 상황을 의미한다. 일반적인 계기로는 스트레스를 유발하는 긍정적이거나(출산, 새집으로 이사 등) 부정적인(죽음, 이혼 등) 사건, 갈등, 인간관계 스트레스, 수면 패턴의 변화, 물질 남용이 있다. 또는 우울증 삽화^{depression episode}에 선행하는 계기가 명확하게 밝혀지지 않을 때도 있다. 음울한 기분은 내면에서 서서히 올라오기도 하고 미묘한 일상의 사건 이후에 불쑥 올라올 수도 있기 때문이다.

사람마다 계기는 다 다르다. 기분장애를 겪는 사람을 고통스럽게 만드는 사건이 무엇인지를 알아두면 도움이 된다. 그들에게 고통을 주는 사건을 포착하면 곧바로 치료받게 하고 약을 먹게 하고 스트레스의 원인을 다스리게 하고 정신건강 전문가를 만나게 하고 〈표 3-1〉에 나와 있는 '정신건강을 위한 기본 요소'를 따르게 해야 한다.

주요우울증

주요우울증^{major depression}은 우울증^{depression}, 주요우울장애^{major depressive disorder}, 단극성우울증^{unipolar depression}이라고도 한다. 주요우울증의 증상은 광범위하며, 환자의 생각이나 감정, 행동, 신체적 자아, 관심사, 인간관계에 부정적인 영향을 미친다. 우울증을 겪을 때는 기본적인 일상생활을 하거나 자기에게 유익한 행동을 하거나 집중해서 의사결정 내리기가 쉽지 않다. 이것은 우울증의 증상이지, 그 사람이 게을러서 또는 일부러 그러는 것이 아니다.

우울증 환자가 슬퍼하거나 일상적인 활동에 흥미를 잃은 모습이 낯설지 않을 것이다. 누구나 슬플 때가 있으므로 둘 사이에 차이를 구별하기 어려울 때가 많다. 하지만 이 둘은 분명 다르다. 우울증은 증상이 심각하고 오래가는 생물학적 차원의 질환이다. 우울증 초기에는 기분이 좋지 않거나 자기 자신을 좋아하지 않아도 평소처럼 일상생활을 유지할 수 있다. 이를테면 흥미도 없고 기운도 없지만 아침에 눈을 떠서 옷을 갈아입고 하루의 일과를 해나갈 수는 있다. 평소 하던 일이 버겁게 느껴질 수 있고, 사는 재미를 잃을 수 있다. 자신에게 무슨 일이 일어나는지 전혀 이해하지 못할 수도 있다. 우울증에 걸리면 자신에게 벌어지는 상황을 당사자가 가장 늦게 알아채는 경우가 많다. 우울증에 걸린 사실조차 부정할 수 있다. 하지만 시간이 지나고 증상이 진행되고 더 뚜렷해지면 일상생활의 기본적인 기능까지 손상될 수 있다.

미국정신의학회의 『정신 질환의 진단 및 통계 편람』 제5판(DSM-5)에서는 우울증을 정의하고 그 진단 기준을 제시한다. 다음의 아홉 가지 증상 중 다섯 가지 이상이 2주 이상 지속되어야(다섯 가지 증상에는 지속적인 슬픔이나 흥미 상실이 한 가지 이상 포함되어야 한다) 우울증으로 진단한다.

- 거의 매일, 하루의 대부분 슬픔이나 무력감이나 짜증이 이어진다.
- 평소 즐기던 활동에서 재미를 찾지 못하고 흥미를 잃는다(무쾌감증).
- 식욕이 감소하거나 증가하고, 체중조절을 하지 않는데도 체중이 줄어든다.

- 잠들기 어렵거나 자다가 자주 깨거나 얕게 잔다. 지나치게 많이 자거나 적게 자거나, 지나치게 일찍 깬다.
- 남들이 알아차릴 정도로 초조해하거나 행동이 느려진다.
- 이유도 없이 피로하거나 기운이 없다.
- 마땅한 이유도 없이 무가치감이나 죄책감이 든다.
- 집중하거나 책을 읽는 능력이 떨어진다.
- 계획이 있든 없든 반복적으로 죽음을 생각하거나 자살을 시도한다.

사람에 따라 위에 제시한 아홉 가지 증상이 각기 다른 조합으로 나타날 수 있다. 누구나 다르게 병을 경험한다. 따라서 각자의 증상에 가장 효과적인 치료법을 발견하는 길은 길고도 어려운 여정이 될 수 있다.

우울증에 걸리면 어떤 기분일까? 우울증은 그저 하루 이틀 기분이 울적하거나 기운이 없는 상태가 아니다. 우울증은 일반적인 슬픔과는 다르다. 슬픔에는 중심이 있고 시작과 끝이 있다. 하지만 끝이 보이지 않고 미래의 희망도 없고 피로와 고통에서 벗어날 가망도 없는 듯한 상태가 우울증이다. 몸과 마음이 고통스럽고 일상생활을 제대로 유지하지 못한다. 우울증에 걸리면 세상의 어둡고 부정적인 면만 보인다. 자기 자신과 미래와 세상을 부정적으로 보면서 왜곡된 관점으로 삶을 체험한다. 극도로 예민해져서 주변 사람들과 사소한 일로 갈등을 빚기도 한다. 물론 일부러 그러는 것은 아니다. 그리고 자신의 일상과 친구와 모든 활동에서 움츠러들 수 있다. 친구를 잃을 수도 있다. 대화를 나누는 것조차 힘들어진다.

우울증에 걸리면 주변의 모든 상황에 관심을 잃고 전에는 좋아하던 활동에 흥미를 잃으며 일상에 참여하려는 의욕을 잃어버린다. 수면과 식욕에도 크게 영향을 받을 수 있다. 잠깐씩 낮잠을 자는 정도 외에는 숙면을 취하지 못하거나 반대로 지나치게 많이 잘 수 있다. 음식 맛을 느끼지 못하고 고통을 잊기 위해 건강하지 않은 음식을 탐닉한다.

우울증에 걸리면 집중력이 떨어지고 생각이 느려지고 생각이 정리되지 않을 수 있다. 그래서 특히 학교와 직장에서 유능하게 공부하고 일하던 사람이 유난히 더 고통스러워하고 좌절할 수 있다. 프로젝트와 업무를 쌓아두고 우편물도 뜯지 않고 집안일을 돌보지 않을 수 있다. 몇 시간이고 멍하니 앞만 바라보면서 쌓인 일을 처리하지 못할 수 있다. 마음의 고통을 잊고 싶어서 죽음을 떠올리기도 한다. 우울증 증상의 유형은 〈표 1-1〉을 참조하라. 이 표에서 우울증이 있을 때 어떻게 사고하는지, 감정과 행동의 범위를 확인할 수 있다.

우울증은 가족 전체에, 특히 주요 보호자에게 가혹할 수 있다. 우울증 환자의 요동치는 기분은 그렇지 않아도 바쁜 집안일에 추가로 얹히는 스트레스 요인이 되기도 한다. 그래서 우울증은 환자 주변의 모든 사람에게 영향을 미칠 수 있다. 환자의 가족으로서 무슨 일이 일어나는지, 어떤 사건이 우울증 삽화를 유발하는지 파악하고 최선의 대책을 찾기까지는 시간과 인내심이 필요하다. 도중에 좌절감이나 분노나 죄책감 같은 감정에 휩싸일 수 있다. 보호자는 자신과 다른 가족들의 욕구도 세심히 챙기면서 도중에 지쳐 나가떨어지지 않도록 주의해야 한다. 이 주제에 관해서는 14장 〈보호자 보호하기〉에서 자세히 다룬다.

각양각색의 우울증과 양극성장애의 증상

기분장애는 재발과 완화를 반복하는 병이다. 장기간에 걸쳐 생겼다가 사라졌다가 다시 나타날 수 있다는 뜻이다. 따라서 보호자든 환자든 좌절감에 빠질 수 있다. 우울증과 조증 삽화는 몇 주에서 몇 달, 그 이상도 지속할 수 있다. 그리고 삽화마다 기간도 다르고 심각도 또한 다를 수 있다. 우울증 증상의 강도에 대해서는 〈표 1-2〉를 참조하라. 다음 삽화가 나타나기까지의 간격도 다르다. 우울증 삽화는 대개 반복해서 나타나고 중간에 기분이 좋아지거나 일상생활을 제대로 할 수 있는 시기가 있다. 한 삽화가 끝나고 다음 삽화가 시작되기 전까지 몇 가지 증상이 계속 잔존하는 경우도 있다. 이것을 잔여 증상^{residual symptom}이라고 한다. 이처럼 삽화가 나타나는 양상은 사람마다 다르다.

환자에게 매일의 기분을 〈표 1-6〉의 예시를 참고해서 〈표 1-7〉에 제시한 '기분 기록지'에 기록하게 하면 보호자가 우울

증이나 양극성장애의 양상을 이해하는 데 도움이 될 수 있다. 환자로서도 우울증 증상을 생활사건이나 약물의 변화와 연결하는 데 도움을 받을 수 있다. 환자가 우울증이 호전되는 경과나 치료에 보이는 반응을 추적하는 데도 유용하다. 나아가 이 정보를 정신건강 전문가와 공유하면 전문가가 적절한 치료 결정을 내리는 데 도움이 된다. 또 진료 시간에 이 정보를 기반으로 상담을 진행할 수도 있다.

| 표 1-1 | 우울증의 증상

부정적 사고

- ☐ 나는 이런 일을 당해 마땅하다.
- ☐ 나는 벌을 받고 있다.
- ☐ 모두 내 잘못이다.
- ☐ 결정을 내릴 수가 없다.
- ☐ 아무것도 기억할 수가 없다.
- ☐ 좋은 일은 일어나지 않을 것이다.
- ☐ 상황이 나아지지 않을 것이다.
- ☐ 나는 제대로 하는 일이 없다.

- ☐ 나는 다른 사람들만큼 잘하지 못한다.
- ☐ 나에게 신경 쓸 사람은 없다.
- ☐ 나는 무가치하다.
- ☐ 사람들이 나를 싫어한다.
- ☐ 나는＿＿＿＿＿하거나/되어야 한다.
- ☐ 나는 내 (인생, 교육, 기회)를 날려버렸다.
- ☐ 나에게는 희망이 없다.
- ☐ 죽음이나 자살에 대해 많이 생각한다.

감정

- ☐ 아무 이유 없이 슬프다.
- ☐ 좋은 일이 일어나도 기분이 좋지 않다.
- ☐ 무가치하다는 느낌이 든다.
- ☐ 기분이 나쁘고, 다른 사람들보다 못한 것 같다.
- ☐ 모든 것에 죄책감을 느낀다.

- ☐ 쉽게 짜증이 나거나 귀찮아진다.
- ☐ 끔찍한 일이 일어날까 봐 두렵다.
- ☐ 늘 피곤하다.
- ☐ 어떤 것에도 흥미가 가지 않는다.
- ☐ 섹스에 관심이 없다.

행동

- ☐ 아무 이유 없이 자주 운다.
- ☐ 너무 많이 잔다.
- ☐ 너무 적게 잔다.
- ☐ 너무 많이 먹는다.
- ☐ 너무 적게 먹는다.
- ☐ 술을 너무 많이 마신다.
- ☐ 최근에 체중이 많이 늘었다.
- ☐ 최근에 별 노력 없이 체중이 많이 줄었다.
- ☐ 침대나 소파에서 하루 종일 시간을 보낸다.
- ☐ 때때로 샤워나 샴푸, 면도를 하지 않는다.
- ☐ 작업을 시작하거나 마무리하는 데 문제가 있다.
- ☐ 사람들을 피하고 홀로 지낸다.
- ☐ 전화를 다시 걸지 않는다.

- ☐ 이전에 하던 활동이나 취미를 중단했다.
- ☐ 운동을 중단했다.
- ☐ 별다른 이유 없이 사람들과 다투거나 싸운다.
- ☐ 산만하고 초조하다.
- ☐ 움직임이나 말이 느리다.
- ☐ 집중력에 문제가 있다.
- ☐ 신문을 읽거나 TV 내용을 따라가기가 어렵다.
- ☐ 대화를 이어갈 만큼 생각의 흐름을 따라가기 어렵다.
- ☐ 집 안이 평소보다 지저분하다.
- ☐ 공과금 납부를 잊는다.
- ☐ 세탁이나 다른 집안일들을 잊거나 하지 않는다.
- ☐ 직장이나 학교에 병가를 자주 낸다.

| 표 1-2 | 우울증 증상의 강도

우울증 증상	약함	보통	심각
우울한 기분, 절망감, 짜증	기운이 없지만 일상생활은 가능함	거의 항상 슬프고 불행하고 짜증이 남	남들에게 보이는 모습이든 스스로 느끼는 감정이든 완전히 비참하고 제대로 활동할 수 없음
모든 일에 흥미나 즐거움이 감소함	모든 일에 흥미가 감소함	흥미나 즐거움을 더 많이 상실함	아무런 감정이나 즐거움을 느끼지 못함
체중 감소나 체중 증가, 혹은 식욕 감소나 식욕 증가	입맛을 조금 잃음	의도치 않게 1~2킬로그램 정도 체중이 감소하거나 증가하고, 식욕이 없음	의도치 않게 2킬로그램 이상 체중이 감소하거나 증가하고, 옆에서 억지로 식사하게 해야 함
지나치게 많이 자거나 지나치게 적게 잠	잠들기가 약간 힘들고 얕게 잠	자다가 몇 번씩 깸(2시간 이내에)	하룻밤에 2~3시간 자거나 10시간 이상 잠
몸을 가만히 놔두지 못하거나 행동이 느려짐	활동을 시작하기 어려움	활동하는 데 엄청난 노력이 필요함	도움 없이는 혼자서 아무것도 하지 못하거나 초조해하면서 잠시도 가만히 있지 못함
거의 매일 피로하거나 기운이 없음	활동을 시작하기 어려움	활동하는 데 엄청난 노력이 필요함	도움 없이는 아무것도 하지 못함
무가치감 또는 죄책감	가끔 스스로 무가치하다는 생각이 듦	자주 무가치한 느낌이나 죄책감이 듦	무가치하다는 생각이 시도 때도 없이 올라옴
생각하거나 집중하는 능력이 떨어짐	가끔 가벼운 우울증 삽화가 나타남	뚜렷한 우울증 삽화가 자주 나타남	매일 우울증 삽화가 나타나고 방해해서 정상적으로 책을 읽거나 대화를 나눌 수 없음
죽음이나 자살을 반복적으로 생각하거나 계획하거나 자살을 시도함	자살 생각이 스침	평소 자살 생각을 자주 하지만 구체적인 계획이나 의도는 없음	뚜렷한 자살 계획이 있음

| 표 1-3 | 항우울제 치료 반응에 관한 정의

반응 response	증상이 부분적으로 개선되고 표준화된 평가 질문지로 측정한 우울증 심각도가 50퍼센트 이상 줄어듦
관해 remission	우울 증상이 완전히 사라짐
재발 relapse	한 삽화에서 '부분적으로' 회복된 후에 우울 증상이 완전히 돌아옴
재현 recurrence	한 삽화에서 '완전히' 회복된 후에 우울 증상이 완전히 돌아옴

출처: A. A. Nierenberg and L. M. DeCecco, "Definitions of Antidepressant Treatment Response, Remission, Nonresponse, Partial Response, and Other Relevant Outcomes: A Focus on Treatment-Resistant Depression," *Journal of Clinical Psychiatry* 62, suppl 16 (2001): 15~19.

재발하고 재현되는 우울증

안타깝게도 우울증과 양극성장애는 한 번 겪으면 평생 완치되는 병이 아니다. 우울증이나 양극성장애 삽화를 치료하고 회복한 사람도 반복적으로 재발이나 재현을 경험한다. 재발은 한 삽화에서 '부분적으로' 회복한 뒤 완전한 우울증 증상이 다시 나타나는 것이다. 재현은 한 삽화에서 '완전히' 회복한 뒤 완전한 우울증 증상이 다시 나타나는 것이다.

첫 번째 우울증 삽화에서 회복한 사람의 60퍼센트가 삶의 어느 시기에 다시 두 번째 삽화를 경험한다. 우울증 삽화를 두 번 경험한 사람의 70퍼센트가 세 번째 삽화를 경험하고, 세 번 경험한 사람의 90퍼센트가 네 번째 삽화를 경험한다. 그렇더라도 실망하지 않기를 바란다. 우울증은 치료 가능한 병이고 많은 노력이 필요하기는 하지만 분명히 증상을 관리하며 다스릴 수 있다. 생각과 감정과 행동의 연결성을 설명해주는 상담치료의 한 형태인 인지

행동치료$^{\text{Cognitive Behavioral Therapy}}$(CBT)와 마음챙김 중심의 인지행동치료로 악화
와 재발의 가능성을 줄일 수 있다.

우울증의 원인에 관한 다양한 이론

우리의 뇌를 상상해보자. 뉴런(뇌세포)의 연결망(뇌 신경망)이 한 뉴런에서
다른 뉴런으로 메시지가 전달되도록 도와주는 특수한 화학물질 속에 잠겨있
다. 전통적인 이론에서는 우울증에 걸리면 뇌에서 정서와 행동을 조절하는
영역에서 발견되는 화학물질(신경전달물질)이 교란된다고 설명한다. 특히 예
민한 사람이 특정한 생활사건을 겪을 때 이 뇌 영역의 신경전달물질이 교란
된다고 본다.

하지만 새로운 우울증 이론에서는 유전자와 생활사건(환경)이 상호작용을
해서 복잡한 뇌 신경망에 영향을 미친다고 설명한다. 이른바 '유전자×환경
이론'이다. 이때 '환경'에는 사람들이나 생각이 포함되고 우리의 내면과 외부
에서 일어나는 사건도 포함된다. 우리 안팎의 스트레스 요인이나 병이나 외
상 사건도 포함될 수 있다. 심각한 스트레스를 유발하는 생활사건으로는 중
요한 인물의 상실이나 죽음, 결혼이나 이혼, 취업 또는 실직, 만성 스트레스,
호르몬 변화(갱년기 또는 산후의 변화), 의학적 질환, 약물 남용, 수면장애는 물
론 출산이나 이사 같은 긍정적 사건도 있다.

유전자는 세포의 염색체를 이루는 분자의 정밀한 배열(DNA 배열)이다. 유
전자는 양쪽 부모 모두에게 물려받는다. 유전자는 우리 몸에 뇌 기능을 비롯

해 인체의 기능을 조절하는 단백질을 생성하도록 지시한다. 과학자들은 그동안 조현병, 양극성장애, 우울증 같은 정신 질환을 비롯해 특정 질환과 관련 있는 유전자를 찾아왔다. 하이드 등의 연구(Hyde, 2016)에서는 유럽인의 후손에게서 주요우울증과 연관된 유전자 15개를 발견했다. 현재 양극성장애에 취약한 유전자 60개 이상이 발견되었다. 이런 연구 성과는 이들 질환을 더 잘 이해하고 향후 새로운 개입과 치료를 설계하는 데 도움이 될 것이다.

우울증의 '유전자×환경 이론'은 다음과 같이 작동하는 것으로 보인다. 뇌는 우리 삶의 취약한 시기에 스트레스가 심하고 외상이 되는 사건에 민감하게 반응한다. 스트레스나 질환 같은 부정적인 자극은 특정 유전자의 작용을 변형한다. 나아가 뇌 신경망의 모양과 기능에도 영향을 미친다. 취약한 시기에 스트레스나 질환이 유전자 활동을 변형하면 유전자와 뇌가 제대로 작동하지 않는다. 그리고 취약한 시기에 이런 현상이 일어나면 감정과 생각과 행동에도 영향을 미쳐서 결과적으로 우울증이 발병할 수 있다.

우울증은 전적으로 유전적 질환도 아니고 오로지 특정한 생활사건 때문에 생기는 질환도 아니다. 몸과 마음이 취약한 시기에 양쪽 모두에서 '최악의 폭풍'이 동시에 일어나야 우울증이 발병하는 것이다. 환경 사건(스트레스 요인)과 유전적으로 우울증에 취약한 조건이 결합함으로써 때마침 인생에서 취약한 시기를 맞이한 사람에게 우울증 삽화가 일어날 수 있다. 누구나 살면서 갖가지 상실과 스트레스를 경험할 수 있으므로 이런 결과에 이르는 경로는 매우 다양하다.

유전적으로 우울증에 취약하다고 해도 반드시 우울증에 걸리는 것은 아니다. 말하자면 유전적으로 우울증에 취약해도 스트레스가 심한 사건을 겪지 않으면 우울증에 걸리지 않을 수 있다. 다만 스트레스 사건이 뇌 기능을 조절하는 유전자에 영향을 미치는 것으로 보인다.

우울증은 가족 내력인 경우가 많다. 이것은 우울증의 유전 이론을 뒷받침한다. 이론적으로 일부 유전자 물질을 공유하는 쌍생아의 우울증 연구에서 발견한 현상이다. 그리고 주요우울증 환자의 직계 가족은 가족 안에서 공유하는 경험과 별개로 일부 유전자를 공유함으로써 우울증 발병 위험이 높아지는 것으로 나타났다. 이 결과는 우울증의 유전 이론을 지지한다.

그 밖에도 2020년에 나온 최신 우울증 이론은 무척 흥미로운데, 이 이론에서 과학자들은 기분장애를 '염증성 과정inflammatory process'으로 간주한다. 이 이론에서는 우울증 같은 질환이 면역계의 무수한 화학적 사건을 활성화한다고 본다. 염증성 과정 이론을 지지하는 정신과 의사들은 미노사이클린minocycline이라는 항생제로 일부 우울증 환자를 성공적으로 치료했다. 연구자들은 염증성 과정과 정신 질환의 관계를 이해하기 위해 연구에 매진하면서 미래에는 더 나은 표적 치료법을 설계하겠다는 희망을 품는다. 그리고 덜 알려진 우울증 이론으로, 에너지를 생성하는 세포인 미토콘드리아mitochondria 안에 있는 세포 소기관의 작동 오류가 우울증의 원인이라고 보는 이론도 있다. 이 이론으로는 피로감과 우울증의 신체 증상을 설명할 수 있다. 이런 연관성을 입증하는 연구는 아직 초기 단계이지만 가능성은 열려있다.

나이, 성별, 질환에 따른 우울증

우울증은 성별이나 나이, 환경에 따라 서로 다른 원인과 증상이 나타날 수 있다. 모든 경우가 같지 않고 사람마다 다르겠지만, 유형별로 대표적인 원인과 증상이 있다.

여성의 우울증

여성의 경우 청소년기와 성인 초기에 기분장애와 불안이 최고조에 오른다. 여성이 남성보다 우울증에 걸릴 위험이 훨씬 높고, 평생 우울증과 불안장애를 경험하는 비율도 남성의 두 배에 이른다. 사춘기, 월경 주기, 임신, 폐경기(완경기)는 기분장애와 불안증의 발병, 재발, 악화를 촉발하는 요인이다. 따라서 우울증이 호르몬과 연관된다는 것을 알 수 있다.

여성의 생식 호르몬이 기분에 미치는 영향이 생활사건의 심리사회적 무게와 스트레스에 추가된다. 일과 가정의 균형, 가정을 건사하고 가계 유지하기, 노인 부모 부양, 한부모 자녀 양육, 빈곤, 제한적인 사회적 지지, 그 밖의 사회문제와 건강 문제가 기분장애에 영향을 미칠 수 있다. 아내나 어머니나 임산부가 우울증을 겪으면 가족 전체에 영향을 미친다. 우울증이나 양극성장애를 지닌 어머니에게 자란 아이는 갖가지 정서 문제를 겪을 수 있다. 기분장애가 어머니와 자녀 사이의 유대에도 영향을 미치는 데다, 원래 아이들은 부모의 기분과 행동을 쉽게 학습하기 때문이다. 산모의 우울증이 배우자에게도 영향을 미쳐서 배우자가 직접 산후우울증 증상을 경험할 수 있다.

여성들은 성장하고 발달하는 동안 생식 호르몬의 변화를 겪고 그 결과로 뇌 기능과 기분장애에 영향을 받을 수 있다. 여성호르몬인 에스트로겐estrogen과 프로게스테론progesterone의 양이 일생에 걸쳐 변화하고, 가임기간(청소년부터 폐경기까지) 동안 매달 이들 호르몬 수준이 각자의 주기에 따라 오르내린다.

일부 여성은 난소에서 주로 생성되는 생식 호르몬인 에스트로겐과 프로게스테론 수준의 변화에 유독 취약하다. 에스트로겐은 일부 여성의 우울증 증상을 유발하는 특정 신경전달물질(기분 조절과 연관된 세로토닌serotonin과 노르아드레날린noradrenaline 같은 뇌 화학물질)에 영향을 미치는 것으로 보인다. 난소의 기능과 주기가 시작되는 사춘기에는 에스트로겐 수준이 크게 상승하는데, 이 시기에 우울증 발병률도 상승한다.

월경 주기의 마지막 주와 출산 이후와 폐경기(완경기)에는 생식 호르몬 수준이 급격히 변화한다. 일부 여성은 생식 호르몬 수준의 정상적인 변화와 주기적 변동에 취약해서 기분장애와 우울증을 겪는 것으로 보인다. 그래서 슬픔, 짜증, 우울, 불안, 부종, 피로 같은 정서적, 신체적 증상을 주기적으로 경험한다.

이들 증상이 월경 기간 직전에 나타나면 월경전증후군premenstrual syndrome, 곧 PMS라고 한다. PMS는 월경이 시작되기 1, 2주 전에 나타나서 월경이 시작하면 끝나는, 신체와 정서와 행동으로 나타나는 증상의 양상을 의미한다. PMS는 월경 기간에 상승하는 프로게스테론 수준에 대한 반작용이 커지는 현상과 연관이 있는 듯하다. 여성의 약 20~25퍼센트 이상이 PMS를 경험한다. PMS 증상으로는 분노, 불안, 우울, 짜증, 집중력 저하, 부종, 유방 압통, 피로, 근육통이 있다.

　PMS의 심각한 형태인 월경전불쾌장애premenstrual dysphoric disorder, 즉 PMDD는 상당한 고통을 유발하고 삶의 질을 떨어뜨린다. 눈에 띄는 증상은 짜증이다. PMDD는 약 5퍼센트의 여성에게 나타난다. 선택적 세로토닌 재흡수억제제, 즉 SSRI라는 항우울제가 PMDD의 주요 치료제로 쓰이고, 건강한 식습관과 운동 같은 생활양식을 바꾸는 노력도 도움이 될 수 있다.

　현재 PMS, PMDD의 원인에 관한 이론에서는 에스트로겐과 프로게스테론의 정상적인 변동에 민감한 일부 여성들이 정상적인 호르몬 변화에 과민하게 반응한 결과라고 본다. 최근의 새로운 이론에서는 PMDD를 염색체의 유전자와 연결해서 이해한다. PMDD가 있는 경우는 세포가 생식 호르몬에 반응하는 방식과 근본적으로 다르다는 것이다. PMDD와 유전자의 연결성에 관한 증거는 PMDD뿐 아니라 다른 생식 호르몬과 관련된 기분장애 치료에서 새로운 가능성을 제시한다.

　한편 기분장애 증상은 월경 기간 직전에 PMDD와는 다른 양상으로 심해질 수도 있다. 기분장애가 있는 여성에게 이런 증상이 나타나는 경우를 월경전악화premenstrual exacerbation, 곧 PME라고 한다. 다만 PME의 기분장애 증상은 월경이 시작된 뒤에도 사라지지 않고(PMDD와 마찬가지) 월경 기간 내내 지속한다는 점이 다르다. PMDD로 분류된 여성의 약 40퍼센트가 PME의 기본적인 기분장애 증상을 보인다. 두 가지를 진단하고 차이를 구별하려면 두 달 이상 기분 기록지로 월경 기간과 기타 증상을 추적해야 한다(〈표 1-6〉, 〈표 1-7〉 참조).

　임신 중이나 출산 이후에도 우울증을 앓을 수 있는데, 이것을 산후우울증이라고 한다. 산후우울증은 출산 이후 이틀에서 닷새 사이에 최고조에 이르며 2주간 이어지는 '베이비 블루baby blue'보다 심각하다. 베이비 블루에는 주로 눈물을 많이 흘리고 슬픈 감정에 사로잡히고 갖가지 기분이 급격히 변화하고 예민하고 불안하다. 하지만 일상생활의 기능은 심각하게 손상되지 않고 정신병적 증상(현실감 상실)도 나타나지 않는다. 산후우울증은 10~15퍼센트의 여성에게 나타난다. 증상이 더 심각하고 일상생활과 아기와 엄마의 애착(유대)이 손상된다. 산모는 임신 기간에 태반에서 생성되는 높은 수준의 호르몬에 노출된다. 산후우울증은 출산 이후 급격한 호르몬 변화와 관련이 있다. 산후우울증은 슬픔과 울음으로 가볍게 나타날 수도 있고 심각한 증상으로 나타날 수도 있다.

산후우울증을 겪는 여성은 세 집단으로 나뉜다. ① 4분의 1은 임신 전 만성 우울증을 경험한다. ② 3분의 1은 임신 중에 우울증이 생긴다. ③ 3분의 1 남짓은 출산 이후에 우울증을 겪는다. 기존에 우울증 병력이 있는 여성은 산후우울증을 경험할 가능성이 3배 높다. 이 비율은 임신 중 우울증을 겪는 여성들에게 더 높다. 임신 중에 우울증을 치료하지 않으면 산후우울증으로 넘어갈 가능성이 커진다. 산후우울증을 치료하지 않으면 산모와 아기, 가족 모두에게 영향을 미친다.

산후우울증의 매우 심각한 증상으로 산후정신병postpartum psychosis이 있다. 산후정신병은 출산 1,000건당 한두 사례에서 나타나고 주로 분만 후 처음 며칠간 발병한다. 현실감 상실, 망상(고정된 거짓 신념), 환각, 기이한 행동, 혼동, 우울증이나 고양된 기분을 동반하는 사고의 와해가 주된 특징이다. 산후정신병은 정신의학의 응급상황이다.

폐경기의 일부 여성들도 우울증 삽화를 경험할 수 있다. 폐경기에는 자연히 생식 호르몬 주기가 느려지고 월경 주기가 중단된다. 에스트로겐 수준이 변하고 난소 기능이 저하되어 에스트로겐(혹은 에스트라디올 estradiol)이 감소한다. 일부 취약한 여성은 우울증을 겪을 수 있다. 주된 증상으로는 피로, 수면 장애, 집중력 저하와 건망증, 안면홍조, 식은땀, 기분 변화가 있다.

　이 시기의 우울증을 폐경기 전후나 폐경기 우울증 또는 폐경후 우울증이라고 한다. 폐경기 전후 우울증은 폐경 3~5년 전부터 호르몬이 불규칙하게 생성되고 전반적인 에스트로겐 수준이 서서히 감소하면서 시작된다. 폐경으로의 전이 단계로 보인다. 이 시기에 기분장애가 발병할 수 있다. 기존에 주요우울증 병력이 있는 경우 이 시기에 우울증이 발병할 위험이 4~6배 높고, 우울증 병력이 없는 경우 우울증이 발병할 위험이 2~3배 높다. 폐경기는 평균 47세에 시작되어 4~8년간 지속한다. 폐경후 우울증은 월경이 끊길 때 나타난다. 연구자들은 폐경기 전보다 폐경기로 넘어가는 단계나 폐경기 직후에 우울증이 발병할 가능성이 크다는 점을 밝혀냈다. 기존에 우울증 삽화가 있었든 없었든 마찬가지다. 다만 일단 폐경기가 지나면 우울증 삽화의 빈도가 줄어들거나 아예 사라질 수 있다. 흥미롭게도 여성은 폐경기가 지나면 우울증 비율이 낮아져서 남성의 우울증 비율에 가까워진다.

　여성은 우울증 병력과 사회적 스트레스 요인과 만성 질병이 있고 사회적 지지가 부족하면 우울증에 걸릴 위험이 커진다. 심한 안면홍조로 수면의 질이 떨어지는 여성과 호르몬 변동성이 큰 여성이 우울증에 걸릴 위험도 크다.

　폐경기의 혈관운동 증상(자다가 자주 깰 정도의 안면홍조와 식은땀)은 혈류를 타고 순환하는 에스트로겐과 기타 생식(성) 호르몬이 감소한 결과로 보인다.

따라서 수면과 기분과 삶의 질이 부정적인 영향을 받을 수 있다. 2020년의 한 연구(Trower, 2020)에서는 NT-814라는 약물(뉴로키닌 1과 3 수용기의 이중 길항제)이 안면홍조와 식은땀으로 인한 수면장애에 대해 빠르고 확실한 효과를 보인다는 결과를 얻었다. 이것이 흥미로운 소식인 이유는 폐경기 여성의 혈관운동 증상을 다스리기 위한 새로운 비호르몬적 방법을 제시하기 때문이다. 아직은 추가 연구가 이루어져야 한다.

호르몬 수준과 우울증 환자 사이의 연관성을 알아보려면 〈표 1-7〉의 기분 기록지로 환자에게 스스로 기분을 추적하게 하면 된다. 월경 주기의 일수와 함께 출산과 같은 주요 사건을 기분 기록지의 비고 칸에 적어 넣는다. 기록지를 작성해서 환자의 치료자에게 보여줄 수 있다.

여기까지 읽었다면 이런 의문이 들 수 있다. 그냥 에스트로겐 보조제로 치료하면 안 될까? 연구자들도 이 질문에 관해 알아보았다. 과학적으로 탄탄한 연구(RCT, 무작위대조실험)가 많지 않고 자료가 제한적이기는 하지만 다음과 같은 결과를 얻었다. 우울하지 않은 여성의 경우 에스트로겐 보충제가 기분에 미치는 효과를 보여주는 과학적 증거가 없다. 에스트로겐은 이미 우울한 상태가 아닌 여성에게는 우울증을 치료하거나 예방하는 데 효과가 없다. 반면에 현재 우울 상태인 폐경 전후 여성에게 에스트로겐 요법을 실시할 때는 기분이 크게 좋아지는 효과가 나타났다. 폐경기 전후의 우울한 여성에게 항우울제를 처방할 때와 유사한 수준의 효과였다. 다만 기분이 나아진다고 해서 야간 안면홍조나 수면장애가 개선된 것은 아니었다. 에스트로겐은 항우울제와 함께 확장치료나 추가치료로 처방할 때 효과를 보였다. 하지만 다른 호르몬 제제(17-B 에스트라디올 패치나 E2)는 폐경 후 여성의 주요우울증 치료에 효과를 보이지 않았다. 따라서 폐경 전후라고 부르는 폐경으로의 전이 기간은 우울증에 걸릴 위험이 있거나 이미 우울증에 걸린 여성에게 에스트로겐 치료를 적용하기 위한 중요한 창구가 될 수 있다는 뜻이다. 에스트로겐 치료 방법과 부작용과 위험에 관해서는 전문가와 상담해야 한다.

기분과 호르몬의 정확한 관계가 제대로 밝혀지지 않았고, 아직 연구가 진행 중이다. 미국 매사추세츠 종합병원 여성정신건강센터의 웹사이트(www.womensmentalhealth.org)는 여성과 우울증에 관한 중요한 자료실이다. 여기서 우울증과 월경전증후군, 월경전불쾌장애, 임신과 산후의 우울증을 비롯한 주제에 관한 최신 정보와 소식지와 블로그를 찾아볼 수 있다.

남성의 우울증

우울증을 겪는 일부 남자들은 주요 증상으로 슬픔보다는 짜증과 불안을 경험한다. 우울하면 슬퍼하거나 눈물을 보이지 않고 짜증을 내거나 과민한 반응을 보일 수 있다. 과민해서 사소한 문제로 시도 때도 없이 화를 내거나 불쾌감을 표출할 수 있다. 때로는 가까이서 잘해주는 사람조차 견디지 못한다.

우울증을 겪는 남성은 여성보다 분노 공격과 과격한 행동과 약물 남용과 위험한 행동을 더 많이 보인다. 어떤 남자는 소리를 지르거나 말다툼하거나 물건을 때려 부수거나 도박이나 음주, 약물 남용 같은 위험한 행동에 빠져들거나 과도한 성행위를 탐닉하거나 과로한다. 초조성 우울증agitated depression에 걸리면 행동을 예측할 수 없어서 치료가 상당히 어려울 수 있다.

연구자들은 여성이 남성보다 우울증 증상을 두 배 더 많이 경험한다고 보고한다. 미국국립정신건강연구소에 따르면, 2016년 미국에서는 성인 여성의 8.5퍼센트와 성인 남성의 4.8퍼센트가 적어도 한 번은 주요우울증 삽화를 살면서 경험했다. 같은 기간에 여성 청소년 19.4퍼센트와 남성 청소년 6.4퍼센트를 포함해 12～17세 사이의 청소년 310만 명이 적어도 한 번은 주요우울증 삽화를 경험했다. 이렇게 남녀의 차이가 나타나는 이유는 여성에게 보편적인 문제로서 가족 스트레스와 사회적 의무, 사춘기와 월경 주기와 출산 전후(산후우울증)와 폐경기의 호르몬 변동성 때문일 수 있다.

하지만 일부 정신의학 전문가들은 이런 통계치가 정확한지에 대한 의문을 제기한다. 남성 우울증 사례를 모두 조사한 것이 아니라는 뜻이다. 여성이 남성보다 우울증에 걸리는 비율이 두 배 높은 것처럼 보여도 실제로는 두 집단 사이의 수치가 더 가까울 수 있다. 남성은 증상을 다르게 경험하거나 슬픔이나 피로, 흥미나 수면이나 식욕 상실 같은 전형적인 우울증 증상을 보고하지 않을 수 있기 때문이다. 남성은 슬프다고 인정하거나 우는 것이 사회적으로 용납되지 않는 행동이라고 생각할 수 있다. 그들은 대개 감정을 숨기면서 성장했기에 정서적으로 고통스러울 때 분노나 공격성이나 짜증이나 자기 파괴적이고 위험한 행동을 보일 수 있다. 술이나 약물이나 도박이나 과로로 마음의 고통을 마비시키려 할 수 있다.

2013년에 미시간 대학교의 연구자들은 남성과 여성이 우울증을 똑같이 경험하는지 알아보았다(Martin, 2013). 성인 남녀를 대상으로 자가보고 질문지를 작성하게 해서 정보를 수집하고, 우울증 평가척도를 통해 남녀에게 나타난 우울증 증상의 차이를 알아보았다. 이 연구 결과 분노, 공격성, 알코올이나 약물 남용 같은 '남성적인' 증상이 여성보다 남성에게 더 자주 나타나는 것을 발견할 수 있었다.

연구자들은 이와 같은 증상에 기존의 15가지 우울증 증상을 결합해서 새로운 평가척도를 개발했다. 새로운 평가척도로 측정하자 우울증의 정의에 부합하는 남성과 여성의 수가 거의 비슷했다. 연구자들은 현재의 우울증 선별 기준이 기존의 증상만을 다루기 때문에 남성들에게 많이 나타나는 증상을 포함하지 못했을 수 있다고 본다. 그래서 남성의 우울증이 축소 보고될 수 있다는 것이다. 어떤 증상이 남성의 우울증을 정확히 판별하는지 이해하고 남녀가 비슷한 비율로 우울증을 경험하는지 알아보려면 더 많은 연구가 필요하다.

청소년의 우울증

청소년과 청년의 우울증은 점점 증가하는 추세다. 전국 마약 사용 및 건강 조사에서는 2005년에서 2014년 사이에 미국의 청소년 172,495명과 청년(18~25세) 178,755명을 조사했다. 결과적으로 2014년의 12개월 동안 주요 우울증 삽화의 수가 청소년은 11.3퍼센트 증가하고 청년은 9.6퍼센트 증가한 것으로 나타났다.

짜증과 초조감은 아동이나 청소년 우울증의 주요 특징일 수 있다. 학교나 직장에서 성과가 달라지거나 친구를 잃거나 새로운 친구들과 어울려 다니거나 전에 좋아하던 활동에 변화가 생길 수 있다. 청소년은 더 움츠러들면서 무슨 일을 하고 어디에 가고 누구와 어울리는지를 숨기려 할 수 있다. 게다가 자꾸 부모나 형제자매에게 따지려 들고 다툴 수 있다.

딸이라면 특히 월경 기간 즈음에 잘 울고 마음을 닫을 수 있다. 일부는 학교나 직장에 무단으로 빠지거나 학교를 휴학할 수 있다. 술과 마약과 부주의한 운전이 문제가 될 수도 있다. 부모가 청소년 자녀의 전형적인 정서와 행동에서 변화를 포착하고 대응하는 것이 무엇보다 중요하다(10장 〈청소년 자녀가 우울증인 부모 또는 부모가 우울증인 청소년〉 참고).

불안은 아이들의 정신과 질환에서 가장 흔히 나타나는 증상이다. 일반적으로 우울과 불안이 결합해서 나타나므로 진단 평가가 어려워지고 증상은 더 심각해지고 치료가 더 복잡해질 수 있다. 아동과 청소년의 경우에는 몸이 아프다고 호소하는 경우가 많고(배가 아파서 결석한 일수), 짜증과 초조감을 많이 드러내고, 중요한 발달 시기에 학교에서나 사회에서의 기능이 손상되고, 강박관념과 강박행동을 보이고, 자살 위험이 커진다.

청소년의 불안과 우울을 꼭 치료해야 하는 이유는 이런 증상이 조기에 나타나면 성인이 된 이후에도 우울증을 겪을 위험이 커지기 때문이다. 청소년의 불안과 우울을 조기에 치료하면 이후의 삶에서 정신 질환의 무게가 줄어들 수 있다.

노인의 우울증

가족 중에서 노인도 우울증에 걸릴 수 있다. 그런데 우울증인지 애도 반응의 연장인지 인지능력의 감퇴인지 구별하기 어려울 때가 있다. 노인은 흔히 일상생활을 제약하는 신체 질환을 안고 살며 독립성과 목적의식을 잃고 사랑하는 사람을 먼저 떠나보내는데, 이것은 모두 우울증을 유발할 수 있는 조건이다. 따라서 정신건강 전문의에게 정확한 진단을 받아야 한다. 이 주제에 관해서는 11장 〈노인 우울증〉에서 자세히 다루겠다.

질병에 따른 우울증

장기간 질병으로 고생하면 스트레스를 많이 받고 기분장애를 겪기 쉬울 수 있다. 만성 질병에 따른 스트레스가 심해지면 몸과 마음이 변형될 수 있다. 일상생활을 해나가지 못하고 삶의 목적을 잃을 수도 있고, 신체 활동에 제약을 받을 수도 있고, 고통스럽게 살거나 죽을까 봐 두려움에 괴로워하며 살 수도 있다. 이런 상황은 특히 유전적으로 취약한 사람의 기분에 영향을 미칠 수 있다. 다음 사례는 질병이 어떻게 기분에 영향을 미치는지를 보여준다.

우선 갑상선호르몬이 과도하게 많이 분비되면 조증이 나타날 수 있는 반면에 갑상선호르몬이 과도하게 적게 분비되면 우울증이 발병할 수 있다. 비타민 B12가 결핍된 식단을 섭취하면 우울증이 생길 수 있는데, 노인에게 흔히 나타나는 현상이다. 심장 질환이나 유방암 같은 일부 암 환자 중에서 최대 50퍼센트가 우울증을 겪는다. 그 밖에도 우울증과 연관된 질병은 다음과 같다.

- 다발성경화증
- 파킨슨병
- 알츠하이머병
- 헌팅턴병
- 뇌졸중
- 루프스 같은 면역 질환
- 단핵증

　나아가 신체적 질병을 치료하기 위한 일부 약물이 우울증을 유발할 수도 있다. 이런 약물로는 항균제와 항생제, 베타 차단제 같은 심혈관계 약물(프로프라놀롤, 메토프롤롤, 아테놀롤), 혈압약, 칼슘통로차단제(베라파밀, 니페디핀), 디곡신, 메틸도파 등이 있다. 단백동화스테로이드, 에스트로겐(프레마린), 프레드니손, 경구 피임약 같은 호르몬 제제도 우울증을 유발할 수 있고, 클로나제팜(클로노핀), 시메티딘과 라니티딘(잔탁), 마약성 진통제도 우울증을 불러일으킬 수 있다. 코카인이나 암페타민의 금단 증상도 우울증을 유발할 수 있다.

　다른 원인으로 인한 우울증과 마찬가지로 만성 질병에 따른 우울증도 치료가 가능하다. 무엇보다도 우울증이 생기는 것을 알아채고 조기에 정신건강 전문가에게 진료를 받아야 한다. 일부 심장센터와 종양학과에서는 정신건강 전문가를 두어 다른 의사들이 의뢰하는 환자의 진료를 맡기기도 한다.

진행된 우울증의 증상

우울증이나 양극성장애 환자는 왜곡된 생각으로 현실감을 상실하는 경우가 많다. 세상에 대한 지각이 현실에서 완전히 동떨어진다. 말과 생각이 혼란스럽다. 이런 정신증 증상이 나타나면 환자가 심각한 상태라는 뜻이다. 환각을 경험하면서 현실에 없는 것을 보거나 듣기도 한다. 문제는 환각이 환자에게는 실제처럼 느껴져서 상상의 목소리가 '시키는' 대로 할 수도 있다는 점이다.

이런 환자는 편집증적 망상(고착된 그릇된 신념)을 보이면서 누가 자기를 스토킹한다거나 쫓아온다거나 미연방수사국이 전화기를 도청한다거나 몸속 장기가 부패하고 있다고 믿는다. 양극성장애의 조증 상태에서는 자기가 슈퍼맨 같은 힘으로 무슨 일이든 놀랍도록 잘 해낼 수 있다고 자신하기도 한다. 옆에서 이런 삽화를 목격하면 무섭기도 하고 혼란스러울 수 있다. 이런 증상은 정신과적 응급상황이다. 이런 환자에게는 당장 정신건강 전문가의 진단과 치료가 필요하다.

치료 저항성 우울증

치료 저항성 우울증 혹은 치료가 어려운 우울증(증상 조절과 일상생활 기능 개선에 집중)이라는 용어를 들어본 적 있는가? 다양한 약물과 치료법으로도 우울증 증상이나 일상의 기능이 나아지지 않는 상태를 뜻한다. 아무리 훌륭한 전문가를 만나서 치료를 받아도 증상이나 일상의 기능이 전혀 호전되지 않아 좌절하는 환자들이 있다. 최근까지도 이 같은 치료 저항성 우울증이나 치료가 어려운 우울증은 잘못된 방식으로 치료했거나 치료하지 않은 결과로 여겨졌다.

연구자들은 '치료 저항성'에는 여러 요인이 작용할 수 있다는 것을 알아냈다. 약물의 용량이 지나치게 적어서일 수도 있고, 약효가 나타날 기회가 주어지지 않아서일 수도 있고, 약물에 맞지 않아서 부작용이 나타나 환자가 복약을 중단해서일 수도 있다. 또 환자의 증상에 가장 적합한 약물이 아닐 수도 있다. 현재 내성에 강한 새로운 약이 개발된 데다 전문가가 표준 정신과 치료 지침을 준수하면서 이런 추론에도 변화가 생겼다.

정신과 의사들은 적절한 치료를 받은 뒤에도 반응을 보이지(우울증 증상이 '부분적 호전'되지) 않거나 완화되지(우울증 증상이 '완전히 사라져서 완치'되지) 않는 환자들을 많이 접한다. 치료 저항성 우울증의 진단 기준에 관한 통일된 정의는 없다. 한 종류의 항우울제를 적절한 용량과 기간에 걸쳐 복약하고도 호전되지 않는다는 뜻일 수도 있고, 항우울제와 함께 상담치료나 전기충격요법electroconvulsive therapy(ECT)을 비롯한 각종 치료법을 몇 달에 걸쳐 세 차례 이상 받고도 반응을 보이지 않는다는 뜻일 수도 있다.

치료에 대한 반응이 나타나기까지 몇 주 또는 몇 달씩 걸릴 수 있고, 만족스러운 반응을 얻기까지는 대체로 여러 가지 치료법을 시도해야 할 수 있다. 약물은 60~70퍼센트 정도에게 효과를 보인다. 우울증 환자의 50퍼센트만 첫 번째 항우울제 치료에 반응하고, 33퍼센트만 첫 번째 치료로 완치된다. 우울증 환자나 가족에게는 실망스러운 수치다. 경험 많은 정신과 의사와 상의

해서 약물치료와 기타 치료법에 관해 상의해야 한다.

항우울제 효과가 없는 경우

항우울제가 어떤 사람에게는 효과를 보이지 않는 데는 세 가지 이유가 있다. 첫째, 약물 선택과 투약 문제. 각자에게 '효과적인' 복용량은 나이, 성별, 체중, 건강 상태, 다른 복용 약물에 따라 다르다. 모두에게 효과적인 절대적으로 '정확한' 용량이라는 것은 없다. 신진대사에 따라 남들보다 약을 빠르거나 느리게 처리하는 사람이 있다. 게다가 항우울제의 종류는 다양하고, 어떤 약은 우울증의 어느 한 가지 하위 유형에 더 효과적이다(비정형 우울증이나 전형적인 우울증이나 계절성 우울증). 따라서 각자에게 가장 효과적인 용량을 처방받지 못하면 치료에 실패할 수도 있다. 단기간 복용해서 용량이 한참 부족할 수도 있고, 부작용이 나타날 수도 있다.

둘째, 부정확한 진단. 생활에 다른 문제가 있으면 정확한 진단을 내리기 어려울 수 있다. 혹은 양극성장애를 주요우울증과 혼동해서 진단할 수도 있다. 첫 번째 삽화이고 양극성장애를 의미하는 조증이나 경조증이 아직 나타나지 않은 상태일 때는 특히 그렇다. 그래서 이런 환자를 '치료 저항성'으로 잘못 분류할 수도 있다. 어떤 환자는 전문가가 제대로 숙지하지 못한 우울증의 하위 유형에 속할 수도 있다. 하위 유형마다 각종 항우울제에 다르게 반응하므로 이는 매우 중요한 문제다.

셋째, 치료법과 용량, 투약 기간이 적절한데도 반응을 보이지 않는 경우. 소수의 일부 집단은 이런 식으로 진정한 치료 저항성을 보일 수 있다. 이런 유형의 환자를 위한 치료법이 있다.

치료 저항성 우울증 치료법

치료 저항성 우울증을 위한 약물치료 방법으로는 ① 다른 항우울제로 교체하는 방법, ② 항우울제가 아닌 약물(리튬, 비정형 항정신병 약물, 갑상선호르몬, 한약 제제 등)을 추가해서 항우울제 효과를 높이는 방식으로 보강하는 방법, ③ 여러 종류의 항우울제를 혼합해서 처방하는 방법이 있다.

그 외의 치료법으로 심리치료도 있고 낮은 전류나 자류magnetic current로 뇌의 기분 중추를 자극하는 신경자극치료neurostimulation도 있다. 비외과적 치료도 있고, 외과적 치료도 있다. 비외과적 치료로는 ECT와 반복적 경두개자기자극술transcranial magnetic stimulation이 있다. 뇌심부자극술deep brain stimulation 같은 외과적 치료는 뇌수술을 거쳐야 하므로 가볍게 접근할 수 없다. 이들 치료법에 대해서는 4장 〈전문가에게 도움 구하기〉에서 자세히 다룬다. 전문가에게 치료를 받는데도 치료하기 힘든 환자가 있을 수 있는데, 이들을 치료 저항성으로 분류할 수 있다. 이 범주의 우울증 환자들이 좌절하거나 치료를 포기하지 않도록 하는 것도 전문가의 중요한 일이다.

양극성장애

과거에는 조울증manic depressive disorder이라고 부르던 양극성장애는 기분장애의 한 유형이다. 양극성장애도 우울증처럼 재발하고 완화하기를 반복하면서 일상생활에 심각한 영향을 미친다. 양극성장애는 뇌세포의 조절장애로 보이고 정상적인 뇌 기능을 방해하는 유전자와 연관된 것으로 보인다. 현재까지 과학자들은 유전자 60개 정도를 식별해냈다. 양극성장애의 주된 특징은 조증 삽화다. 기분이 극단적으로 고양되거나 예민한 삽화와 극단적으로 우울한 양극성 우울증 삽화가 번갈아 나타난다. 그리고 이들 삽화는 주기적으로 나타난다. 개인마다 양상이 다르지만 대체로 우울증 삽화가 더 많이 나타난다. 일반적으로 지속적이고 장기적인 치료가 필요하다.

양극성 우울증의 증상은 주요우울증의 증상과 유사하다. 『정신 질환의 진단 및 통계 편람』 제5판(DSM-5)의 진단 기준이 주요우울증과 유사하다. 양극성 우울증과 단극성 (주요)우울증을 정확히 구분해서 진단하려면 숙련된 정신건강 전문가가 오랜 시간을 들여 전문 지식을 동원해야 한다. 게다가 환자마다 치료법이 크게 다르다. DSM-5에서는 양극성 조증 삽화를 진단하려면 일상생활에 방해가 될 정도로 고양되거나 과민한 기분이 일주일 이상 지속해야 하며 다음 증상 중 세 가지 이상이 나타나야 한다고 규정한다.

- 과장된 자아개념 또는 거대자신감
- 목표지향적 활동의 증가 또는 정신운동성 초조 상태(목적 없는 과다활동)
- 수면 욕구 감소
- 사고 비약
- 주의산만, 집중력 감소
- 병적 수다, 평소보다 말이 많아짐
- 지나치게 예민함
- 위험한 행동(과도한 소비, 충동적인 성행위 등)

양극성장애의 여러 유형(양극성장애 1형, 양극성장애 2형, 양극성 스펙트럼, 혼합형)이 이상의 여러 가지 증상에 걸쳐 있다. 양극성장애의 유형은 고양된 기분 증상의 강도와 지속 기간에 따라 분류된다.

양극성장애 1형에서는 주로 조증 삽화와 우울증 삽화가 나타난다. 양극성장애 2형에서는 경조증 삽화와 장기적인 우울증 삽화가 나타난다. 양극성 스펙트럼의 증상은 1형과 2형 사이의 어딘가에 해당한다. 조증 삽화는 앞에서 설명했고, 경조증 삽화는 강도도 약하고 기간도 짧은 유형, 혼합형은 조증(경조증) 증상과 우울증 증상이 혼합되어 동시에 나타나는 유형이다(표 1-4). 고양된 기분의 증상 예는 〈표 1-5〉에서 확인할 수 있다.

양극성장애 환자들을 12년에 걸쳐 추적 조사한 연구에서 양극성장애 1형은 전체 기간의 절반 동안 증상을 보이는데 그중 3분의 1 정도의 기간에는 우울증이 나타나고 10퍼센트 정도의 기간에는 조증이 나타나고 6퍼센트 정도의 기간에는 혼재된 증상이 나타난다는 결과를 얻었다.

양극성장애를 겪으면 어떤 기분일까? 조증이나 경조증이나 우울증이나 혼합형의 여러 단계를 거치는 것은 무척 힘들다. 양극성 우울증은 주요우울

| 표 1-4 | **양극성장애의 유형**

양극성장애 유형	고양된 기분	우울한 기분
양극성장애 1형	조증 삽화	우울증 삽화
양극성장애 2형	경조증 삽화	(장기적인) 우울증 삽화
양극성 스펙트럼	1형과 2형의 증상 사이 어딘가	
혼합형	조증(경조증)과 우울증이 동시에 나타남	

증과 유사한데 이 기간에는 가족이나 친구들에게서 움츠러들 수 있다. 과민해져서 옆에 누가 있는 것을 견디지 못할 수 있다. 집중력이 떨어져 학교나 직장생활에 문제가 발생할 수도 있다. 피로, 슬픔, 흥미 상실, 식욕 상실, 수면장애 같은 증상이 나타난다. 우울한 단계에는 부정적 사고에 지배당할 때가 많다.

반대편 극단의 조증이나 경조증 삽화는 머릿속에 폭풍우가 일어나는 상태로 기술된다. 눈에 띄게 조증일 때는 생각이나 말이 빨라져서 한 가지 생각을 마무리하지 않은 채 다른 생각으로 휙휙 넘어간다. 체계가 무너지고 산만해서 일상생활을 제대로 해내지 못하지만 당사자는 깨닫지 못한다. 실제로 조증 단계에서는 뭐든 다 할 수 있고, 그것도 아주 잘할 수 있다고 자신한다. 하지만 현실은 그렇지 않다.

양극성장애 환자는 기운이 샘솟아서 잠을 잘 필요를 거의 혹은 전혀 느끼지 못할 수 있다. 충동적으로 쇼핑하고 흥청망청 돈을 쓰거나 술을 많이 마시거나 불법 약물을 하거나 부주의하게 운전하거나 극단적인 성행동을 추구하는 등 충동적이고 무모한 행동에 빠져들 수 있다. 결과적으로 사회적으로나 금전적으로나 사업적으로 잘못된 결정을 내릴 수 있다. 결국 양극성장애 환자와 주변의 모든 사람이 영향을 받는다.

관리의 시작은 매일의 기분 기록

기분 기록지는 하루하루가 어땠는지 기억을 세세히 더듬지 않고도 시간에

| 표 1-5 |　고양된 기분의 증상

고양된 사고

- [ ] 내게는 특별한 능력이 있다.
- [ ] 내게 좋은 아이디어가 많이 있다.
- [ ] 내 생각들은 정말 대단하다.
- [ ] 나와 내 아이디어에 관심 있는 사람이 많다.
- [ ] 나를 적대시하는 사람이 많다.
- [ ] 어떤 프로젝트나 대의명분에 아주 몰입해 있다.

- [ ] 생각이 이 주제에서 저 주제로 빠르게 옮겨간다.
- [ ] 다른 사람들이 내가 말하는 내용을 못 쫓아오겠다고 말한다.
- [ ] 내 주변 세상은 너무 느리다.
- [ ] 다른 사람들은 일을 하는 데 아주 긴 시간을 잡아먹는다.

감정

- [ ] 나쁜 일이 일어나도 기분이 좋다.
- [ ] 이유 없이 행복하다.
- [ ] 나는 자신감이 넘친다.
- [ ] 평소보다 잠을 덜 자도 활력이 넘친다.
- [ ] 모든 게 낙관적으로 보인다.

- [ ] 아주 기분이 좋고 절정에 올라 있다.
- [ ] 모든 일이 내 뜻대로 흘러갈 것이다.
- [ ] 내게는 나쁜 일이 생길 수 없다.
- [ ] 쉽게 짜증이 나거나 귀찮아진다.
- [ ] 참을성이 적다.
- [ ] 평소보다 섹스에 관심이 많아졌다.

행동

- [ ] 평소보다 적게 자고 피곤하지 않다.
- [ ] 별다른 이유 없이 많이 웃는다.
- [ ] 평소보다 말이 많아졌다.
- [ ] 안절부절못하고 계속 서성거린다.
- [ ] 집중하기가 어렵다.
- [ ] 쉽게 산만해진다.
- [ ] 새로운 프로젝트와 활동을 많이 시작한다.
- [ ] 활동량과 일, 취미생활이 늘어난다.
- [ ] 지금 하는 일을 제대로 마무리하지 않고 새로운 프로젝트를 시작한다.
- [ ] 평소보다 훨씬 사교적이다.

- [ ] 평소보다 전화통화를 많이 한다.
- [ ] 돈을 많이 쓰고 물건을 잔뜩 사들인다.
- [ ] 충동적으로 결정을 내린다.
- [ ] 팁을 과하게 주거나 도박을 한다.
- [ ] 평소보다 위험부담을 크게 진다.
- [ ] 위험한 활동을 더 많이 한다.
- [ ] 별 이유 없이 말다툼이나 싸움을 벌인다.
- [ ] 과속한다.
- [ ] 술이나 마약 사용이 늘었다.
- [ ] 평소보다 화려하게 입는다.
- [ ] 손글씨가 커지고 정신이 없어진다.

걸쳐 증상을 추적하는 방법이다. 기분장애 환자에게 한 달 동안 매일 기분 기록지에 기분을 기록해서 치료자에게 보여주게 하자. 그날의 기분을 가장 잘 기술하는 항목에 표시하면 된다. 예를 들어 우울한 기분을 심각하거나 보통이거나 약한 정도로 선택할 수 있다(〈표 1-2〉 참조). 가장 가까운 항목을 선택해야 한다. 꼭 정확해야 하는 것은 아니다. 〈표 1-6〉에 기분 기록지 작성 예시를 소개한다.

기분 기록지를 활용하면 환자가 증상의 변동성을 추적하고 한 달 동안 기분의 추이를 확인하는 데 도움이 될 수 있다. 의사나 치료자와의 진료 시간에 기분이 어땠는지 기억을 더듬어보는 것보다 증상을 더 잘 반영해준다. 기분 기록지 오른쪽의 비고 칸에는 약물 변화나 스트레스 사건을 비롯해 그날의 기분에 영향을 주었을 만한 사건을 기록한다. 여성이라면 이 칸에 호르몬 변화나 월경 기간을 기록할 수 있다. 기분 기록지 양식은 〈표 1-7〉을 활용하라.

기분 기록지를 작성해보면 알겠지만 우울증이 있는 하루 동안은 기분이 변덕스럽다. 게다가 환자의 증상마다 깊이나 심각도가 다를 수 있다. 따라서 환자는 증상마다 광범위한 감정이나 행동을 경험할 수 있다. 예를 들어 '우울한 기분이나 짜증'의 증상이 나타나는 경우에는 기분이 약간 우울한 정도부터 심각하게 가라앉고 비탄에 빠져서 일상생활을 할 수 없는 정도까지 다양할 수 있다. 많은 사람이 이렇게 정도가 다양하게 증상을 경험한다. 혹은 약하거나 보통인 정도의 '식욕 상실'을 경험하거나 음식에 대한 흥미를 잃어서 체중이 2주 만에 5킬로그램 빠질 수도 있다. 우울증 증상에 관해서는 〈표 1-1〉을 참조하라.

기분을 기록하는 일이 왜 중요할까? 증상의 변주와 그 양상은 개인마다 다

| 표 1-6 | 기분 기록지 작성 예시

_____ 년 _____ 월

날짜	우울한 기분			중립	고양된 기분			비고
	심각	보통	약함	중립	약함	보통	심각	
1	∨							
2	∨							
3		∨						아버지와 말다툼
4		∨						
5		∨						
6		∨						
7	∨							
8	∨							
9	∨							새로운 약물 추가
10		∨						
11		∨						
12		∨						
13			∨					
14			∨					
15			∨					
16		∨						
17			∨					
18			∨					
19				∨				
20				∨				
21			∨					
22								
23								
24								
25								
26								
27								
28								
29								
30								
31								

| 표 1-7 | 기분 기록지

_____ 년 _____ 월

날짜	우울한 기분			중립	고양된 기분			비고
	심각	보통	약함	중립	약함	보통	심각	
1								
2								
3								
4								
5								
6								
7								
8								
9								
10								
11								
12								
13								
14								
15								
16								
17								
18								
19								
20								
21								
22								
23								
24								
25								
26								
27								
28								
29								
30								
31								

르고 예측이 불가능하다. 의사가 환자의 증상 변이를 알 수 있다면 최선의 치료 과정을 결정하는 데 큰 도움이 된다.

기분장애와 대사증후군

대사증후군은 정신 질환이 있는 환자, 특히 양극성장애와 조현병 환자에게 자주 나타나는 신체 질환이다. 주요우울증 환자에게 나타날 수 있고, 특히 일부 항우울제나 항정신병 약물을 복용하거나 혈액검사에서 전반적인 염증 징후가 발견되는 경우에 나타날 수 있다. 대사증후군은 기분장애의 일반적인 증상으로 수면이 부족하거나 수면 패턴이 무너지는 증상과도 관련이 있다. 미국 댈러스 텍사스대학교의 C. D. 레소스트와 연구자들은 전국 보건 조사를 실시해 우울증이 있는 성인의 41퍼센트 이상에게서 대사증후군을 발견했다(Rethorst, 2014).

대사증후군은 비만, 특히 복부비만, 고지혈증, 고혈압, 당뇨병, 심장병(심혈관계 질환)의 위험 증가 같은 생리적인 증상이다. 당뇨병이 생길 수 있고, 심장발작과 뇌졸중과 신장 질환 등 만성 지병이 생길 수도 있다. 최대한 피해야 할 심각한 의학적 문제로 이어질 수 있다.

대사증후군은 미국심장협회와 국립심장폐혈액연구소에서 규정한 다섯 가지 심혈관계 질환의 위험 요인으로 이루어진다. 아래 다섯 가지 위험 요인 중 세 가지 이상이 나타나면 대사증후군으로 진단한다.

"식단도 지키고 운동도 꾸준히 하는데 계속 살이 쪄서 걱정이에요."

– 앨리시아의 이야기

42세 앨리시아는 몇 년 동안 주요우울증을 앓았다. 그동안 항우울제 7종을 복용했다. 약물은 거의 도움이 되지 않았고, 그중 한 종은 부작용(두통과 발진)으로 복용을 중단했다. 전기충격요법으로 상당히 효과를 보았고, 현재 몇 가지 치료법을 병행하는데 효과가 좋은 편이다. 정신과 의사에게 처방받은 약을 복용하고 심리학자에게 대화치료나 인지행동치료를 받으면서 다시 건강해지겠다는 목표를 향해 나가고 있다.

하지만 안타깝게도 식단이나 활동 수준이 그대로인데도 체중이 18킬로그램이나 늘었다. 주로 배에 살이 쪘다. 남들이 임신한 줄 알 정도였다. 그래서 앨리시아는 무척 괴로워했다. 앨리시아도 남들처럼 외모를 자존감과 연결한다. 이미 건강한 식습관을 유지하고 규칙적으로 운동해온 터라 실의에 빠졌다.

뜻하지 않은 체중 증가로 1차 진료의를 찾아가 받은 혈액검사 결과에는 경계성 당뇨병(고혈당)이 있고 HDL 콜레스테롤 수준이 낮고 혈압이 높게 나왔다. 앨리시아는 결과를 받아들고 놀라서 체중센터를 찾아갔다. 체중센터 의사는 앨리시아에게 대사증후군이 있고 우울증과 각종 우울증 치료제가 원인일 수 있다고 설명했다. 그러면서 식단과 운동을 더 철저히 관리하는 식의 대사증후군 관리 방법이 있다고 알려주었다.

그리고 대사증후군 치료를 위한 새로운 약물에 관해 상의했다. 앨리시아는 현재 과일과 채소와 닭과 생선으로 구성된 건강하고 가벼운 식단으로 관리하고 영양사에게 조언도 구한다. 영양사는 좋은 음식을 선택하도록 도와주고 지중해식 식단을 권장했다. 앨리시아는 유산소와 근력 운동을 병행하여 일주일에 5~6일 정도 운동도 한다. 수면과 스트레스가 체중에 영향을 미칠 수 있다는 점을 알고 이 두 가지도 관리하려고 애쓰는 중이다. 건강한 체중으로 돌아가기 위해 약을 먹어야 하는 경우도 있다. 앨리시아는 체중센터 의사와 함께 건강을 위한 최선의 투약 결정을 내릴 것이다.

- **비만, 특히 복부비만**(내장비만)**:** 허리둘레가 남성 102cm 이상, 여성 88cm 이상

- **높은 혈중 중성지방 수치:** 150mg/dL 이상

- **낮은 혈중 HDL 콜레스테롤**('좋은' 콜레스테롤) **수치:** 남성 40mg/dL 이하, 여성

50mg/dL 이하

- **고혈압:** 130/85mmHg 이상 또는 고혈압 치료 중
- **높은 공복혈당:** 100mg/dL 이상 (또는 고혈당 관리 약물 복용 중)

대사증후군은 초기에는 생활습관에 변화를 주어서 관리할 수 있다. 적절한 수면, 규칙적인 유산소(심혈관) 운동과 근력 운동, 건강한 지방(올리브유, 아보카도유)이 함유된 저탄수화물 식단이 있다. 간혹 높은 혈압이나 콜레스테롤이나 혈당 수치를 조절하기 위해 약을 먹어야 할 수도 있다. 연구자들은 대사증후군과 관련된 기저의 염증을 치료하기 위한 약물도 연구했지만 아직 연구가 더 필요하다.

우울과 함께 찾아오는 불안

불안과 우울은 흔한 조합이다. 우울증 환자의 절반 정도는 불안도 함께 경험한다. 국립동반질병조사National Comorbidity Survey는 2006년 조사를 통해 15~54세 사이 주요우울증 환자의 58퍼센트가 불안장애도 함께 겪는다는 결과를 얻었다. 불안은 미래에 대해 과도하게 초조해하고 불안해하고 걱정하는 감정이다. 걱정의 깊이, 시간, 빈도가 두려워하는 사건이 실제로 일어날 확률에 비해 과도한 상태를 의미한다. 당신의 가족이나 친구도 불안으로 고통스러워할 수 있다. 걱정이 심하면 긴장하고 초조할 수 있다. 불안, 초조, 집중력 저하, 짜증, 수면장애가 나타날 수 있다. 몸에서 땀이 나고 몸이 떨리고 심장

이 마구 뛰거나 전혀 뛰지 않는 것처럼 느껴질 수 있다. 또 불안하면 배탈과 메스꺼움과 두통과 근육통이 나타난다. 환자에게는 모두 실제로 느껴지는 감각이다. 간혹 이런 증상 때문에 몸에 큰 병이 생긴 줄 알고 응급실을 찾아가는 경우도 있다.

성인들은 주로 직장, 재정 상태, 건강, 가족의 건강과 안전, 그 밖에 사소한 문제(집안일을 하거나 약속에 늦는 문제) 같은 일상적인 사건들을 걱정하며 산다. 청소년들은 적성, 외모, 교우관계, 학업, 운동 능력, 재난(핵전쟁, 테러), 미래를 과도하게 걱정하는 성향을 보인다. 두 집단 모두에서 이런 걱정이 생활에 지장을 줄 정도로 심각하거나 장기간 지속되어 고통을 유발할 수 있다.

『정신 질환의 진단 및 통계 편람』 제5판에서는 범불안장애(불안증)로 진단하려면 불안과 걱정이 다음의 증상 중 3가지 이상과 연관되고 6개월 이상 지속되며 증상이 없는 날보다 있는 날이 많아야 한다고 규정한다.

- 초조하거나 긴장하거나 안절부절못함
- 쉽게 피로함
- 집중하기 어려움
- 과민함
- 근육 긴장
- 수면장애

이때의 불안은 직장이나 학교나 사회생활의 갖가지 사건이나 활동과 관련이 있다. 환자가 스스로 걱정을 통제하기 어려워해야 한다. 불안이나 걱정이나 신체 증상이 사회나 직장/학교나 그 밖의 생활 영역에서 큰 불편을 유발해야 한다. 더불어 이런 불편이 물질(약물 남용)이나 치료제나 여타의 질병에 의한 것이 아니고 다른 정신장애로는 설명되지 않아야 한다.

불안증은 치료가 가능하다. 약물치료, 심리치료, 이완 운동, 마음챙김 명상 등은 모두 불안에 효과적인 치료법이다. 생활습관을 바꾸어서도 증상을 줄일 수 있다. 이를테면 수면의 질과 시간에 변화를 주고 규칙적으로 운동하고(유산소 운동과 요가), 카페인과 알코올 섭취를 최소로 줄이고, 니코틴(담배)과 마약을 멀리하는 것이다. 가족으로서 가장 중요하게 해야 할 일은 환자의 불안을 잠재우는 것이다. 신체적으로 응급상황이 아니라는 확신이 들면 차분하고 안정된 어조로 환자에게 의학적으로 위험한 상태가 아님을 깨닫게 함으로써 안심시킨다.

불안한 사람에게는 8장 〈자살을 생각하거나 행동에 옮기려 할 때〉에서 소개하는 심호흡과 이완 운동이 도움이 될 수 있다. 긴장을 풀고 기분이 좋아지는 데 유용한 방법이다. 기분장애 치료를 위한 새로운 약물로도 불안증 치료에 효과를 볼 수 있다.

사회적 낙인

우울증과 양극성장애 같은 기분장애는 2020년에도 여전히 사회적 낙인을 찍는다. 잘못된 정보를 접한 사람들이 누군가의 질환을 비판적으로 보면서 그 사람에게 부정적인 고정관념이나 이미지를 덧씌울 수 있다. 이것을 낙인이라고 한다. 사람들이 낙인찍힌 사람을 피하거나 거부하거나 멀리할 수 있다. 이것은 차별의 한 형태다. 한번 낙인이 찍히면 사람들이 그 사람과 가까이 지내지 않으려고 해서 친구를 사귀지 못하고, 자격과 무관하게 직장을 잃거나 승진에서 밀리고, 집을 구할 때도 제약이 생기고, 그 밖의 온갖 부당한 취급을 당할 수 있다. "자네는 우울증이잖아. 무슨 문제가 있다는 뜻이지! 그러니 자네한테는 이 일을 믿고 맡길 수 없어"라거나 "당신은 불쾌해요. 당신 같은 사람이 옆집에 사는 게 싫어요"라는 말은 상처가 되기도 하고, 사실이 아니기도 하다.

일부 잘못된 정보를 접한 사람들은 기분장애가 있으면 사회적으로 수용되지 못한다고 생각한다. 그래서 기분장애를 앓는 사람에게 수치심이나 모욕감을 줄 수도 있다. 또 기분장애를 앓는다는 이유로 그 사람을 무능하거나 잠재적으로 위험하거나 나약하거나 바람직하지 않다고 여기기도 한다. 어떻게든 판단하고 비판하려 한다. 하지만 이것은 잘못이다. 이런 사람들의 믿음은 전혀 사실이 아니다.

우울증이나 양극성장애(당뇨병이나 심장 질환과 다르지 않다)를 겪고 있다고 해서 사회적으로 받아들여지지 않을 이유가 없다. 하지만 사람들은 기분장애가 생물학적 질환이라는 사실을 인식하지 못한 채 환자에게 덧씌워진 부당한 비판, 곧 낙인을 믿어버린다. 사람들이 당신의 가족에게 잘못된 신념과 태도를 들이댈 수 있다. 잘못된 신념과 판단은 이 병에 대해 정확히 아는 것도 없는 친구나 가족이나 낯선 사람 또는 텔레비전이나 소셜미디어처럼 자극적인 뉴스를 보도하고 오해를 사실인 것처럼 굳혀버리는 매체 때문에 생겨난다.

기분장애를 겪는 사람들은 병으로 인해 이미 충분히 고통스러운 상태에서 낙인으로 인한 사회적 부담까지 짊어져야 한다. 우울증에 대한 잘못된 인식이나 비난과 싸우느라 우울증의 고통이 더 심해질 수 있다. 환자들은 그냥 상처를 감당해야 할지, 아니면 정신적 에너지를 짜내서 사람들의 오해를 풀어야 할지, 끊임없이 선택의 기로에 놓일 수 있다. 사람들이 우울증에 낙인을 찍으면 우울증 환자는 집에서나 직장에서나 사회에서나 인간관계에서 중압감에 시달릴 수 있다. 하지만 낙인을 피하기 위해 정신 질환을 숨기는 것은 결코 좋은 방법이 아니다.

효과적인 대책은 한발 물러나 아무리 애써도 애초에 낙인찍으려는 사람들의 고정관념을 뒤집을 수는 없다는 사실을 이해하는 것이다. 왜곡된 믿음이 어디서 왔을지 고찰해서 편견을 가진 사람들의 말은 그냥 무시하는 편이 낫다. 잘못된 정보와 공포와 오만에서 비롯된 편견일 뿐이다. 우울증과 양극성장애를 생물학적 질환으로 인식하고 효과적인 치료법을 교육해야 한다. 그러면 사람들의 마음에서 두려움이 줄어들 것이다. 그리고 무엇보다 사회적으로 기분장애를 부정적으로 보는 편견을 바꿔나가야 한다.

Chapter 02

말과 행동이 평소와 다르다면
우울증의 신호일 수 있다

• 우울증의 징후와 진단 •

"우울증을 경험해본 적이 없는 사람은
우울증이 그저 슬프거나
기분 나쁜 상태라고만 생각한다.
하지만 우울증은 그런 것이 아니다.
그것은 세상이 온통 회색과
무감각 상태에 빠져드는 것이다."

– 댄 레이놀즈(뮤지션)

배우자 또는 자녀, 부모 또는 친구가 우울증이나 양극성 우울증을 겪고 있는 것 같으면 우선 확인해야 할 점이 있다. 신체적 변화를 관찰하고 무슨 말을 하고 기분이 어떤지 들어보고 어떤 행동을 관찰해야 한다. 다음의 네 가지 영역에서 평소와 달라진 모습을 찾아보라.

- 전반적인 외모 상태
- 수면이나 식욕(필수적인 감각) 같은 일상생활에 필수적인 습관
- 자신에 대한 감정과 태도
- 자살 생각

당신의 가족이나 친구에게 위와 같은 변화가 나타나는지 주목한다. 신중히 관찰해서 전문가를 만나보자고 조심스럽게 권한다. 당신의 보호를 받는 청소년이나 노인이라면 진료 의사나 정신건강 전문가에게 변화를 상담하면 도움이 된다.

전반적인 외모 상태

당신의 가족, 친구가 전반적으로 어떤 모습인지 살펴보라.

- 단정하고 깔끔하게 외모를 잘 가꾸는가?

- 흐트러지고 단정치 못하거나, 혹은 양극단 사이의 어디인가?

- 평소와 다른 모습인가?

- 기민하고 밝은가, 음울하고 어두운가?

- 기분이나 말이나 표정이 슬프거나 짜증스러운가?

- 자주 울고 잔소리를 많이 하는가?

- 주변 상황이나 평소 좋아하던 활동에 관심이 없어졌는가? (예를 들면 매주 가던 에어로빅 수업이나 매달 가던 독서 모임에 참석하지 않는가?)

- 무엇보다도 평소의 모습인가?

당신의 가족이 방에 혼자 있거나 소파에 앉아 텔레비전을 보거나 앞만 멍하니 쳐다보는 시간이 지나치게 길어졌는지 관찰하라. 우울증의 한 가지 특징은 일상이나 평소 즐기던 활동에 관심을 잃는 것이다. 새롭게 달라진 행동이 우울증을 의미할 수 있다.

피곤하고 지쳐 보이거나 몸이 축 늘어졌는지, 움직임이 굼뜬지 살펴보라. 말이 명료한지, 아니면 느리고 우물거리는지 확인하라. 우울증에 걸리면 기운이 다 빠진다. 임상적으로 다른 원인이 없는 피로는 우울증의 주요 특징일 수 있다.

당신의 가족이 자신을 관리하는지, 이를테면 씻고 치장하고 깨끗한 옷으로 갈아입는지 관찰하라. 평소와 다르면 우울증의 신호일 수 있다.

일상생활의 필수적인 습관

당신의 가족에게서 수면이나 식욕 같은 일상생활의 필수적인 습관에서 평소와 다른 모습이 보이는지 확인하라.

- 평소보다 많이 자거나 적게 자는가?
- 잠들기 힘들거나 깊이 자지 못하거나 아침에 일찍 깬다고 호소하는가?
- 평소처럼 일상생활을 해나가지 못할 만큼 기운이 없는가?

당신의 가족이 오후나 초저녁에 자는지 살펴보라. 우울증은 수면장애를 동반하는 경우가 많다. 이런 변화는 중요한 신호가 될 수 있다.

- 식욕이나 식습관에 변화가 있는가?
- 평소보다 많이 먹거나 적게 먹는가? 과식하거나 너무 적게 먹거나 식사를 거르는가? 평소 먹던 음식을 먹는가, 아니면 정크푸드나 패스트푸드를 먹기 시작했는가? 이것도 우울증을 의미할 수 있다. 식욕이나 식습관의 변화로 체중이 2주 만에 2킬로그램 이상 늘거나 줄었는가? 우울증으로 인해 의도치 않게 체중 변화(일부러 살을 빼거나 찌우지 않는 경우)가 나타날 수도 있다.

- 깨워서 학교나 직장에 보내는 것이 힘든가?
- 취미나 에어로빅 수업이나 조깅이나 농구를 비롯해 전에 즐기던 활동을 지속하는가?—건강에 다른 이상이 없는데도 이런 활동이 줄어드는 변화가 나타났다면 우울증의 징후일 수 있다.
- 친구나 가족이나 이전의 관심사와 활동을 멀리하는가?

자신에 대한 감정과 태도

자신의 삶에 대해 느끼는 감정과 태도가 평소와 달라졌는지 확인하라.

- 자신과 자신의 경험을 부정적이고 왜곡된 방식으로 바라보는가?
- 무가치감이나 죄책감을 표현하는가?
- 생각하거나 집중하기 힘들어하거나 독서나 대화나 텔레비전 프로그램을 따라가기 어려워하는가?
- 죽음이나 자살을 언급하는가?
- "나는 패배자야"라거나 "아무도 나를 좋아하지 않을 거야"라는 식으로 자신에 대해 부정확하고 부정적인 생각을 표현하는가?

편견에 찬 자동적이고 부정적인 생각은 흔히 우울증의 증상으로 잘 나타난다. 6장 〈우울증을 겪고 있는 사람에게 다가가는 유용한 법〉에서는 우울증에 흔히 나타나는 왜곡된 사고의 여러 가지 유형을 소개한다. 당신의 가족에게서 왜곡된 사고를 알아차리는 데 도움이 될 것이다.

당신의 가족이 자신의 미래나 학교 또는 직장, 경력이나 사회적 기회에 대해 희망을 잃었다고 말한 적이 있는지 떠올려보라. 절망감은 많은 경우에 우울증의 주요 특징이다. 그리고 유머 감각이나 재능 같은 긍정적인 자질은 무시하고 자신을 무가치하게 느끼는 것도 우울증의 특징이다. 당신의 가족이 거의 혹은 전혀 통제하지 못할 무언가에 대해서도 죄책감을 느끼는지 눈여겨봐야 한다.

당신의 가족이 생각하거나 집중하거나 책을 읽거나 대화나 텔레비전 프로그램을 따라가는 것이 어렵다고 말한 적이 있는가? 주의집중이 어려운 것은 '나 같은 환자들'이라는 웹사이트(www.patientslikeme.com)에서 자가 보고한 우울증 증상 중 최고의 증상이다.

당신의 가족이 죽음이나 자살을 고민하거나 모호하게라도 살고 싶지 않다는 식으로 말한 적이 있는가? 가볍게 흘리는 말이라도 진지하게 들어야 한다. 자살 생각을 한다면 당장 전문가의 도움을 받아야 하기 때문이다.

행동 변화 살피기

우울증 환자의 가족이나 친구는 환자의 일상적인 행동, 기분, 말투, 생각과 일상생활의 기능을 살피기에 가장 좋은 관계다. 환자에게서 평소와는 다른 모습을 알아차릴 수 있다. 변화가 2주 이상 지속된다면 대개는 문제가 있다는 신호다. 당신이 관찰한 모습을 근거로 정신건강 치료를 받게 하거나 전

멜라니는 28세이고, 고등학교 교사로 교외에 살고 있다. 오래 사귄 회계사 남자친구와 내년에 결혼하기로 했다. 부모님과 언니 둘이 20분 거리에 산다. 멜라니는 늘 긍정적이고 강인해 보여서 남들이 의지하고 도움을 구하고 싶어 하는 대상이다. 차분한 성품에 유머 감각도 있고, 취미생활과 스포츠 활동도 다양하게 즐기고, 쇼핑하고 옷을 잘 차려입는 것을 좋아해서 자신에게는 교사 월급으로 좋은 물건을 잘 고르는 안목이 있다고 자부했다.

그러다 가족과 약혼자가 멜라니에게서 변화를 포착했다. 성미가 급해지고 짜증을 잘 내고 주위의 모든 것을 거슬려 했다. 자기에게 다가오는 사람들을 참지 못하고 갑자기 무시했다. 평소와 다르게 잘 울고 왜 우냐고 물어도 아무 일 없다고만 답했다. 잠도 잘 못 자고 새벽에 깨고 제대로 쉬지 못했다. 지치고 피곤해하며 그냥 힘없이 돌아다니는 듯 보였다. 게다가 늘 좋던 식욕도 잃고 평소 좋아하던 에어로빅과 요가도 하지 않는 듯했다. 평소 집중력과 주의력이 좋아서 세세한 부분까지 잘 기억하고 꼼꼼히 챙기던 사람이었지만 최근 들어 부쩍 실수가 잦아지고 할 일을 잊거나 뭔가를 기억해내지 못했다.

학교에 출근할 때도 여느 때와 달리 대충 입고, 평상복도 평소와 다르게 레깅스와 스웨터만 입었다. 백화점 세일기간에 언니와 쇼핑하러 가는 횟수도 크게 줄었다. 약혼자를 만날 때가 아니면 샤워도 하지 않고 머리도 감지 않으면서 다 무슨 소용이냐고 말했다. 가족은 이런 변화를 걱정하면서 멜라니가 눈에 띄게 슬퍼 보이지 않아도 우울증에 걸린 게 아닌지 걱정했다. 1차 진료의에게 진료를 받아보게 하고 싶었다.

문가에게 관찰한 내용을 전달해서 의사결정에 도움을 주는 것이 바람직하다. 환자의 변덕스럽거나 문제가 되는 행동과 증상을 알아차리기 위해 확인해야 할 사항을 〈표 2-1〉에 정리했다. '자주' 나타나는 듯 보이는 행동에 주목하고 전문가에게 알려야 한다.

아래 멜라니의 사례는 가족과 친구가 알아차릴 만한 여러 가지 모호한 증상이 실제로 어떻게 나타나는지 보여준다. 여기서 핵심은 가족이 환자에게서 평소와 다른 행동이나 생각이나 감정의 변화를 발견하면 전문가에게 진

| 표 2-1 | 세심히 관찰해야 할 행동 변화

관찰 내용	한두 번	자주	변화가 시작된 때
슬프거나 우울하거나 눈물을 흘리는가?			
과민하거나 초조해 보이는가?			
외모가 평소와 같은가? 아니면 샤워하거나 옷을 갈아입거나 자기를 꾸미는 노력을 중단했는가?			
자주 하던 활동에 관심이나 흥미를 잃은 듯 보이는가?			
수면 시간에 변화가 있는가(지나치게 많이 자거나 지나치게 적게 자는가)?			
식욕(식사량이 늘거나 줄었는가)이나 음식의 종류(정크푸드)가 달라졌는가?			
지난 2주간 의도치 않게 체중이 2킬로그램 이상 늘거나 줄었는가?			
피곤하고 기운이 없어 보이는가?			
주의를 기울이거나 집중하는 데 문제가 있어 보이는가?			
안절부절못하는 모습이 보이는가? 동작이 느려졌는가?			
스스로 무가치하다거나 희망이 없다거나 죄책감이 든다고 말하는가?			
죽음이나 자살을 언급하거나 남들에게 짐이 되면서 살고 싶지 않다고 말하는가?			
말이 빨라지거나 생각에 조리가 없는가?			
위험한 행동(과소비, 과음, 약물 남용, 과도한 성행동)을 하는가?			

료를 받아보게 해야 한다는 것이다. 대개 환자를 처음 평가하는 사람은 1차 의료기관의 진료의다. 이후에 정신건강 전문가에게 의뢰한다.

기분장애 진단

기분장애는 진단을 위한 혈액 검사나 X선 검사도 없고, 실험실 밖의 임상 현장에서 실시할 수 있는 최첨단 스캔 기법도 없다. 뇌 질환은 뇌 화학물질과 세포와 구조를 변형하지만 아직은 이런 변화를 관찰하고 측정하기 어렵다. 이런 진단의 어려움은 기분장애가 존재한다고 믿지 못하는 사람들이 정신 질환에 낙인을 찍는 근거가 된다.

현재 실험에 사용되는 뇌 영상기법으로는 자기공명영상(MRI), 양전자단층촬영(PET), 기능적 자기공명영상(fMRI)이 있다. 초기 단계인 이들 스캔 기법을 이용한 연구에서는 기분장애 환자의 뇌가 건강한 사람의 뇌와 특정 부위에서 약간 다르다는 결과가 나왔다. 기분장애 환자와 기분장애를 위한 새로운 치료법을 개발하려는 연구자들에게는 고무적인 결과이고, 향후 새로운 치료법을 개발하는 데도 희망을 던진다(하지만 스캔 기법은 현재 실험실 이외에 임상 현장에서는 사용할 수 없으므로 의사에게 당장 검사를 해달라고 요구하지는 않기 바란다).

기분장애는 어떻게 진단할까?

이제 기분장애를 진단할 때 어떻게 하는지 알아보자. 임상 현장의 정신건강 평가는 우선 의사가 다양한 방법으로 우울증이나 양극성장애를 정확히 진단하고 증상을 유발할 만한 다른 원인을 배제하는 단계부터 시작한다. 우선 활력 징후(심박수, 호흡률, 혈압, 체온, 산소 수치)를 측정하고 기본적인 신체검사를 진행한다.

의사가 환자를 관찰한다. 우선 환자의 전반적인 외모, 행동, 말(빠른지 느린지 어눌한지 혼란스러운지 적절한지 부적절한지) 상태를 관찰한다. 그런 다음으로 환자에게 구체적으로 질문해서 기분이 어떻고 어떤 증상이 있고 어떻게 생각하는지를 알아본다. 수면, 식욕, 체중, 일상생활의 활동과 관심사, 직장이나 학교, 사회적 지지, 자해 생각을 중심으로 질문한다. 생각하고 추론하고 기억하는 능력을 검사하고, 기분, 생각, 행동, 통찰, 판단, 정서(감정을 표현하는 방식)를 관찰한다. 예를 들어 어떨 때 환자가 웃거나 우는지를 세밀하게 살펴본다. 이것이 정신건강 평가 혹은 정신상태 검사다. 대체로 환자의 허락을 받아서 보호자를 검사실로 불러 보호자가 평소 환자의 상태를 관찰한 내용에 대해 묻는다.

의사는 환자에게 가족의 병력(가족 안에서 어떤 질환이 유전되는지)을 물어서 환자의 증상에 다른 원인이 작용할 수 있는지 확인한다. 다음으로 혈액검사와 소변검사로 갑상선 질환 같은 질환을 유발하는 다른 신체적 문제가 있는지, 코카인이나 메타암페타민 같은 불법 약물이나 스테로이드제(프레드니손) 같은 다른 처방약이 문제의 원인일 수 있는지 확인한다.

의사는 이렇게 얻은 정보를 종합해서 진단하고 직접 치료를 시작하거나 정신건강 전문가에게 의뢰해 상담이나 다른 특수한 치료를 받게 한다.

〈 Chapter 03 〉

기분장애 관리의 목표는
일상생활을 가능하게 하는 데 있다

• 기분장애 관리를 위한 기초적이지만 필수적인 방법 •

"나는 구부러졌지만 부러지지는 않았다.
나는 상처받았지만 흉터는 없다.
나는 슬프지만 희망이 없는 것은 아니다.
나는 피곤하지만 힘이 없는 것은 아니다.
나는 화가 나지만 쓰라리지는 않다.
나는 우울하지만 포기하지 않는다."

– 익명의 누군가

☹️-☹️-😐-🙂-😊-😐-🙂

    당신의 가족이나 친구가 주요우울증이나 양극성장애와 같은 기분장애를 앓는다는 의심이 들거나 정신건강 전문가에게 기분장애 진단을 받으면 어떻게 해야 할까? 먼저 기분장애를 공부하고 대처법을 알아보고 이 장에서 소개하는 단계를 차근차근 밟을 때 가장 좋은 성과를 얻을 수 있다. 이러한 과정의 목표는 주요우울증이나 조증의 재발(증상이 다시 돌아옴)을 막아서 증상으로 인한 부담을 줄이고 기분장애의 삽화와 삽화 사이에 일상생활의 기능을 끌어올리는 데 있다. 그러려면 어떻게 해야 할까?

기분장애 관리를 돕는 방법

    기분장애에 관한 학습은 개인 상담이나 가족치료나 커플치료나 심리교육 지지집단이나 프레젠테이션이나 세미나를 통해 가능하다. 기분장애와 기분장애를 관리하는 방법을 스스로 찾다 보면, 우울증이나 조증 증상이 감소하고, 전문가가 권하는 약물과 치료법을 받아들일 가능성이 커지고, 삽화와 삽화 사이의 간격이 길어지고(재발하기까지 시간이 길어짐), 재발률이 감소하고,

입원까지 하게 되는 경우가 거의 혹은 전혀 없어질 수도 있다. 전반적으로 기분이 나아지는 것이다. 처음에는 시도하기 힘든 과정이고, 당사자도 엄청난 인내심을 가져야 하고 보호자도 옆에서 충분히 지지해주어야 한다.

병에 관해 정확히 인식하기

환자가 기분장애를 인정하고 진단을 받아들여야 한다. 자신의 기분이 질환에 의한 증상이지 불변의 사실이 아니라는 점을 인식해야 한다. 주요우울증을 앓는다면 우울증 삽화가 시간에 걸쳐 환자만의 고유한 방식으로 예측 불가능하게 나타났다가 사라진다는 사실을 알아야 한다. 또 양극성장애를 앓는다면 평생 만성 질환으로 안고 살아야 하고 매일 약으로 안정된 상태를 유지해야 한다는 사실을 받아들여야 한다. 그리고 우울증이나 조증 증상과 경고 신호와 개인적 촉발 요인도 파악해야 한다.

기분장애가 있으면 어느 정도는 생활습관을 바꾸고 삶의 목표와 일상생활의 활동에도 변화를 주어야 한다. 대개 자신의 병에 대한 통찰력이 부족해서 병을 받아들이지 못할 수 있다. 자신이 기분장애를 앓는다는 사실을 부정하고 치료 계획을 따르지 않는다면 정서적 고통만 커진다. 환자가 수용의 과정을 거치는 사이 가족이 옆에서 버팀목이 되어 꿋꿋이 지켜줘야 한다.

신뢰를 가지고 치료에 따르기

1~2주 정도 약을 먹거나 매주 지지 모임에 나가거나 건강해지기 위한 습관(잘 자기, 잘 먹기, 규칙적으로 운동하기)을 들이는 것은 누구에게나 어렵지 않다. 하지만 이런 습관을 평생 유지하면서 주어진 사실과 필요성을 받아들이고 스스로 동기를 부여하는 것은 쉽지 않다. 정신과 약물과 치료법은 효과가 나타나려면 몇 주를 기다려야 하고, 때로는 6~8주까지도 기다려야 한다. 그래서 긍정적인 효과가 채 나타나지 않는 동안 치료법을 지속하기란 무척 힘들다. 어떻게 보면 치료자에 대한 확신과 신뢰를 가지고 맹목적으로 믿으면서 치료 과정을 따라야 한다. 따라서 '잘 맞는' 치료자와 효과적인 치료 동맹을 형성해야 한다.

기분장애 환자는 대개 호전되는 징후를 가장 늦게 알아챈다. 보통 친구나 가족이 먼저 알아채고 환자 자신은 부정할 수 있다. 기분이 약간 좋아지거나 과민한 태도가 줄어들거나 이따금 미소도 짓고 소리 내어 웃는 등의 변화는 가족이 먼저 알아챌 수 있다. 주변에서 환자에게 이런 변화를 알려서 환자 자신도 진전되는 신호를 알아채고 계속 동기를 잃지 않도록 도와주어야 한다.

조기에 경고 신호 발견하기

기분장애 환자마다 변화를 드러내는 고유의 경고 신호가 있다. 경고 신호는 우울증이나 조증 삽화가 나타나기 전에 평소와 확연히 다른 변화의 형태

| 표 3-1 | 정신건강을 위한 기본 요소

- **신체 질환이 있다면 제때 치료**
- **수면**
  - 하루에 7시간에서 8시간 자는 것을 목표로 삼는다.
  - 학교나 직장에 가지 않는 날도 포함해서 매일 같은 시간에 잠들고 깬다. 규칙적인 수면 시간을 유지한다.
  - 조용하고 쾌적한 수면 환경을 만든다.
  - 침대는 수면과 성생활만을 위한 공간으로 정하고 식사나 일, 독서와 TV 시청 같은 활동은 하지 않는다.
  - 수면 일지를 작성하여 수면 일과를 기록하고 의사와 공유한다.
  - 수면 위생 지침을 지키면서 편안하게 숙면을 취한다(〈표 3-2〉 참조).
- **식습관과 영양**
  - 하루 세끼 건강하고 균형 잡힌 식단을 유지한다.
  - 술과 마약, 지나친 카페인 섭취를 하지 않는다.
  - 기본 영양 지침은 '미국 농무부의 식생활 지침(2015~2020)'을 참조한다(〈표 3-3〉).
- **약물치료**
  - 처방받은 약을 모두 먹는다.
  - 비타민과 건강보조제는 의사와 상의해서 먹는다.
- **규칙적인 운동**
  - 일주일에 3일에서 5일은 유산소 운동, 근력 운동, 스트레칭, 이완 운동을 골고루 한다.
  - 일주일에 150~300분 동안 가벼운 운동을 하거나 일주일에 75분간 격한 운동을 한다.
- **가족이나 친구들과 정기적으로 긍정적인 사회적 관계 유지**
- **매일의 규칙적인 일과 구축**
  - 하루의 일과를 계획한다(엄격하게 정할 필요는 없다).
  - 전자 기기나 종이 다이어리에 하루의 할 일과 약속을 적어넣는다.
  - 큰 과제는 작은 단계로 나눈다.
  - 하루의 긍정적이거나 즐거운 경험만이 아니라 가정과 가족과 직장에서 책임져야 할 일도 적는다.

로 나타난다. 환자의 생각, 행동, 일과, 자기를 가꾸는 행동 등에 변화가 일어날 수 있다. 희망적인 태도가 줄어들거나 예민해지거나 수면 습관이 달라지거나 집안일이나 직장의 업무를 버거워하거나 목욕을 자주 거를 수 있다. 가족이 개인마다 고유한 이런 경고 신호를 조기에 알아채면 환자와 치료진이 병의 경과에 개입하여 수정할(바꾸거나 개선할) 기회가 생긴다. 이를테면 약의 복용량이나 복용 빈도나 약의 종류를 조정하거나 대화치료에 새로운 전략을 도입할 수 있다.

규칙적인 생활습관 유지하기

우울증 환자가 건강한 생활습관을 규칙적으로 유지하면 크게 도움이 될 수 있다. 이를테면 처방받은 약을 꾸준히 먹고 매일 규칙적으로 자고 하루 세 끼 건강한 식단으로 먹고 매일 운동하고 규칙적인 일과를 유지하고 친구나 가족을 만나 혼자 고립되지 않아야 한다. 이런 습관을 들이면 실제로 기분이 좋아지고 활력이 생기고, 굳이 생각하고 행동할 필요가 없다. 이와 관련해 아래에서 좀더 자세히 살펴보자.

정신건강을 위한 기초

몸의 다른 부위처럼 뇌도 끊임없이 돌봐야 잘 돌아간다. 건강한 뇌를 위한 가장 효과적인 방법은 〈표 3-1〉에 제시한 '정신건강을 위한 기본 요소'라는 매일의 자기 관리 단계를 밟는 것이다. 이것은 내가 우울증에 관해 수많은 자료를 섭렵하고 매사추세츠 벨몬트의 맥린 병원에서 환자로 지내며 터득한 방법이다. 정신의 건강과 마음의 안정을 유지하려면 무엇보다도 규칙적인 수면과 식습관과 운동과 함께 처방받은 약을 꾸준히 먹고 하루의 일과를 유지하고 옆에서 지지해주는 가족이나 친구와 자주 소통하는 것이다. 이와 같은 정신건강의 기본 요소는 정상적인 삶의 일부이고 유별나거나 특이한 방법이 아니다. 하지만 극심한 피로에 시달리면 이런 기본조차 지키지 못한다. 기본적인 단계를 하나하나 쌓아서 하루의 일과를 탄탄히 구축하면 습관으로 굳어지고 점차 과정에 신경 쓰지 않게 된다. 이렇게 되는 것이 목표다.

환자가 우울하고 기분장애 증상과 싸우는 동안에는 이 기본 요소를 한 가지든 전부든 지키기 힘들 수 있다. 우울증이나 양극성장애 증상이 이것을 따르는 데 방해가 되기 때문이다. 예를 들어 우울증을 앓을 때는 운동하거나 영양가 있는 음식을 사서 건강하게 먹거나 전화기를 들어 친구들에게 연락할 힘조차 끌어내기가 쉽지 않다. 그래도 정신건강을 위한 기본 요소는 우울증 증상을 개선하는 데 도움이 되고 과학적인 연구에 기반을 둔 방법이다. 우울할 때 이것을 따르려면 엄청난 노력과 인내심이 필요하지만 일단 우울의 깊은 구멍에서 빠져나오기만 하면 시도해볼 만한 가치가 있다는 것을 알게 된다.

환자의 가족이나 친구는 감독이 되어 환자가 이 기본 요소를 충실히 따르도록 다정하게 격려해줄 수 있다. 그리고 직접 몇 가지 방법을 골라서 따를 수 있다. 그렇게 환자에게 건강한 생활양식의 모범을 보여줄 수 있다. 환자와 함께 정신건강을 위한 기본 요소를 수행하면 환자가 훨씬 수월하게 따를 수

| 표 3-2 | **수면 위생**

건강한 수면을 위한 권장사항

- 주말을 포함해 매일 같은 시간에 잠들고 깬다. 필요하다면 알람을 설정한다. 잠을 설쳤어도 매일 같은 시간에 일어나 침대에서 나온다.

- 낮잠은 자지 않는다.

- 잠들기 전에 하루의 긴장을 푸는 절차를 정한다. 잠들기 2시간 전부터 '휴식 시간'을 가지며 과도한 자극을 피한다.

- 침대에는 잠이 올 때만 들어가려고 노력한다.

- 시계만 보거나 침대에 누운 채 잠이 안 와서 괴로워하지 않는다.

- 침대에 누워서 20분이나 30분이 지나도 잠이 오지 않으면 일어난다. 다른 방으로 가서 편안하게 쉬면서 차분한 활동(음악, 독서)으로 주의를 분산한다. 잠이 오면 그때 다시 침대로 돌아간다.

- 잠자리에 들어가기 전에 이완 훈련을 하면 도움이 될 수 있다. 이완 훈련으로는 점진적 근육이완법, 심호흡, 심상유도법, 요가, 명상 등이 있다.

- 낮이나 저녁에 문제를 해결하기 위한 '걱정 시간'을 정한다. 다음 날을 위해 메모를 적으면 잠들기 전에 마음을 비우는 데 도움이 된다.

- 침대와 침실은 수면이나 성생활만을 위한 공간이나 경우에 따라 병을 치료하기 위한 공간으로 정한다. 침대에서는 수면 이외의 활동을 하지 않는다. 독서나 TV 시청, 업무나 식사는 다른 방에서 한다.

- 낮에 카페인 섭취량을 제한하고 낮 12시 이후에는 카페인을 섭취하지 않는다.

- 낮에 니코틴(담배)과 알코올을 피하거나 제한한다. 적어도 잠들기 4~6시간 전에는 담배를 피우거나 술을 마시지 않는다.

- 잠들기 전에는 식사량을 줄이되, 배고픈 채로 잠자리에 들지 않는다. 필요하다면 가벼운 간식을 먹는다.

- 규칙적으로 운동한다. 잠자리에 들기 4~6시간 전에는 격렬한 운동을 피한다.

- 숙면을 취하기 좋은 침실 환경을 만든다. 어둡고 조용한 방에 안락한 침대를 들여놓는다. 조명과 소음을 최소로 줄이고 실내 온도를 지나치게 덥거나 춥지 않게 유지한다. 방을 어둡게 만드는 블라인드나 커튼이나 귀마개나 음향 장치가 도움이 될 수 있다.

- 잠들기 어렵고 깊이 자지 못하고 일찍 깨거나 자주 깨는 등 수면 문제가 지속되면 의사에게 진찰을 받는다.

출처: 미국수면학회, http://sleepeducation.org/essentials-in-sleep/healthy-sleep-habits(2019년 3월 접속). 국립수면재단, https://www.sleepfoundation.org/articles/sleep-hygiene(2019년 3월 접속).

있다. 이를테면 규칙적으로 자고 가족을 위해 영양가 있는 식사를 준비하고 정크푸드를 주방에 쟁여두지 않으려고 노력해보라. 환자에게 같이 나가 산책하거나 자전거를 타자고 제안하고, 다른 가족이나 친구들과 연락하라고 권하고, 다이어리를 사주어 일상의 사소한 활동부터 계획하고 적어보게 해서 하루의 일과를 탄탄하게 구축하도록 이끌어준다. 그럼 이제 정신건강을 위한 기본 요소를 자세히 알아보자.

건강한 수면

정신건강을 위한 기본 요소가 환자의 기분과 우울증 증상에 영향을 미치는 원리와 이유가 궁금할 것이다. 우선 수면은 우리가 하루를 잘 살아가는 데 꼭 필요한 요소다. 몸과 뇌가 하루의 여파에서 회복하려면 잠을 푹 자야 한다. 흔히 우울증이나 양극성장애 삽화에서는 수면장애가 생긴다. 지나치게 많이 자기도 하고 지나치게 적게 자기도 하고 조각조각 쪽잠을 자기도 한다. 조증 삽화에서는 기운이 넘쳐서 잠을 거의 자지 않을 수도 있다. 보통 건강한 성인은 하루 평균 7~9시간을 자야 하지만 60세가 넘으면 수면 시간이 줄어들고 잠이 얕아지고 자주 깬다. 충분히 자지 못하면 예민하거나 피곤해지거나 집중하기 어려울 수 있다. 수면 습관의 변화가 우울증과 양극성장애에 영향을 미쳐서 기분장애의 삽화를 촉발할 수 있다. 불면증을 위한 인지행동치료 Cognitive Behavioral Therpy for Insomnia(CBT-I)는 임상심리학자가 진행하는 치료법으로, 수면장애 환자에게 가장 중요한 치료법이다. CBT-I는 수면장애를 지속시키는 수면에 관한 생각과 신념과 행동을 식별한다.

건강한 수면을 위해 수면 위생에 관심을 가져야 한다. 수면 위생이란 침대에서 음식을 먹거나 책을 읽거나 업무를 보거나 TV를 시청하는 등 수면에 영향을 미치는 습관과 환경 조건(침실의 분위기)을 뜻한다. 침대는 오직 수면이나 성생활만을 위한 공간이어야 한다. 침대에 있을 때는 자극적인 요소(흥겨운 음악이나 TV나 대화나 통화나 전자 기기의 청색광)를 피해야 한다. 밤에 전자기기와 스마트폰, 태블릿, 컴퓨터, 형광등이나 LED 전등, TV 화면에서 나오는 청색 파장의 빛에 노출되면 정상적인 수면 주기를 조절하는 호르몬인 멜라토닌의 생성과 분비가 교란된다. 수면 위생에 관심을 가지면 수면을 방해하거나 잠드는 시간에 자극을 주는 행동이나 습관을 줄이는 데 도움이 된다. 좋은 수면 습관을 들이고 건강한 수면에 도움이 되는 수면 패턴을 유지하는 것이 누구에게나 중요하지만 특히 기분장애 환자에게 더욱 중요하다. 수면은 환자가 통제할 수 있는 영역이다. 건강한 수면에 도움이 되는 권장사항을 〈표 3-2〉에 정리했다. 이 방법으로 효과를 보지 못하면 의사에게 진료를 받아야 한다.

균형 잡힌 영양 섭취

정신건강의 기본 요소에서 다음으로 중요한 요소는 영양이다. 음식은 뇌와 몸이 제대로 작동하게 만들어주는 연료이고, 음식의 질이 심장과 폐와 뇌건강에 영향을 준다. 끼니를 건너뛰거나 건강하지 않은 음식이나 정크푸드나

"먹는 것도 싫고, 운동은커녕 손 하나 까닥하기 싫었어요."

– 에밀리의 이야기

32세 에밀리는 원룸형 아파트에 혼자 산다. 괜찮은 사무직 직장에 다닌다. 부모님과 남동생은 30분 거리의 교외에 산다. 에밀리는 가족과 자주 통화하고 주말이나 휴일이면 가족을 만나러 간다. 에밀리는 지난 2년간 주요우울증 치료를 받아왔는데, 최근에 특히 의욕을 많이 상실했다. 피로에 지쳐서 빨래나 장보기나 요리와 같은 간단한 집안일을 할 기운조차 나지 않았다. 가끔 포장음식이나 냉동식품이나 시리얼과 바나나로 저녁을 때우거나 식사를 거르기도 한다. 운동도 그만두고 기운이 없어서 헬스장에도 가지 못한다. 그래서 체중이 4~5킬로그램 정도 증가하고 자기와 자신의 이미지를 못마땅해하고 데이트하는 데도 흥미를 잃었다. 어머니가 에밀리를 도와주고 싶어 하지만 어떻게 해야 할지 모른다.

최근에 사촌 클래러가 근처로 이사해서 에밀리를 도울 방법을 생각해냈다. 우선 주중에 두 번 퇴근한 이후와 토요일 오전에 에밀리의 집으로 가서 15분간 함께 가볍게 동네를 산책했다. 에밀리는 자기가 그렇게 할 수 있어서, 그리고 정말로 기분이 조금 좋아져서 놀랐다. 다음으로 클래러는 일요일 오전에 사람들이 몰리기 전에 함께 장을 보고 일주일간 먹을 건강한 식품을 채워놓기로 했다. 에밀리에게는 효율적으로 장을 보기 위해 식품 목록을 미리 정리해놓으라고 했다. 이 방법도 꽤 효과가 좋았다.

다음으로 클래러는 "우리 요리 파티를 열자! 2주에 한 번씩 일요일 오후에 내가 너희 집으로 갈게. 괜찮은 록 음악을 틀어놓고 건강한 음식 몇 가지를 요리해서 일주일 동안 먹도록 1인분씩 나누어 냉동실에 보관하는 거야."라고 제안했다. 그들은 닭고기와 브로콜리, 콩과 밥, 수프, 스튜와 같은 음식을 요리했다. 처음에는 클래러가 온라인에서 찾은, 5가지 이하의 재료로 만드는 간단한 레시피를 준비해왔다. 계획이 순조롭게 흘러가자 클래러는 에밀리에게도 직접 간단하고 건강한 레시피를 찾아보라고 제안했다. 에밀리가 시도해볼 만한 일이었다. 그리고 이 방법도 통했다! 에밀리는 이제 빨리 해동할 수 있는 음식이나 신선한 채소나 샐러드를 곁들일 수 있는 긴강한 음식을 선택했다. 이런 음식이 포장음식보다 비용도 훨씬 적게 들었다. 기분이 좋아지고 활력도 생겼다. 산책도 점점 활기차지고 산책 시간이 한 번에 30분으로 늘어났고, 체중도 줄어들었다. 피로도 풀리고 자존감도 높아지면서 우울증도 나아지기 시작했다.

마약에 의존하면 뇌가 제대로 작동하지 않아 몸과 마음이 피로하고 예민해진다. 부실하거나 불규칙한 식습관이나 가공식품만 먹으면 우울증에 취약해질 수 있다. 생과일, 다채로운 색깔의 채소, 통곡물, 콩류, 생선, 가금류, 소량의 올리브유로 구성된 균형 잡히고 영양가 높은 자연식품 식단은 우울증 발병률을 낮춰준다. 건강한 식단을 유지하면 위와 장에 사는 세균(장내세균)이 개선되어 뇌가 건강해지고 정상 체중을 유지할 수 있다. 간단하고 건강한 식단으로 지중해식 식단이 권장된다. 호주 디킨대학교의 영양 및 유전병 정신의학과 교수인 펠리스 잭카^{Felice Jacka} 박사는 세계적으로 이 주제를 선도하는 학자이고, 『브레인 체인저: 정신건강을 위한 바람직한 식단^{Brain Changer: The Good Mental Health Diet}』이라는 흥미로운 책을 출간했다.

건강한 식단을 준비하는 데 도움을 받으려면 미국 농무부의 웹사이트 '마이 플레이트'(www.myplate.gov)에서 균형 잡힌 식단과 건강한 식사량을 참조할 수 있다. 이 사이트는 다양한 시각적 이미지로 정보를 제공한다. 사람들은 단순한 이미지 형태의 정보를 잘 기억하므로 이 사이트에서 각자의 식단을 쉽게 기억하고 추적할 수 있다. 〈표 3-3〉에 미국 농무부에서 제시한 식사 지침의 주요 사항을 정리했다.

에밀리의 사례는 건강한 식습관을 유지하고 규칙적으로 운동하는 등 자신을 건강하게 돌보는 능력이 주요우울증이나 양극성장애와 같은 기분장애에 어떤 영향을 미치는지 보여준다. 기분장애를 겪으면 극도로 피곤하고 무심해져서 식습관이나 운동까지 신경을 쓰지 못한다. 에밀리의 사례에서 가족이나 친구가 환자의 기본적인 욕구 해결을 어떻게 도와줄 수 있는지 확인할 수 있다. 사례에 나온 방법을 시도하거나 다른 방법을 떠올릴 수도 있다.

| 표 3-3 | 미국 농무부의 식생활 지침(2015~2020)

건강과 체중을 유지하기 위한 핵심 요소

- 식단에 통곡물과 다채로운 색깔의 채소와 과일을 다량 포함한다.

- 각종 채소를 섭취한다. 특히 녹황색 채소와 콩류를 섭취한다.

- 정제한 곡물보다 통곡물을 섭취한다. 곡물의 절반 이상은 통곡물로 섭취한다.

- 생선, 지방이 적은 육류와 가금류, 달걀, 콩, 콩으로 만든 식품, 무염 견과류와 씨앗을 포함하여 다양한 단백질 식품을 섭취한다. 육류와 가금류보다는 생선을 섭취한다.

- 고지방 단백질 대신 지방이 적고 칼로리가 낮은 단백질을 섭취한다.

- 설탕이 들어간 음료를 줄인다.

- 섭취한 총 칼로리에 주의를 기울인다. 자신의 음식 섭취량을 기록, 관찰한다.

- 한 끼 식사량을 주의한다. 양을 줄이거나 칼로리가 낮은 음식을 선택한다.

- 아침은 영양가가 높은 식단으로 구성한다.

- 일일 나트륨(소금) 섭취량을 2,300밀리그램(mg) 미만으로 낮춘다.

- 포화지방산을 단일불포화지방산과 다중불포화지방산으로 대체해 전체 칼로리의 10퍼센트 미만으로 섭취한다.

- 콜레스테롤을 하루 300mg 미만으로 섭취한다.

- 우유, 요거트, 치즈 등은 무지방이나 저지방으로 섭취하거나 두유로 대체한다.

- 고형 지방 대신 기름을 사용한다.

- 칼륨, 식이섬유, 칼슘, 비타민 D가 풍부한 식품을 선택한다. 대표적으로 채소, 과일, 통곡물, 우유, 유제품이 있다.

- 부분 경화유처럼 트랜스지방 합성 원료가 포함된 식품을 먹지 않는다.

규칙적인 운동

운동은 뇌 건강에 좋고 뇌가 최상으로 작동하는 데도 좋다. 가벼운 운동부터 격한 운동까지 몸을 움직이면 기분이 좋아지고 수면의 질이 개선되며 계획하고 조직하고 자기를 돌아보고 과제를 시작하고 감정을 조절하는 등의 다양한 실행 기능이 향상된다. 몸을 움직여 운동하면 임상적 우울증과 불안이 감소하고, 삶의 질과 신체 기능이 향상된다. 반대로 운동이 부족하면(주로 앉아서 생활하거나 하루에 세 시간 이상 앉아있으면) 우울증 위험이 커진다. 유전학 분야에서 운동이 기분에 미치는 영향을 알아본 최신 연구(Choi, 2019)에서는 운동하면 우울증 위험이 줄어들어 운동이 우울증의 효과적인 예방책이 될 수 있는 것으로 나타났다.

다수의 우울증 연구를 검토한 연구(메타분석)에서는 운동한 집단은 운동하지 않은 집단에 비해 우울증 점수가 나은 것으로 나타났다(점수가 낮을수록 바람직하다). 운동은 우울증의 진행 과정에서 치료 효과와 예방 효과를 모두 보인다. 그리고 우울증을 줄일 뿐 아니라 애초에 발생하는 시점부터 예방할 수 있는 것으로 보인다. 한편 11년간 33,908명을 추적 관찰한 다른 연구(Harvey, 2018)에서는 규칙적으로 운동하면(일주일에 한 시간 이상) 향후 우울증 삽화는 감소하는 것으로 나타났다. 나아가 운동은 우울증이 동반하는 극심한 피로를 막아줄 수도 있다.

몸을 움직여 운동하면 몇 가지 면에서 뇌에 긍정적인 영향을 미칠 수 있다. 연구자들은 최근에 운동하면 기분이 좋아지게 만드는 엔도르핀뿐 아니라 특정 화학물질(단백질)이 분비된다는 사실을 밝혀냈다. 이들 화학물질, 곧 뇌유

래신경영양인자(BDNF)는 뇌에서 비료의 역할을 하면서 새로운 뇌세포의 성장과 뇌세포와 뇌세포 사이의 새로운 연결을 촉진한다. 그리고 지적 훈련과 유산소 운동과 좋은 영양과 양질의 수면과 적극적인 사회 활동도 뇌의 이런 과정을 촉진한다. 10년 전에만 해도 들어본 적 없는 새로운 가능성이다. 따라서 이런 방법 덕분에 우울증 환자가 통제력을 회복하고 우울증을 적극적으로 다스리도록 옆에서 도와줄 수 있다.

운동에는 여러 가지 장점이 있다. 몸과 마음에도 유익하고 우울증 치료에도 도움이 된다. 운동의 장점은 다음과 같다.

- BDNF라는 뇌 화학물질을 증가시켜서 새로운 뇌세포의 성장과 뇌세포와 뇌세포 사이의 연결을 촉진한다.
- 특정 뇌 화학물질(신경전달물질)을 조절하는 데 도움이 된다.
- 스트레스 호르몬 수준을 정상으로 유지해서 스트레스를 풀어준다.
- 자신감과 자존감, 유능감과 숙달감을 높여준다.
- 기분에 좋은 영향을 미친다.
- 건강하고 행복한 상태를 끌어낸다.
- 기분이 좋아지게 만드는 호르몬(엔도르핀)을 자극한다.
- 수면의 질을 향상해서 기분장애를 개선한다.
- 우울증이 동반하는 무력감과 몸을 움직이지 않는 생활습관을 떨쳐내게 해준다.
- 사회적 접촉을 늘려준다(운동 수업에 참여하거나 동네나 헬스클럽에서 사람들을 만난다).
- 인내심과 체력을 길러서 피로감을 떨쳐내게 해준다.

- 체중 관리에 도움이 된다.

규칙적인 운동은 그 자체로도 유익하고 항우울제와 병행해도 좋다. 이것을 '확대 전략augmentation strategy'이라고 한다. 다만 운동 프로그램을 시작하기 전에 의사에게 운동 계획에 관해 상의해야 한다. 의사에게 심장 질환이나 뼈 건강이나 관절 질환과 같은 건강 문제도 알려야 한다.

운동이란 건강과 신체 단련을 위해 계획하고 구조화하고 반복하는 신체 활동이나 동작이다. 운동하면 땀이 나고 호흡이 거칠어지고 심박수가 증가한다. 미국스포츠의학회에서는 대다수 성인이 규칙적으로 운동해야 한다고 명시한다. 누구나 다음의 조합으로 운동하는 것이 좋다.

- 심박수와 호흡을 높여주는 유산소 운동(〈표 3-4〉 참조)
- 힘이나 저항력을 견디며 통제된 방식으로 움직이면서 뼈와 근육을 강화하고 유지하는 근력 운동
- 요가나 태극권처럼 몸의 안정성과 유연성을 길러주는 균형과 스트레칭 운동

누구나 자신의 활동 수준에 관심을 갖는 것이 좋다. 미국인을 대상으로 한 설문조사에서는 2001년에서 2016년까지 앉아있는 행동(무활동)의 추이를 분석하고 모든 연령 집단에서 하루에 2시간 이상 앉아서 TV나 비디오를 보는 빈도가 높게 나타난다는 결과를 얻었다. 빈도는 아동 62퍼센트에서 노인 84퍼센트까지 분포했다. 마찬가지로 학교나 직장 이외에 컴퓨터를 사용하는

| 표 3-4 | 운동 강도의 예

적당한 활동	격렬한 활동
• 걷기(4~5.5km/h) • 수중 에어로빅 • 테니스 – 복식 • 잔디 깎기 • 집 청소 • 춤추기 • 카누, 카약 • 골프 • 정원 가꾸기 • 아이들과 놀아주기	• 빠르게 걷기(6.5~7km/h) • 조깅이나 달리기(8km/h 이상) • 수영 • 에어로빅이나 스피닝 수업 • 에어로빅 장비 사용(일립티컬 트레이너 등) • 자전거로 빠르게 달리거나 언덕 오르기 • 테니스 – 단식 • 농구 • 축구 • 대대적인 정원 가꾸기 • 등산 • 줄넘기

출처: 미국 보건복지부
https://health.gov/paguidelines/second-edition/pdf/Physical_Activity_Guidelines_2nd_edition.pdf#page=55.

빈도도 모든 연령 집단에서 증가했고, 앉아있는 시간은 청소년과 성인 집단에서 증가했다. 여기서 앉아있는 행동은 신체 활동 없이 앉아있다는 의미이고, 심장 질환, 당뇨병, 암, 비만, 기타 만성 질환과 같은 예방이 가능한 다양한 건강 문제와 연관이 있다.

　미국 보건복지부의 경우 질병통제예방센터와 국립보건원과 스포츠, 운동, 영양에 관한 대통령 위원회와 협력해 모든 연령 집단을 위한 신체 활동 지침을 마련해 성인에게 다음과 같이 권고하고 있다.

• 주 150~300분 이상 적당한 강도의 신체 활동과 주 2일 이상 근력 운동
• 주 75분 이상 격렬하고 집중적인 신체 활동과 주 2일 이상 근력 운동

• 주 2회 이상 유연성 운동과 균형 운동

이 지침에는 아동, 65세 이상 노인, 임신 기간과 출산 이후의 산모, 만성 질환이 있는 성인을 위한 운동을 구체적으로 다루는 별도의 항목이 있다.

유산소 운동을 하면 몸의 대근육(사두근이나 넓적다리뒤근육판과 같은 근육)이 움직이고 심박수와 호흡률이 상승하고 몸에서 땀이 난다. 가볍게 산책하거나 달리기를 하거나 자전거를 타거나 수영을 하거나 일립티컬 트레이너(팔과 다리를 동시에 움직이는 기구로 러닝머신, 자전거, 스텝퍼를 합쳐놓은 운동기구―옮긴이)로 운동할 수 있다. 유산소 운동은 강도와 빈도와 기간의 세 부분으로 구성되고, 이것은 한 번 운동할 때의 효과에 영향을 미친다. 강도는 '얼마나 힘들게 운동하는가?'이고, 빈도는 '얼마나 자주 운동하는가?'이며, 기간은 '얼마나 오래 운동하는가?'이다. 이를테면 적절한 정도로(강도) 주 3회(빈도) 한 번에 30분 동안(기간) 운동할 수 있다. 운동 강도의 예는 〈표 3-4〉로 정리했다.

근력 운동은 역기와 같은 무거운 물건을 들거나 탄력밴드를 잡아당기는 것처럼 근육으로 힘이나 저항력을 버티는 운동이다. 근육을 키우면 몸에 힘이 생겨서 칼로리를 더 많이 태울 수 있다. 근육은 지방이나 뼈보다 칼로리를 더 많이 태우고, 근력 운동으로 근육을 키우면 하루에 쓸 수 있는 에너지가 증가하기 때문이다. 게다가 근력 운동을 하면 운동이 끝난 뒤 72시간 동안 칼로리가 더 많이 탄다.

근력 운동은 강도와 반복과 빈도의 세 부분으로 이루어지고, 이것이 운동 효과에 영향을 미친다. 가령 9킬로그램의 무게(강도)를 주 3회(빈도) 15회(반복) 들어 올리는 것이다.

근력 운동을 하면 노인과 대사증후군이 있는 사람들이 많이 가진 복부지방이 감소하고 신체 기능이 향상되고 2형 당뇨병에 걸릴 위험이 감소하고 안정기 혈압이 낮아지고 골밀도가 높아지고 피로와 불안과 우울이 줄어들고 인지능력과 자존감이 높아진다.

신체 활동의 균형을 잡으려면 스트레칭, 유연성, 균형, 이완, 명상도 도움이 되는 것으로 밝혀졌다. 이런 연습은 몸과 마음에 유익하고, 스트레스 호르몬을 정상 수준으로 유지해서 스트레스를 풀어주고 긍정적인 기분을 끌어낸다. 스트레칭이나 요가나 태극권이나 주요근육근의 점진적 근육이완법과 같은 몸의 균형을 잡아주는 운동을 하면 몸의 안정성과 유연성이 향상된다. 일주일에 몇 차례 몇 분 정도만 짬을 내서 가만히 앉아 머리부터 발끝까지 한 부위에 20초 정도씩 온몸의 근육을 이완해보자. 턱, 목, 어깨, 팔, 손가락부터 시작하자. 다른 운동을 한 뒤에도 이렇게 이완해주는 것이 좋다.

많은 사람이 효과를 본 이완 기법으로는 시각화(일주일에 몇 번 5~10분 정도 고요하고 평온한 이미지나 좋아하는 장소에 집중하기)와 심호흡과 명상이 있다. 최초로 명상의 효과를 과학적으로 입증한 허버트 벤슨 박사의 책 『이완반응』에는 이완 기법을 시작하는 방법이 자세히 나와있다. 이완과 대처 기법에 관한 자세한 정보는 기분장애를 앓는 사람들을 위한 나의 책 『기분을 관리하면 당신도 잘 살 수 있습니다』를 참고하라.

"할일을 기억하지 못하고, 완전히 일상이 무너졌어요."

– 캐런의 이야기

67세의 캐런은 결혼해서 세 자녀를 두고 38년간 가정주부로 살아왔다. 자식들은 다 크고 손주들까지 이미 고등학생이라 이제 캐런의 손길을 필요로 하지 않는다. 남편은 직장에 다니고 주말에는 골프를 치러 다니느라 바쁘다. 캐런은 양극성 우울증으로 장기간 치료를 받았고, 지금은 안정된 상태이지만 삶을 스스로 통제할 수 없다고 느낀다. 요새는 자신과 자식들과 집안일에 관한 자잘한 부분이 일일이 기억나지 않고, 최근에는 기억나지 않아도 별로 신경 쓰지 않는 것 같았다. 또한 가정을 꾸리거나 자식과 손주들을 도와주거나 자신의 욕구를 해결하는 등의 복잡한 일들에 집중하지 못하는 듯했다. 가끔 우울증이 심해지고 극도로 피로해져서 빨래도 하지 않고 장도 보지 않고 샤워조차 하지 않았고, 가족에게 왜 그러는지 설명하기도 어려워했다. 어떤 때는 멍하니 앉아 몇 시간이고 허공만 바라보았다. 지난주에는 몇 달 전에 예약해둔 손자의 치과 진료를 깜빡했다. 주방 조리대에 서류가 쌓이고 배관공을 부르는 전화도 하지 않고 가정을 원만하게 꾸리고 싶다고 하면서도 많은 일들을 잊었다. 그래서 남편도 화가 나고, 이런 문제로 자주 부부싸움을 했다. 캐런 자신도 실망스럽기는 마찬가지였다. 원래는 훨씬 체계적인 사람이었기 때문이다.

캐런은 치료자에게 이런 문제를 털어놓았다. 치료자와 캐런은 조직화 기술을 배운 지지자를 찾아냈다. 캐런이 일상을 체계적으로 조직하도록 도와줄 사람이었다. 그 사람은 이러지도 저러지도 못하는 캐런의 처지와 우울증을 이해하고 몇 가지 방법을 제안했다. 우선 펼치면 일주일의 일정이 한눈에 보이는 달력이나 일정표를 준비하라고 했다. 일정표는 컴퓨터든 종이든 선택하라고 했고, 어느 쪽이든 효과가 있다. 캐런은 일정표를 채우면서 '빨래하기'나 '제니를 만나서 커피 마시기'처럼 사소해 보이는 일까지 입력하기만 하면 되었다. 그리고 하루에 할 일과 일주일에 할 일을 목록으로 만들고, 각 항목을 '사소한', '성취 가능한', '현실적인'의 세 단계로 나누었다. 포스트잇으로 색깔별로 표시할 수도 있었다. 우선순위나 자녀를 나타내는 색을 각기 다르게 붙이고 필요에 따라 수정할 수 있었다. 성취한 항목을 하나씩 지워나가면서 만족감과 성취감을 느낄 수 있었다. 캐런은 몇 가지 조직화 방법을 시작해서 거의 매일 일정표를 작성했고, 시간이 갈수록 자신의 삶과 우울증에 대한 통제력이 커진다는 느낌을 받았다.

운동 시작하는 방법

우울증 환자가 당장 운동을 시작하기란 쉽지 않다. 우울증을 겪고 있으면 피곤하고 흥미와 동기 수준이 떨어져 운동을 시작하고 운동 습관을 들이기 어렵다. 활동에 흥미를 잃고 몸과 마음의 에너지도 떨어지고 동기도 부족하고 주의력과 집중력도 떨어지는 등의 우울증 증상으로 인해 운동을 시작하는 것이 더 힘들어질 수 있다.

우선 환자가 즐기고(혹은 전에 즐겼고) 할 줄 알고 규칙적으로 할 수 있는 운동을 선택하도록 도와줘야 한다. 사실 우울증을 겪는 동안 복잡한 운동을 새로 배우기는 어렵다. 환자가 원하는 운동을 고르면 그 운동을 계속하도록 도와주어야 한다. 환자가 우울한데 어떻게 운동할까? 이것이 가장 큰 난관이다! 우선 운동 시간을 하루의 일과에 집어넣고 가장 중요한 일정으로 삼게 한다. 행위가 동기에 앞선다. 그러면 운동하고 싶은 마음이 없어도 그냥 운동을 시작해서 유지하게 된다. 운동하기 위한 동기는 〈표 3-5〉와 같다.

운동을 한동안 해본 적 없는 환자라면 서서히 시작하면서 점차 시간과 노력을 끌어올리는 것이 좋다. 일주일에 사흘 10분 정도 슬슬 동네를 산책하다가 점차 시간을 늘리고 횟수도 늘리는 것이다. 현실적이고 가능한 목표를 정하고 산책할 장소를 늘리거나 엘리베이터를 타는 대신 계단으로 오르거나 지하철이나 버스에서 두 정거장 먼저 내려서 걷는 등의 사소한 변화를 주어 하루의 활동에 포함시킨다.

'운동 친구'를 만들어 서로 동기를 부여하고 격려해주면서 도움을 받을 수도 있다. 누가 운동 약속에 기다리고 있다면 함부로 취소하거나 핑계를 대기 어렵다. 우울증 환자의 지지자인 당신이 운동 친구가 되어줄 수 있다. 함께 시간과 장소와 운동 유형을 정하고 같이 운동하면서 환자를 붙잡아주어야 한다.

가족이 옆에서 운동 과정을 지켜봐 주면 환자도 자신의 활동을 점검하고 점차 강인해지면서 스스로 운동 일정을 조정하고 동기를 유지하는 데 도움이 된다. 주간일지나 운동일지에 운동의 유형과 기간을 기록한다. 스마트워치 핏빗Fitbit이나 스마트폰에 다운로드하는 운동 앱과 같은 다양한 전자 장치가 있다. 환자가 운동 프로그램을 지속하면 힘과 지구력과 에너지 수준이 높아지고 몸이 더 튼튼해져서 운동을 지속할 가능성도 더 커진다. 계속 자신에게 도전하면서 주기적으로 기대치를 높여라! 몸이 건강해질수록 뇌의 회복력이 커지고 뇌 기능도 향상된다.

고립 피하기

우울증을 앓고 혼자 고립되는 사람은 평소의 활동을 중단하고 가족이나 친구들과도 멀어지기 쉽다. 우울증에 걸리면 집 안에만 머물고 전화도 받지 않고 온종일 혼자 있다. 우울한 사람이 밖에 나가 사람들을 만나려면 엄청난 에너지를 끌어내야 한다. 사회적 고립은 기분에 막대한 영향을 미치고 기분을 더 가라앉힐 수 있다. 가족이 환자에게 밖에 나가 사람도 만나고 지금은 즐겁지 않아도 전에는 좋아하던 활동을 해보도록 권해야 한다. 나는 개인적으로 행위가 동기에 앞선다고 믿는다. 뭐든 하고 싶은 마음이 없을 때 하려면 무척 힘들지만, 일단은 시작해보라고 옆에서 격려해야 한다. 그러면 그 활동

| 표 3-5 | **운동을 시작하고 지속하기 위한 방법**

- 현재 즐기거나 예전에 즐겼던 운동을 한다. 재미있는 운동을 한다.

- 어떤 운동이 가능한지 판단한다. 동네에서 안전하게 걸을 만한 장소를 찾아본다. 가까운 곳에 운동 수업을 마련하고 장비를 구비한 주민센터나 헬스클럽이 있는지 알아본다. 집 안에 운동 장비가 있는지, 운동 장비에 투자할 수 있는지 생각한다. 운동을 지속할 마음이 생기려면 어떤 사회적 지지가 필요한지도 생각한다.

- 실제로 시도할 수 있는 구체적이고 현실적인 활동을 계획한다. 어떤 활동을 할지, 얼마나 자주 할지, 얼마나 오래 할지 정한다(빈도와 기간).

- 운동을 우선순위에 두고 하루의 중요한 일정으로 삼는다.

- 운동이 도움이 된다고 믿는다. 그러면 운동하는 것이 더 수월해진다.

- 앉아서 지내는 생활과 비교해 운동의 장단점을 정리한다.

- 자기만의 운동하는 이유를 찾아본다.

- 함께 운동한다(걷기 친구나 같은 수업의 수강생들). 함께 운동하면 파트너에게 책임감이 생겨서 억지로라도 같이 나가 운동하게 된다. 바람직한 사회적 지지다.

- 운동 프로그램을 구성하고 일정을 관리하고 동기를 부여해줄 개인 트레이너와 함께하는 운동도 고려한다.

- 운동을 방해하는 요소를 미리 확인한다. 운동 시간, 에너지 수준, 다른 할 일들과의 균형 잡기, 바쁘다거나 피곤하다거나 아프다거나 지루하다거나 곤란하다는 등의 이유가 있을 것이다.

- 개인적으로 의미 있는 목표를 정하고 운동한다. 걷거나 달리는 거리를 목표로 정할 수도 있고, 시간이나 구체적인 운동 성과를 목표로 정할 수도 있다.

- 자선 행사를 위해 훈련한다(걷기, 달리기, 자전거 경주).

- 운동 진행 상황을 일기나 기록지에 기록하고 주기적으로 검토한다.

- 운동 자체에 집중해야지 운동 성과에 집중하지 않는다. 과거의 성과나 남들의 성과와 비교하지 않는다.

- 몸이 건강해지면 운동을 여러 가지 방식으로 시도해서 권태나 반복 운동에 따른 부상을 피한다.

- 지금 할 수 있는 만큼 자신을 인정해준다.

| 표 3-6 | 기분 좋은 활동의 예

이완(스스로 또는 이완요법 녹음테이프 활용)	요리
스트레칭	맛있는 음식 먹기
운동	데이트하기
밖에 나가 산책하기	조용한 시간 보내기
날씨 즐기기	명상
자전거 타기	좋아하는 작업에 몰두하기
정원 손질	새로운 것 배우기
스포츠 참가	목표 달성하기
스포츠 관람	여행하기
시합하기	좋아하는 취미생활 즐기기
친구들 만나기	좋은 책이나 잡지 읽기
만화책 읽기	같이 있으면 즐거운 가족과 시간 보내기
파티 계획	아이들과 시간 보내기
파티 참석	자원봉사
선물하기	직소퍼즐
좋은 영화나 재미있는 영화 관람	스도쿠
웃기	십자말풀이
쇼핑이나 구경	애완동물과 놀기
뜨개질이나 자수	음악 감상
목공 작업	콘서트 관람
좋은 향 즐기기	악기 연주
자기를 소중히 가꾸기(거품 목욕 등)	노래하기
마사지 받기	새로운 언어 배우기
미용실 방문	아름다운 경치 감상
매니큐어 또는 페디큐어	아름다운 예술품 관람
박물관 관람	그 밖의 다양한 활동들 …

나를 즐겁게 하는 취미는?

에 대한 관심과 동기가 뒤따라올 수 있다. 사회적 관계를 유지하면 정서적 건강과 행복을 유지하고 우울증을 예방하는 데 도움이 될 수 있다.

하루 계획 세우기

하루의 일과를 정해놓으면 무기력이나 피로나 활동에 대한 흥미 상실과 같은 막대한 무력감에 맞설 수 있다. 목적의식과 성취감과 삶을 스스로 통제한다는 느낌이 생길 수 있다. 빡빡하지 않은 정도로 하루의 일과를 정하고 일정을 계획한다. 종이나 전자 장치를 가지고 다니면서 자주 들여다볼 수 있으면 좋다. 일과에는 업무와 집안일, 매일의 자기 관리, 운동 일정, 사람들과의 만남, 긍정적 체험 등을 넣을 수 있다(〈표 3-6〉 참고). 구체적이고 현실적인 일정의 시간을 정하고 우선순위를 정해서 하루의 일과를 구성하면 좋다. 포스트잇을 붙여서 표시해도 좋다.

캐런의 사례를 보면 우울증이 일상을 살아가는 능력을 얼마나 침해하는지 알 수 있다. 우울증이 생기면 일상의 자잘한 일조차 버겁게 느껴질 수 있다. 그리고 일상에 단순한 체계를 정해서 하루의 일과를 추적하면 어떤 도움이 되는지도 알 수 있다. 모두가 이 방법을 저절로 터득하는 것이 아니다. 애초에 정리를 잘하는 사람도 있지만 누군가의 도움을 받아야 하는 사람도 있다. 어떤 체계든 일상에 체계를 정하면 스트레스와 불안이 줄어들고 가족 간의 긴장이 최소로 줄어들고 성취감이 생길 수 있다. 내지 않은 청구서나 밀린 집안일이나 긴장된 관계를 해결하는 데도 도움이 된다.

〈 Chapter 04 〉

보호자는 지지와 돌봄을,
치료는 전문가에게 맡겨라

· 전문가에게 도움 구하기 ·

"때때로 우리에게는
주변에서 무슨 일이 일어나고 있는지
잠시 잊어버릴 수 있는
따뜻하고 긴 포옹이 필요해요."

– 마릴린 먼로(배우)

☹️☹️😐😐🙂😊😊

전문가의 도움은 꼭 필요하다

가족이 환자 옆에서 아무리 성심껏 도와준다고 해도 정신건강 전문가의 도움은 필요하다. 전문가의 도움을 구하는 것은 가족에게도 환자에게도 중대한 결정이 될 수 있다. 어디서부터 시작해야 할까? 고려할 사항도 많고 선택지도 다양하다. 언제가 적절한 시점인지도 궁금할 것이다. 이런 것을 파악하기 쉽지 않은데 무엇보다도 환자가 평소와 달리 계속해서 변한 모습을 보이면 전문가에게 평가를 받아보게 하는 것이 좋다.

우울증의 첫 징후를 발견하는 사람은 대개 함께 사는 가족이나 가까운 친구다. 그래서 환자와 같이 사는 가족이 조기에 치료를 받도록 권하는 경우가 많다. 사실 가족은 의사나 치료자보다도 먼저 환자에게 나타나는 사소한 변화를 알아챌 가능성이 높다. 따라서 환자가 가족의 의견과 관찰을 존중하고 그들의 권유를 귀담아듣는다면 전문가에게 도움을 받는 데 필요한 단계를 늦지 않게 밟을 수 있다.

정신건강 전문가

환자의 가족으로서 다양한 외래 정신건강 전문가 중에서 한 사람을 선택하는 것이 어려울 수 있다. 전문가를 선택할 때 가족이 어떻게 도와줄 수 있을까? 각종 전문가 자격증이 어떤 의미인가? 우선 전문가의 선택은 환자의 요구에 따라 달라진다. 각기 다른 훈련 과정을 거치고 저마다의 기술을 갖춘 다양한 유형의 전문가가 있다. 우선 전문가의 범주를 선택한다. 다음으로 환자가 사는 지역에 어떤 전문가가 있고, 진료 시간이 언제이고, 의료보험이 적용되는지(어떤 치료자가 의료보험이 적용되는지)에 따라 결정한다.

환자는 우선 1차 의료기관의 의사부터 만날 수 있다. 의사는 환자에게 기분이 어떻고 어떤 상태인지 물어보고 환자의 상태를 진찰하고 간단히 우울증을 평가해서 곧바로 치료를 시작하거나 정신건강 전문 치료자에게 의뢰한다. 우울증 진단이 나오고 환자가 편안하게 생각하는 정신건강 전문가를 찾기까지는 시간이 걸릴 수 있다. 첫 진료의사 중에는 초기 우울증을 치료한 경험이 풍부한 의사도 있으므로 그 의사가 환자에게 맞는 치료자가 될 수도 있다. 하지만 심각한 우울증이면 정신건강 전문가에게 의뢰해야 할 것이다.

환자를 정신건강 전문가에게 의뢰해주는 1차 진료의를 만나지 못했다면 지역병원이나 대학병원의 진료협력센터로 전화한다. 그러면 환자의 증상에 적합한 정신건강 임상의를 연결해줄 것이다. 지역 정신건강센터나 학교 정신건강센터나 사내 정신건강 전문가를 활용할 수도 있다.

기분장애 치료의 성공은 환자에게 잘 맞는 정신과 의사가 치료자와 신뢰관계를 구축하는 데 달려 있다. 정신과 의사나 상담심리사는 환자가 솔직히 마음을 털어놓을 수 있는 사람이어야 한다. 그러면 좋은 정신과 의사나 상담 심리사를 어떻게 찾아야 할까? 일단 환자에게 전문가의 도움이 필요하다는 판단이 서면 환자가 직접 정신건강 전문가 여러 명을 조사해서 한 명씩 만나보고 잘 맞을지 확인하는 방법이 최선이다. 그리고 전문가를 만나면서 이런저런 질문을 던져야 한다. 정기적으로 치료 시간을 내줄 수 있는가? 자신(환자)이 가진 보험이 적용되는 전문가인가?

기분장애 환자는 정신건강 전문가가 받은 훈련과 배경과 구체적인 전문 분야를 궁금해한다. 우울증이나 양극성장애를 진단하고 치료한 경험이 있는가? 환자에게 정중하고 열의를 보이는가? 환자가 편하게 말하고 장기간 치료를 받을 수 있는가? 이런 것들은 한 번 만남으로는 다 파악하기 어려울 수 있다. 그래도 괜찮고 또 그게 당연하다. 모든 전문가와 잘 맞을 수는 없다.

전문가가 환자의 직장이나 학교 일정에 따라 진료 시간을 유연하게 조정할 수 있는지도 알아보아야 한다. 치료비 지급 방식과 보험 적용 여부도 알아보아야 한다. 하지만 무엇보다 치료에서 가장 좋은 효과를 보려면 환자가 치료를 잘 따르고 진료 일정을 지키고 술이나 약에 취하지 않은 맑은 정신으로 진료를 받으러 가고 치료자에게 솔직하고 상담에 집중하고 과제를 잘해가야 한다.

공유의사결정

공유의사결정(환자 중심 치료 모형)이란 환자와 전문가가 함께 치료 과정을 결정하고 임상적 증거를 기준으로 진단 검사와 치료, 치료 계획을 선택하면서 환자 개인의(정보에 기반한) 선호도와 가치관에 따라 위험과 이익의 균형을 조율하는 과정이다. 전문가가 몇 가지 합리적 치료 방법을 이해하기 쉽고 정중하게 설명해준다. 다음으로 가족과 전문가가 함께 환자의 질문에 답하고 환자에게 치료 방법을 이해시킨다. 환자는 이런 과정을 거치면서 정확한 정보를 토대로 어떤 치료 방법이 마음에 드는지 정한다.

공유의사결정 과정에서 환자는 선호하는 방법과 목표와 가치관을 비롯해 자신에게 중요한 부분에 관해 상의할 수 있다. 몇 가지 질문을 던지고 답할 수 있다. 약물치료를 받아도 괜찮은가? 혹은 약물치료는 가능하면 피하고 싶은가? 특별히 우려하는 부작용이 있는가? 하루의 일과나 생활습관을 건강하게 바꾸는 방법으로 우울증을 관리하고 싶은가? 어떤 치료법이 다른 치료법보다 더 나은 점은 무엇인가? 환자에게 정말로 중요한 것은 무엇인가? 치료 목표는 무엇인가?

일단 환자의 만족도가 충족되고 질문이 모두 해결되면 장단점과 결과를 따져볼 수 있다. 다음으로 전문가와 함께 최선의 치료 방법을 결정하고 환자의 요구와 선호도에 맞는 효과적인 치료 계획을 세운다. 이것이 공유의사결정의 과정이다.

환자들은 왜 이런 방법을 치료하고 싶어 할까? 첫째, 현재 가능한 여러 치료법을 모두 이해할 수 없는데, 공유의사결정은 환자가 자신에게 가장 적합한 치료 방법을 선택하도록 교육하고 권한을 부여해준다. 환자에게 통제력을 주는 것이다. 환자가 자신에게 어떤 선택이 주어지는지 이해할수록 전문가가 권하는 치료법을 받아들일 가능성도 커진다. 그리고 공유의사결정 과정에서는 환자의 선호도와 가치관을 고려한다. 환자가 결정에 필요한 정보를 제대로 숙지하지 못하면 '나에게 중요한 것이 무엇인지' 평가하고 진심으로 마음에 드는 방법을 결정하지 못한다. 정보에 기초한 결정이 가장 바람직한 이유는 환자가 결정을 더 잘 이해하고 치료에 대한 기대치를 정확히 조율하고 결정이 환자가 선호하는 방법과 더 많이 일치하기 때문이다. 환자의 목소리(의견)가 전달되고, 환자가 정보를 받고 존중받는다고 느낀다. 나아가 환자와 전문가 사이의 신뢰 관계가 형성되어 치료에 대한 만족도가 높아진다. 정신건강 전문가가 의사결정 과정을 환자와 나누고 싶어 하지 않는다면 다른 전문가를 알아보는 것이 좋다.

그러면 공유의사결정은 왜 어려울까? 환자들은 치료에 참여할 기회를 반기지만 공유의사결정에는 고려해야 할 난관이 있다. 건강 정보에 대한 이해력이 떨어지거나 수치와 위험을 평가하기 힘든 환자라면 자기가 잘 아는 영역이 아니므로 더 어려워할 수 있다. 그렇다고 불가능한 것은 아니다. 또 개인이 스스로 결정하는 전통이 없는 문화라면 처음에는 낯설고 어색하게 느껴질 수 있다. 하지만 전문가와 환자가 충분히 소통하면 이런 난관을 극복할 수 있다.

잭의 사례는 공유의사결정이 치료에 미치는 영향과 가치를 보여준다. 환자의 바람과 기호에 주목하고 존중하면 치료 과정에서 환자의 협조를 얻고 더 나은 효과를 볼 수 있다는 것을 보여준다.

치료 계약

환자는 치료받는 동안 '재발 방지를 위한 실행 계획Action Plan for Relapse Prevention"'이라고도 하는, 치료자와의 치료 계약서를 작성해야 한다(Noonan, 2013). 현재 몇 가지 치료 계약이 사용된다. 정신의학 분야에서 많이 쓰이는 이 간단한 서류는 우울증이나 양극성장애가 있는 사람이 정신과 의사나 치료자와 함께 작성하는 일종의 계약서다. 이 서류에는 환자의 치료팀, 기분장애를 촉발하고 악화하는 경고 신호, 과거에 도움이 되었던 단계, 증상 악화에 대응해서 환자가 하거나 하지 말아야 할 일, 주변에서 어떻게 도와줄 수 있는지에 관한 설명이 적혀 있다. 계획표 양식은 〈표 4-1〉에서 확인할 수 있다.

정신과 사전의료지시서

정신과 사전의료지시서Psychiatric Advance Directive(PAD)는 나중에 병이 심각해져서 환자가 스스로 치료 결정을 내리지 못하는 상태가 될 경우에 대비해 정신 건강 치료에 대한 구체적인 지시사항을 상세히 명시한 법적인 문서다. 필요한 상황에 대비해 안정되고 건강할 때 미리 작성해둔다. PAD는 환자의 의사를 최대한 반영해서 전문가와 가족에게 어떤 조치를 원하는지를 알리는 중요한 수단이다. 환자가 정신과 질환의 급성 삽화를 경험하고 치료에 관해 결정하거나 소통하지 못하는 상태일 때 PAD가 사용된다. PAD는 입원할 때의 긴장감을 줄여주고 입원을 긍정적으로 받아들이도록 도와준다. 의료진은 서명

"나에게 가장 잘 맞는 치료법을 찾고 싶어요."

- 잭의 이야기

21세 대학생인 잭은 피로와 수면장애에 시달리고 학업에 집중하지 못했다. 여름방학에 집에 돌아와 머무는 동안 증상이 심해졌다. 잭은 피곤해하고 예민해졌으며 친구들이나 활동에 관심이 없고 체중이 7킬로그램 정도 줄었다. 가족이 잭을 주치의에게 데려갔다. 의사는 잭을 진찰한 뒤 우울증으로 진단하고 항우울제를 처방했다. 잭도 치료를 이해하고 받아들였다.

하지만 9월에 다시 대학으로 돌아가고 얼마 안 가 증상이 더 심해졌다. 극심한 피로감으로 학업에 집중하지 못했다. 잭의 부모는 추수감사절에 돌아온 잭을 보고 병세가 심해져서 걱정했지만 21세가 넘은 아들을 강제로 치료받게 하거나 아들 없이 의사들과 치료법에 관해 상의할 수는 없었다. 부모는 잭에게 주치의를 다시 만나보게 했다. 주치의는 잭이 정신과 의사에게 약물치료를 처방받고 임상심리학자에게 대화치료를 받도록 의뢰했다.

잭은 처음에는 거부했다. 어떤 결과가 나올지도 모르고 친구들에게 소문이 날까 봐 두려워했다. 그래도 진료를 받으러 가기는 했고, 많은 질문을 던졌다. 항우울제를 먹으면 머리가 멍해진다면서 첫 번째 항우울제 치료에 대한 기억이 좋지 않다고 말했다. 잭은 다시 친구들과 어울리며 갖가지 활동을 하고 싶고 스포츠도 하고 기타도 치고 학업도 열심히 해나가고 싶다고 했다. 또 원래는 명랑한 편이지만 자기 얘기는 잘 안 하는 편인데 치료를 받으면서 자신의 '감정'을 억지로 털어놓아야 하는 건 아닌지 두렵다고도 했다.

이에 대해 전문가는 하나하나 차분히 답해줬고, 잭은 그런 답변과 사려 깊은 접근 방식에 만족했다. 특히 전문가가 부모와 함께하지 않고 잭을 따로 만나 그에게 무엇이 중요한지 물어봐주는 점이 마음에 들었다. 자신이 무엇을 중요하게 생각하고 무엇을 선호하고 어떤 목표를 세우고 어떤 가치관을 가졌는지 물어봐주고 선호하는 것을 존중해주는 태도에 감동했다. 시간이 흐르고 잭은 전문가가 제안한 치료 계획을 편안하게 받아들이게 되었다. 6개월간 치료받은 잭은 현재 치료에 상당한 진전을 보이며 내년에 대학을 졸업할 계획을 세운다. 이후에도 학생 건강 서비스를 제공하는 외래 정신건강 전문가를 만나면서 지원받을 것이다.

한 양식의 사본을 환자의 의료기록에 추가해서 보관하고, 환자는 서류를 냉장고 문에 붙여놓는 식으로 쉽게 볼 수 있게 해준다.

PAD는 미국 각 주의 주법에 따라 공증인이 증언하거나 서명해야 하는 법

| 표 4-1 | **재발 방지를 위한 실행 계획**

내가 건강할 때는…
평소 어떤지 적으시오.

건강을 유지하기 위해 내가 매일 해야 하는 것은…

증상의 촉발 요인
증상이 심해지게 만드는 사건과 상황

경고 신호
나 자신이나 남들이 알아챌 정도로 평소와는 다른
생각이나 감정이나 행동이나 일과나 자기관리의 변화

경고 신호에 대해 취해야 할 행동
처음 경고 신호를 알아차리면 무엇을 할 수 있을까?

서명(환자): _____   날짜: _____

서명(의사): _____   날짜: _____

행동 계획
증상이 심해지고 경고 신호가 눈에 띄는 상황을 위한 계획

해야 할 일
- ☐ 정신건강 전문가에게 조기에 연락하기:
    정신과 의사 전화번호:
    심리학자/치료자 전화번호:
    기타 전화번호:
- ☐ 신체 질환을 치료하기
- ☐ 하고 싶지 않아도 자기를 관리하고 하루의 일과를 유지하기
- ☐ 충분한 수면과 균형 잡힌 식단(영양) 유지하기
- ☐ 처방받은 치료제를 복용하기. 최근의 약의 변화를 확인하기
- ☐ 술이나 마약 삼가기
- ☐ 기타

내가 연락하고 소통할 지지자(가족, 친구 등)

1.   전화번호:
2.   전화번호:
3.   전화번호:
4.   전화번호:
5.   전화번호:

내게 위안을 주고 머리를 식히게 해주는 대처 전략

1.
2.
3.
4.
5.

내가 하지 않을 일

1.
2.
3.

다른 사람들이 도와줄 수 있는 일

1.
2.
3.

서명(환자): _____   날짜: _____
서명(의사): _____   날짜: _____

적인 양식이다. 미국의 절반 정도의 주에서 공인된 서류다. PAD마다 환자의 선호도와 기대를 반영해서 개별적으로 작성한다.

우울증 치료의 다양한 유형

정신건강 문제로 전문가의 치료를 고려할 때는 마음의 고통을 단번에 없애줄 마법의 약은 없다는 사실을 명심해야 한다. 환자가 현재 상태에 이르기까지도 오래 걸렸고, 앞으로 자신의 상태를 이해하고 해결하는 데도 오래 걸릴 것이다. 치료 과정은 순탄치 않고 좌절감이 들 때도 있다. 치료 중에 두려움과 불안이 올라오고 때로는 생생하고 고통스러운 상처로 치료가 끝나고도 몇 주간 고통이 지속되기도 한다. 명상치료는 몇 주는 지나야 호전될 기미가 보이므로 인내심을 필요로 한다. 가족이 할 일은 최대한 기운을 북돋워 주고 환자에게 나타나는 호전의 순간을 포착해서 환자에게 알려주는 것이다.

치료 유형은 여러 가지가 있다. 가장 효과적인 유형은 환자의 증상과 병력과 기존에 받은 치료적 접근에 따라 달라진다. 약물치료만으로 충분할 때도 있고, 대화치료만으로 충분할 때도 있고, 두 가지를 병행해야 할 때도 있다. 어떤 환자가 치료에 어떻게 반응할지 예측하기란 어렵다. 약물이나 치료법 몇 가지를 시도해봐야 환자의 요구에 가장 효과적인 방법을 찾을 수 있다. 초기 우울증을 제외하고 가장 효과적인 치료법은 대개 정신과 의사의 약물치료와 심리치료자의 대화치료를 병행하는 방법이다.

대화치료

대화치료 혹은 심리치료는 치료자가 이끌어가는 치료를 위한 대화로, 주로 환자의 심리적, 정서적 문제와 왜곡된 사고와 문제 행동에 초점을 맞춘다. 환자는 대화치료를 통해 자신의 병에 대처하고 자기를 더 잘 이해할 뿐 아니라 스트레스를 관리하고 일상생활에서 건강한 결정을 내리고 중요한 상실과 삶의 전환기에 적응하기 위한 건강한 방법을 배울 수 있다. 대화치료는 일대일로 진행하거나 집단으로 진행할 수 있다.

가장 일반적이고 효과적인 대화치료를 인지행동치료(CBT)라고 한다. 생각과 감정과 행동 사이의 연결성에 기반을 두는 CBT는 왜곡된 사고나 잘못된 신념, 유익하지 않은 행동을 변화시키는 방법을 가르친다. 마음챙김 기반의 CBT는 약간 다른 방법이지만 잘 맞는 환자도 있다. 이 방법은 과거나 미래의 사건에 얽매이지 않고 의도적으로 현재에 머무는 데 초점을 맞춘다.

변증법적 행동치료dialectical behavior therapy(DBT)는 구체적인 인지행동과 마음챙김 기법을 ① 마음챙김, ② 대인관계 효율성, ③ 정서 조절, ④ 고통 인내의 네 가지 단위로 가르친다. DBT에서 배우는 기법은 환자가 더 균형 잡히고 덜 파괴적이고 덜 예민하게 문제에 대처하도록 도와준다. DBT는 항우울제의 보조 치료법으로서 우울증 증상 개선에 효과적인 것으로 나타났다.

행동활성화치료

전에 즐기던 활동에 흥미를 상실하거나 성욕을 잃는 상태는 우울증의 흔한 증상이다. 우울증 환자는 이런 활동이 이제 무가치하다고 여기고 다 그만둔다. 우울증이 심해지면서 환자는 더 고립되고 무심해지고 움츠러들고 불안해한다. 행동이 긍정적으로나 부정적으로 우리의 정서와 기분에 영향을 미치므로 환자가 기분이 좋아지는 활동을 하도록 유도하면 도움이 된다. 이것이 바로 기분에 긍정적인 영향을 미치고 우울증 위험을 줄이고 우울증 치료에 도움을 줄 수 있는 CBT 치료법과 대처 전략인 행동활성화^{behavioral activation} 치료의 기반이다.

행동활성화는 다른 치료법이나 전략과 병행해서 적용하는 행동치료의 한 유형이다. 행동활성화의 목표는 환자가 즐겁고 보람 있는 활동을 다시 시작하고 문제 해결 능력을 기르게 해주는 데 있다. 그러면 우울증에서 흔히 나타나는 고립감과 단절과 회피에 맞설 수 있으며, 약간 어려운 행동을 해냄으로써 성취감과 지배력이 생겨서 기분이 좋아질 수 있다.

행동활성화는 치료자와 함께 시도해야 한다. 치료자는 환자가 목표(즐거운 활동)를 정하고 긍정적인 경험을 얻기 위한 시간 계획을 세우고 목표를 이루는 데 방해가 되는 요소를 해결하고 문제 해결 능력을 기르도록 도와준다. 이때 목표는 다음과 같은 기준에 맞춰 설정해야 한다.

- 구체적이어야 한다.
- 측정 가능해야 한다.

- 도달할 수 있어야 한다.
- 현실적이어야 한다.
- 추적이 가능해야 한다.

    환자는 자신에게 중요하고 의미 있는 활동(남에게 중요하거나 '해야 해서' 하는 활동은 안 된다)만 추구해야 하고, 우선 쉬운 활동부터 천천히 시작하면서 사람들의 지지를 구해야 한다. 행동활성화는 동기 수준이 낮거나 불안 수준이 높을 때는 시도하기 어려울 수 있다. 이때는 행동이 동기에 앞선다는 말을 되새기면 도움이 될 것이다.

    행동활성화가 우울증 환자인 당신의 가족에게는 어떻게 작용할까? 환자가 우울하고 온종일 침대에서 나오지 않고 전에는 밖에 나가 운동하는 것을 좋아했는데 요즘은 밖에 나가지도 않고 그러는 자신을 자책한다. 죄책감에 시달리면서도 날이 춥다거나 피곤하다거나 관심이 없다는 식으로 핑계를 댄다. 치료자는 환자가 좋아하고 전에는 즐겼고 잘하고 현실적으로 가능한 운동 한두 가지를 골라서 참여하도록 이끌어준다. 조깅, 수영, 자전거, 요가, 농구를 비롯해 어떤 운동이든 가능하다. 다음으로 목표를 이루는 데 방해가 되는 요소를 찾아보게 한다. 환자가 피곤해하면 하루 중에 가장 에너지가 충만할 때를 정해서 천천히 시작하게 해줄 수도 있다. 환자의 동기 수준이 현저히 낮으면 운동 파트너를 만들어 환자가 책임감을 가지고 운동하러 나오게 하고 운동을 즐겁고 사교적인 활동으로 생각하게 만들어줄 수도 있다.

    처음에는 활동을 현실적이고 부담스럽지 않은 작은 단계로 나눈다. 우선 작은 기술부터 써보거나 일주일에 두세 번 15분씩 해보는 정도부터 시작할 수 있다. 활동을 방해하는 요인을 파악하고 평가하고 초기 단계를 정했으면 치료자와 환자가 함께 환자의 활동을 확인하고 추적할 방법을 찾아본다(일기나 기록지, 전자 기기 활용). 그러면 환자가 스스로 활동에 참여하는지 여부와 진전 상태를 파악하고 기분이 나아지는 정도를 추적하고 필요에 따라 어려운 활동을 조율할 수 있다. 그리고 치료자는 환자의 경험을 검토하고 필요에 따라 환자가 적응하게 변화하도록 도와준다.

가상진료

거주하는 환경에 따라 정신건강 전문가를 만나기 어려운 환자도 있다. 자기 지역에 정신건강 전문가가 거의 없거나 있더라도 거리가 멀 수 있다. 때로는 한 전문가가 넓은 지역을 담당해서 예약이 다 차 있을 수도 있다.

최근에는 원격의료라는 가상 진료를 선택할 수도 있게 되었다. 이 용어를 가상 진료뿐 아니라 기타 보건 서비스와 보건 교육을 제공하는 광범위한 기술과 기법을 일컫는 원격보건^{telehealth}과 혼동하는 경우가 많다. 메디케어 ^{Medicare}(미국의 노인의료보험제도―옮긴이)에서는 특정 의료 방문을 위한 공인된 원격보건을 갖추고 있지만 정신건강을 위한 가상 진료는 환자에게 적절한 선택일 수도 있고 아닐 수도 있다. 가상 진료는 환자와 전문가에게 유익하고 효과적인 방법일 수 있지만 기분장애를 비롯한 정신 질환 환자를 치료할 때는 최적의 방법이 아닐 수도 있다. 가상 진료로는 환자를 면밀히 관찰하면서 걸음걸이가 어색하거나 불안정하고 술 냄새가 나거나 따로 진단할 만한 체취가

나는지를 관찰하기 어렵다. 무엇보다 중요한 사생활 보호 문제도 생길 수 있다. 게다가 가상 진료로는 환자-치료자 관계가 진실한 관계로 발전하지 못할 수 있다. 환자-치료자의 유대는 성공적인 치료의 핵심이고, 사적이고 안전한 공간에서 솔직하게 소통하지 못하면 치료 자체가 위태로워진다. 가상 진료는 기존의 정신건강 치료자와 대면 진료를 하는 중간이나 환자가 외딴 지역에 사는 경우에 보완적으로 활용할 수 있다. 가장 진료에 관한 연구는 아직 진행 중이다.

약물치료

우울증에는 다양한 약물을 처방할 수 있는데, 치료제 선택은 환자의 우울증 증상에 따라 달라진다. 우울증 치료제는 약효가 나타나기까지 몇 주나 몇 달이 걸릴 수 있다. 그사이 좌절할 수도 있고 기대치를 현실적으로 낮춰야 할 수도 있고 모든 당사자가 상당한 인내심을 발휘해야 할 수도 있다. 환자에게 가장 큰 어려움은 치료법이나 치료제가 효과를 보이기 전까지 고통스러운 우울증 증상을 인내해야 한다는 점이다.

때로는 환자의 반응과 증상에 따라 항우울제가 두 종류 이상 필요하거나 다른 유형의 항우울제로 바꿔야 할 수도 있다. 또 처음에 처방한 항우울제의 효과를 높이기 위해 (항우울제가 아닌) 다른 약물을 추가할 때도 많다. 이것을 증강augmentation이라고 한다. 이런 용도로 갑상선 치료제와 비정형 항정신병 약물과 몇몇 약초 보조제를 사용할 수 있다.

최근에는 특정 상태의 우울증에 케타민^{ketamine}을 처방하는 시도가 있었다. 마취제로 쓰이는 케타민은 마약(스페셜-K)으로 남용되기도 하지만 우울증 치료제로 효과를 보는 환자도 있다. 2019년 3월에는 미국식품의약국(FDA)이 우울증 치료용으로 특수한 형태의 케타민, 곧 에스케타민^{Esketamine}이라는 코 스프레이를 주 2회 사용하도록 승인했다. 투여한 뒤 처음 2시간 안에 착란이 일어날 수 있으므로 의사가 지켜보는 장소에서 투여해야 한다. 착란이 빠르게 사라지므로 그 뒤로는 귀가할 수 있다. 모든 약물은 개인마다 다른 효과를 낸다.

한편 양극성장애의 치료법은 다르다. 양극성장애 환자에게 항우울제를 처방하면 상태가 악화하므로 항우울제를 처방해서는 안 된다. 양극성장애 환자(시간에 걸쳐 조증과 우울증이 모두 나타난다고 진단받은 환자)에게 권장하는 치료법은 기분안정제만 쓰거나 비정형 항정신병 약물을 함께 쓰면서 심리치료를 병행하는 방법이다. 일반적인 기분안정제로는 리튬^{lithium}(에스컬레이트 ^{Escalate}나 리소비드 ^{Lithobid}), 발프로산^{valproic acid}(데파코트 ^{Depakote}나 데파킨 ^{Depakene}), 카르바마제핀^{carbamazapene}, 테그레톨 ^{Tegretol}, 라모트리진^{lamotrigine}(라믹탈 ^{Lamictal})이다. 항정신병제는 올란자핀^{olanzapine}(자이프렉사 ^{Zyprexa}), 리스페리돈^{risperidone}(리스페달 ^{Risperdal}), 쿠에티아핀^{quetiapine}(세로켈^{Seroquel}), 아리피프라졸^{aripiprazole}(아빌리파이^{Abilify}), 브렉스피프라졸^{brexpiprazole}(렉설티^{Rexulti}), 루라시돈 ^{Lurasidone}(라투다 ^{Latuda})이 있다. 미국식품의약국에서 승인한 양극성장애 치료법은 자이프렉사-프로작^{Zyprexa-Prozac} 조합, 세로켈, 라투다, 라믹탈, 전기충격요법(ECT)이다. 다만 자이프렉사-프로작 조합에 세로켈을 병행하면 대사증후군, 복부 비만 또는 전신 비만 같은 생리적 문제, 지질 증가, 고혈압, 당뇨의 위험이 증가할 수도 있다. 양극성 우울증의 첫 번째 치료법으로 효과적인 조합은 리튬과 라믹탈로 밝혀졌다(Nierenberg, 2018).

약물치료와 심리치료는 각각 우울증을 치료하고 악화나 재발 위험을 줄이는 데 효과적이다. 그리고 두 가지 치료법을 결합하면 증상의 악화를 방지하거나 재발을 막는 데 훨씬 더 효과적이다. 심리치료는 항우울제보다 폭넓은 효과를 보인다. 환자가 일상생활을 더 잘하게 해주고, 잔여 증상을 줄여주고, 특정 증상(죄책감, 절망감, 비관주의)을 표적으로 삼고, 대처 기술을 가르치고, 대인관계를 개선하게 해주고, 뇌의 여러 부위를 표적으로 삼는다. 그리고 심리치료는 효과가 더 오래 가고 치료가 끝난 뒤에도 계속 남는다.

생물학적 치료

생물학적 치료는 신체에 물리적으로 조치를 가하는 치료이고, 그 효과가 뇌에 나타난다. 몇 가지 방법이 있는데, 우선 약물치료로 효과가 나타나지 않거나 의학적 이유로 약물치료를 적용할 수 없을 때 가끔 제공되는 치료법으로 전기충격요법(ECT)이 있다. 입원 환자에게든 외래 환자에게든 ECT는 병원에서 시행해야 한다. 환자는 ECT 치료를 받고 몇 시간이 지나야 귀가할 수 있다. 우선 환자는 빠르게 작용하는 마취제를 맞고 몇 분간 수면을 취한다. 그리고 전극과 작은 접착용 패드를 두피에 부착하고 짧고 낮은 전류를 뇌로 보낸다. 전극이 전류를 뇌의 기분 중추로 보낸다. ECT는 이렇게 설명하면 무섭게 들릴 수 있지만 사실 통증도 없고 환자가 치료 과정을 의식하지 못한다.

일부 환자의 경우 치료 후 몇 시간 동안 경미한 두통을 호소할 수 있다. 또 치료 시간 앞뒤로 기억을 잃는 환자도 있다. 가령 그날 아침 양치질을 했는지 기억하지 못하는 정도다. ECT는 대개 몇 주에 걸쳐 주 3회 시행한다. 보통은 처음 몇 회 치료 후 우울증 증상이 눈에 띄게 개선된다.

우울증 환자에게 효과가 입증된 또 하나의 치료법은 반복경두개자기자극치료repetitive transcranial magnetic stimulation(rTMS)다. rTMS는 자기장을 이용해 뇌의 특정 부위 신경세포를 자극하는 치료법이다. 두피의 특정 지점에 특수한 봉이나 자기 코일을 부착하는 방식인데, 코일이 자기 펄스를 기분 조절에 관여하는 뇌 부위로 전달한다. 치료 시간은 주로 40분이고, 4주에서 6주간 주 5회 진행하고 이후 3주 동안은 주 2회로 줄인다.

용량이나 부착 부위는 환자마다 다르다(용량은 자기 펄스의 강도와 양식과 기간에 따라 정해진다). 국소 자기장을 특정 패턴과 빈도(지속적인 패턴이나 폭발적인 패턴)로 전달해주는 코일 몇 종류가 설계되었다. 치료 시기와 기간은 코일의 종류에 따라 약간씩 다르다. rTMS에는 마취가 필요하지 않고 치료를 마친 뒤 혼란이나 기억 상실도 없다. 가벼운 두통이나 두피가 따끔거리는 정도의 증상은 있을 수 있다. rTMS를 받은 환자 다수에게서 우울증 증상이 호전되었다. 그밖에도 다양한 치료법의 효과가 연구되고 있다.

입원치료

우울증이나 양극성장애가 심해서 가정에서나 외래 진료로는 관리하기 힘든 경우도 있다. 환자가 안전하지 않거나 자살 충동을 느낄 수도 있다. 보호자가 감당하기 힘든 상황이다. 대부분 이런 상황을 마주하면 혼자 감당하지 못한다.

상태가 심각한 환자는 정신과 병동에 입원해서 치료받아야 한다. 입원 치료는 더 강력한 치료 형태로, 환자가 매일 개인치료와 집단치료, 약물치료를 받을 수 있다. 병동은 힘든 시기에 안전한 환경을 제공한다. 사고가 혼란스럽거나 자살 생각을 하는 환자에게는 특히 이런 안전한 환경이 중요하다.

환자의 상태가 가정에서 감당하지 못할 만큼 심각하다고 판단되면 먼저 정신과 병원이나 심리치료센터에 전화해주거나 환자와 직접 통화하게 한다. 그러면 그쪽에서 환자에 대한 평가와 입원 과정을 조율할 것이다. 이전에 정신건강 전문가에게 치료받은 적이 없다면 의사에게 문의하거나 환자를 가까운 응급실로 데려가 진단받고 필요한 조치를 취하게 하는 것이 최선의 방법이다. 정신과 병원에 입원해야 한다고 하면 불길하고 무섭게 느껴질 수 있지만 결국에는 다들 기분이 나아져서 퇴원한다. 입원해서 치료받은 환자들은 대체로 입원치료가 큰 도움이 되고 목숨을 구해준 조치라는 사실을 깨닫는다.

입원하면 담당 정신과 의사와 간호사, 사회복지사로 구성된 치료팀에게 치료를 받는다. 병동은 안전에 중점을 두고 환자의 일상적인 요구를 해결해준다. 치료팀은 매일 환자를 만나고 치료 계획을 검토하고 필요에 따라 계획을 수정하자고 제안하고 다른 입원 환자들과 함께 하는 집단치료에 참가하게 한다. 입원 환자의 치료 계획은 환자와 치료팀이 함께 결정한다. 환자에게는 자신에게 적절하고 도움이 되는 계획을 결정할 권한이 있고, 안전하다는 조건 안에서는 치료팀의 평가와 권고를 거부할 권한도 있다.

정신과 병동에 입원하는 기간은 환자의 요구와 초기 치료에 대한 반응에 따라 7~10일 사이 또는 그 이상으로 늘어날 수도 있다. 외래로 치료를 받아온 환자라면 치료팀이 기존의 외래 치료자들에게 연락한다. 외래로 치료받은 적이 없다면 치료팀이 퇴원 이후에 계속 치료받을 정신건강 전문가를 알아보고 연결해준다. 의료보험이 적용되고 환자가 사는 지역에서 활동하는 전문가여야 한다. 퇴원 계획은 구체적이어야 한다. 환자가 동의하는 약물치료와 치료 계획의 달라진 부분을 상세히 명시해야 한다. 환자는 퇴원할 때 문제가 생기면 어떻게 대처할지를 비롯해 서면 지시사항과 구체적인 진료 계획을 가지고 병원에서 나간다.

환자가 치료를 거부한다면?

우울증 치료를 받아들이기 힘들어하는 환자도 있다. 치료가 도움이 된다는 것을 믿지 못할 수도 있고, 치료를 받을 필요성을 인정하지 못할 수도 있고, 단순히 병원에 가는 것을 거부할 수도 있다. 환자에게 병원에 가보자고 설득하면 따라나설 수는 있다. 하지만 자의에 의한 것은 아니다.

환자가 누구의 도움도 받으려 하지 않을 수도 있다. 여기에는 다들 잘 아는 몇 단계가 있다. "귀찮게 하지 마." "누가 도와줄 수 있는 문제가 아니야." "아무도 이해하지 못해." 환자에게 치료가 필요한데도 강력히 거부해서 보호자로서 힘든 입장에 놓일 수 있다.

안타깝게도 이런 경우를 위한 손쉬운 답이나 구체적인 해결책은 없다. 마법의 해법도 임상 시험도 학계의 공식 지침도 없다(응급상황은 제외). 많은 환자 가족의 경험에 기초해서 제안할 수 있을 뿐이다. 가족은 어떻게든 환자가 치료받게 하려고 애쓴다. 살면서 겪는 가장 힘든 상황 중 하나다. 사실 성인에게는 어떤 치료를 받고 자신에게 무슨 일이 일어날지 결정할 권리와 치료를 거부할 권리가 있다. 환자가 치료의 필요성을 깨닫지 못하면 대화가 일방적일 수밖에 없다.

치료를 거부하는 이유

치료가 절실한 사람이 왜 치료를 거부할까? 몇 가지 이유가 있다. 환자가 정신건강 전문가에게 도움을 구하면 스스로 실패자가 되었다고 생각해서일 수 있다. 늘 혼자서 문제를 해결하던 사람은 특히 도움을 받아들이는 것을 힘들어한다. 취약하고 부적절한 느낌에 사로잡힐 수 있기 때문이다. 게다가 우울증의 흔한 증상인 부정적이고 왜곡된 사고 때문에 도움을 받는 데 거부감을 느낄 수도 있다.

또 치료비를 걱정할 수도 있다. 혹은 사생활이 노출될까 걱정할 수도 있다. 친구나 직장 동료나 회사에 알려지면 직장을 잃거나 오명을 뒤집어쓰거나 가까운 사람들을 잃을까 봐 두려울 수 있다. 병으로 인해 부당한 평가를 받거나 비난을 받거나 부정적인 꼬리표가 달리고 사회적으로 배척될까 봐 두려워하는 것이다. 이것을 정신 질환의 낙인이라고 한다.

한편으로는 환자가 (적어도 자기는) 치료를 받아봐야 효과를 보지 못할 거라고 믿을 수도 있다. 약물에 의존하거나 중독될까, 부작용이 나타날까 두려울 수도 있고, 정신과 치료약이 인격을 바꿔놓을까 무서워할 수도 있다. 약물로 인해 '좀비'처럼 된다거나 창조성을 잃는다는 소문을 믿을 수도 있다. 약물의 부작용에 관한 매체의 보도와 부정적인 텔레비전 광고도 환자들이 치료를 두려워하는 데 일조했을 수 있다.

또한 환자가 치료 과정에서 일어나는 강렬한 감정을 두려워할 수도 있다. 기분장애 환자의 흔한 두려움이다. 환자의 이런 걱정은 우울증과 치료법에 관한 잘못된 믿음에서 생겼을 수 있다.

환자의 가족은 무엇을 할 수 있을까?

환자가 가족의 도움을 거부하고 치료받으러 가지 않으려 하면 가족으로서 무엇을 할 수 있을까? 우선 환자에게 사랑하고 걱정하고 있다는 것을 알린다. 환자의 평소와 다른 모습을 차분히 지적하고 구체적인 사례를 들어준다. 이렇게 말해보자. "지난 몇 주 동안 평소보다 부쩍 기운이 없어 보이고 잠을 잘 못 자는 것 같아. 네가 걱정돼. 존스 박사님을 만나보면 좋을 것 같아. 그분이 도와주실 수 있을 거야."

그리고 도움을 구하는 것이 왜 중요한지 설명한다. 환자의 우울증이나 양극성장애 증상을 거론하면서 그것이 병의 증상이고 치료받으면 증상이 완화될 수 있다고 설명한다. 환자의 이런 증상과 문제는 저절로 나아지지 않고 전문가의 도움을 받아야만 기분이 좋아질 거라고 설득한다. 환자에게 자신의 몸과 마음의 건강을 위해 치료를 권하는 거라고 강조한다. 또 치료를 받아야만 학교를 마저 다니고 직장으로 돌아가고 친구들과 즐겁게 지내는 등 환자가 현재 놓치고 있는 삶의 여러 영역에서 꿈을 실현할 수 있다고 설득한다. 병원에서 평가를 받는다고 해서 꼭 치료를 결정하거나 치료에 동의해야 하는 것도 아니고 치료를 받는 것이 필수가 아니라 하나의 선택이라고 생각하게 해주면 치료를 받으러 가고 싶은 마음이 생길 수 있다. 인내심을 가지고 단호하고도 꾸준히 환자를 설득한다.

기분장애와 치료에 대한 잘못된 정보로 인해 정신건강 전문가를 만나는 것을 꺼리는 경우라면 환자의 질환에 관해 정확한 정보를 제공해야 한다. 환자가 무엇을 걱정하는지 알면 가족이나 의사가 정확한 사실을 근거로 환자의 우려를 해소해줄 수 있다. 정보는 환자의 저항에 맞서는 강력한 도구다. 환자가 자신의 질환을 이해하면 두려움이 줄어들고 치료에 대한 저항을 접을 수 있다.

한편 환자가 극심한 피로에 시달리고 정신건강 전문가를 만난다는 생각 자체에 압도될 수도 있다. 이때는 전화로 대신 진료 예약을 잡아주고 필요하다면 의료보험이 적용되는지 알아봐 줄 수 있다. 근처의 정신건강 전문가를 몇 명 검색해서 그중에서 환자가 스스로 결정하게 해준다. 처음 몇 번 진료를 받으러 갈 때 같이 가서 대기실에서 기다려주겠다고 제안한다. 환자에게 질문과 문제점을 종이나 스마트폰에 미리 정리해보라고 제안할 수도 있다. 환자가 다른 핑계를 대지 못하게 막고 여타의 방해 요인을 제거하고 진료를 받으러 가는 것을 수월하게 만들 방법이라면 뭐든 해보자.

성인에게 강제로 치료받게 할 수는 없다. 다만 응급 상황이나 드물게 환자의 안전을 위해 법적 조치를 취해야 하는 경우는 예외다. 가령 증상이 심하면 법원 명령을 받아서 약을 먹게 할 수 있다. 쉽지는 않지만 가족의 도움이나 치료를 거부할 권리를 존중해줘야 한다. 다만 환자가 자신이나 타인을 해칠 수 있어 보이는 경우는 예외다. 그런 경우에는 환자의 담당의와 상관없이 당장 전문가의 도움을 구하거나 119 안전신고센터로 연락해야 한다.

청소년이 우울증에 걸리면 부모나 보호자가 치료받도록 영향력을 행사할 수 있다. 사실 말이 쉽지 실행하기는 어려울 수 있다. 실제로는 청소년 자녀가 치료를 거부할 수 있다. 이 문제로 가정불화가 생기기도 한다. '엄한 사랑'으로 접근해야 할 수도 있다. 자녀를 사랑하고 걱정해서 하는 일이라고 강조해야 한다. 자녀가 치료를 지속하게 하는 것도 또 하나의 어려움이다. 치료자와의 관계가 문제일 수도 있고 그 또래 아이들의 특성 때문일 수도 있다. 자녀에게 치료에 관해 (사소한 부분을) 결정하게 해주어 스스로 치료 과정을 통제할 기회를 주어야 한다. 많은 가족이 이 방법으로 효과를 보았다. 그리고 치료를 받으면 자녀가 정해둔 삶의 목표를 달성하는 데 도움이 될 거라고 강조한다.

우울증 환자가 성인 초기의 자녀나 배우자나 형제나 자매나 부모라면 선택의 폭이 더 좁아진다. 18세 이상의 자녀나 성인 가족에게 치료받으라고 강요할 수는 없기 때문이다. 진료는 사적이어야 하고, 가족이라도 환자의 의료진을 마음대로 만날 권한이 없다. 환자의 사생활을 존중하기 위해서다. 환자와의 진실하고 친밀한 관계와 다른 가족 구성원들의 조심스러운 압박으로 환자가 스스로 치료받게 하는 것이 좋다. 그리고 가족과 의료진이 모여서 환자를 설득할 수도 있다.

환자가 전에도 치료받은 적이 있고 현재 병이 악화되거나 재발한 경우라면 가족으로서 시도할 수 있는 방법이 하나 있다. 정신건강 전문가와 함께 환자에게 '재발 방지를 위한 실행 계획'이라는 치료 계획의 조건을 받아들이게 하는 방법이다. 앞에서 소개한 대로 이것은 심각한 기분장애 증상의 경고 신호가 나타나면 어떻게 대처할지 미리 정해두는 환자의 계획이다. 따라서 이 서류에 명시된 환자 자신의 말을 근거로 다시 치료받도록 설득할 수 있다.

노인이 우울증에 걸린 경우에는 특히 안전에 중점을 두어야 할 수 있다. 노인이 혼자 살거나 나이든 배우자와 함께 살거나 혼란스러워 보이는 경우라면 특히 안전이 중요하다. 노인들은 처방약을 복용하는 것을 잊어버리거나 소홀히 할 수도 있다. 자기 한 몸을 건사하지 못할 만큼 불안정한 상태일 수도 있다. 노인 특유의 외로움과 만성 질환으로 자살 위험도 크다. 이럴 때 당신이 직접 돌볼 수 없다면 좀 나아질 때까지 다른 가족이나 '간병인'이 옆에서 예의주시해야 한다(여기서 간병인이란 교대로 주 7일 24시간 환자를 옆에서 관찰하고 도와주고 안전하게 지켜주는 사람이다).

환자가 치료를(그리고 환자를 도와주려는 가족의 노력을) 거부한다고 해서 기분 상하지 말아야 한다. 환자가 원망스럽거나 화가 나거나 좌절감이 들 수는 있다. 자연스러운 반응이다. 7장 〈증상이 나타났을 때 즉시 할 수 있는 일〉에서 소개하는 대처 전략으로 이런 순간에 잘 대처하려고 노력하자. 심호흡하거나 산책하거나 친구에게 하소연하거나 전문가에게 도움을 구하자. 개인치료를 받을 수도 있고 환자 가족을 위한 지지 모임에 나갈 수도 있다. 환자의 가족으로서 자신의 감정을 들여다보고 스트레스를 관리하고 필요한 도움을 구해야 한다.

Chapter 05

경청을 통해 믿음을 주고
섣불리 판단하지 말라

• 돌봄 과정의 어려움과 지지하고 소통하는 법 •

"우울한 사람을 안다면 그 이유를 묻지 마세요.
우울증은 어떤 상황에 대한 직접적인 반응이 아닙니다.
그것은 마치 날씨와 같아 예측이 불가능해요."

– 스티븐 프라이(배우)

☹☹☹☹☺☺

　우울증 환자는 대개 혼자 앓지 않는다. 옆에서 돌봐주고 어떻게 도울지 고민하는 가족과 친구가 있다. 우울증과 양극성장애는 두 가지 주된 이유에서 가족의 질환으로 여겨진다. 첫째, 기분장애는 유전이거나 집안 내력일 수 있다. 둘째, 기분장애는 가족이나 주위 사람들에게 부정적인 영향을 미친다. 가족은 하루 24시간 환자의 기분장애를 상대하느라 정서적으로 침울해지거나 환자가 밀어내거나 마음을 닫았다고 느끼거나 피로감과 죄책감을 느낄 수 있다. 당신의 행동이 환자를 이처럼 불행하고 고립되고 과민하게 만들었을 거라고 자책할 수도 있다.

　가족 전체의 계획이 방해를 받고 재정 상태에 영향을 받고 환자의 삶의 문제를 상대하느라 에너지가 고갈될 수 있다. 매우 지치는 시간이 될 수 있다. 아픈 가족을 보살피느라 가족 전체의 스트레스가 커질 수 있다. 보험회사나 국민건강보험공단 등에서 환자의 의학적 요구와 필요한 치료 수준을 제대로 인정하지 않아서 가족이 추가로 부담을 져야 할 수도 있다. 정신건강 서비스는 경제적 부담이 상당하다.

기분장애 환자를 돌보는 과정의 어려움

우울증이나 양극성장애 같은 정신 질환을 비롯해 모든 의학적 질환을 앓는 사람을 보살피기란 쉽지 않다. 환자에게 꼭 필요한 도움을 주면서 환자의 독립심도 지켜주는 식으로 균형을 잡는 것이 결코 쉽지 않다. 환자를 도와주고 싶어도 일상의 활동(빨래, 전화통화, 식사 준비, 기타 책임)을 대신해 주면서 환자를 무력하게 만들고 싶지는 않을 것이다. 병이 오래 가면 옆에서 지켜보는 사람도 지칠 수 있다. 특히나 기분장애 환자를 보살피는 것은 다른 질환의 환자를 보살피는 것과 다르게 느껴지고 실제로도 다르다. 여기에는 특수한 문제가 따른다.

자신의 병에 관한 환자의 병식 부족

기분장애 환자는 자신의 고통이 사실은 주요우울증이나 양극성장애라는 정신 질환을 이루는 증상들의 합이라는 점을 인식하지 못한다. 자신의 문제가 의학적 질환이라는 점을 제대로 이해하지 못한다. 감정과 우울증이나 조증 사이의 연관성을 통찰하지 못하는 것이다. 환자가 '나는 원래 이런 사람'이라면서 아무리 치료를 받아도 효과를 보지 못할 거라고 단정할 수 있다.

환자는 자신의 병에 대한 앎(병식)이 부족해서(특수한 자아 인식과 관점으로 인해) 깊은 절망의 원인이나 증상을 다스리는 방법을 이해하지 못할 수 있다. 그래서 옆에서 도와주려는 보호자와 날마다 갈등을 일으킬 수 있다. 환자가 이렇게 병식이 부족한 탓에 현재의 경험을 질환으로 인식하고 전문가에게 치료를 받지도, 전문가가 권하는 치료를 지속하지도, 가족의 도움을 받지도 못할 수 있다.

치료 효과에 대한 비현실적 기대

기분장애의 치료 과정은 여느 질환에 비해 기간이 길다. 대화치료로 반응이 나타나기까지는 몇 달이 걸릴 수 있다. 항우울제는 대개 시행착오를 거치고 6~8주 정도 지나야 호전되는 징후가 나타날 수 있다. 따라서 엄청난 인내심이 필요하지만 사실 기분장애 환자들은 폐혈성 인두염으로 항생제를 처방받을 때처럼 '즉효약'이나 '마법의 약'을 기대한다. 대등한 비교가 안 된다. 게다가 괴로운 대화치료를 시도할 마음의 준비가 되지 않은 환자도 있다. 하지만 환자의 노력 없이 증상이 호전되기를 기대하는 것은 터무니없다. 심리치료를 통해 호전되는 과정은 환자의 적극적인 참여가 필요한 힘든 과정이다. 환자의 가족은 기분장애와 치료법에 관해 배우고 환자가 치료에서 기대할 수 있는 효과(치료받지 않고 겪은 고통에 비하면 환영할 만한 효과다)에 관해 목표를 현실적으로 잡도록 도와줄 수 있다.

무조건적인 도움 거절

우울증이나 양극성장애 환자에게는 "어떻게 도와줄까?"라고 간단히 물어봐서는 무엇을 해주면 되는지 대답을 들을 수 없다. 아마 이런 말이 돌아올 것이다. "그냥 날 좀 내버려 둬." "침대에만 있고 싶어." "넌 이해하지 못해." "누가 도와줄 수 있는 문제가 아니야." 여느 질환과 달리 기분장애 환자는 도움을 받으려 하지 않고 거부할 수 있다. 우울증이 환자의 마음과 생각에 영향을 미치기 때문이다.

환자가 다른 질환이나 스트레스에 사용한 대처 방법으로는 기분장애에 대처하지 못할 수 있다. 희망도 없고 도움도 구할 수 없다고 믿으면서 현재 상태가 절대로 나아지지 않고 영원히 지속할 거라고 확신할 수도 있다. 조금 나아진다고 해도 자기는 남에게 줄 것이 없고 살아볼 가치가 있는 인생도 아니고 의미 있는 일을 하거나 충만한 관계를 맺을 가망도 없다고 단정하기도 한다. 자기에게는 근본적인 결함이 있고 사랑받을 자격도 없고 능력도 없다고 생각할 때도 있다. 우울증을 극복한 경험이 있는 환자라도 기분이 좋아졌던 기억을 잊어버리고 지금은 그런 상태를 부정하는 경우가 흔하다.

우울증을 지나고 있을 때는 우울증 증상이 있는 상태와 그렇지 않은 상태의 '원래의 나'를 구별하기 어렵다. 환자는 현재 상태가 자신의 평소 모습이라고 여기고 우울증이 생기기 전에는 자신이 어땠는지 잊어버릴 수 있다. 한때 유머 감각이 있다거나 친구를 잘 사귀는 사람이었다는 사실을 기억하지 못할 수 있다. 양극성장애의 조증 상태인 환자도 통찰력을 잃고 자신에게 병이 있다는 사실 자체를 부정할 수 있다. 가족이 도와주려고 하면 화를 내고 도움을 거부하면서 가족에게 문제가 있고 가족이 잘못되고 편협하다고 생각할 수 있다. 그러면 가족은 더 힘들어질 수밖에 없다.

사회적 낙인과 이해 부족

우울증 증상은 슬픔이나 피로와 같은 일상적인 감정과 겹칠 때가 많아서 실제로 무슨 일이 일어나는지 이해하는 것이 더 어려울 수 있다. 이제는 우울증이 생물학적이고 의학적인 상태라는 사실이 널리 알려졌다. 그래도 우울증을 앓는 가족이 정말로 병에 걸린 것인지 의심하는 사람이 드물지 않다. 게으르거나 의지가 없어서라고 생각할 수도 있다. 간혹 환자가 기분이 좋아지기 위해 노력하지 않는다고 생각할 수도 있다. 간절히 원한다면 '기운을 차렸을 것'이라고 생각할 수도 있다. 우울증을 잘 알고 환자에게 선의만 가지고 있다고 해도 이렇게 잘못 생각할 수 있다.

유난히 피곤하고 스트레스가 심한 날, 속으로 이런 생각을 하는 것에 죄책감이 들 수도 있지만 털어버리길 바란다. 사실 우울증과 어느 정도 떨어져 있다면 우울증이 질환이라는 사실을 이해하기 쉽다. 하지만 우울증 환자와 매일 같이 산다면 우울증이 질환이라는 사실을 기억하기가 어려워진다. 다만 자신의 생각을 알아채고 그 생각이 도움이 되지 않고 환자를 돌보는 스트레스만 커질 뿐이라는 점을 깨달아야 한다.

나아가 우울증에 관한 잘못된 신념이 우울증 치료를 더 어렵게 한다는 점을 알아야 한다. 당뇨병이나 고혈압이나 기관지염을 앓는 사람에게는 의사가 처방해준 약을 먹으라고 권할 것이다. 하지만 우울증 치료가 필요한지, 목발이나 밴드와 같은 임시방편은 아닌지, 혹시라도 약에 중독되지는 않을지 의심하는 환자가 드물지 않다. 이것이 잘못된 생각인 줄 알아도 '정말로 그런 약을 먹어야 하는지' 의아해하는 사람들을 만나게 될 것이다. 이런 사람들은 심지어 환자에게 약을 먹지 말고 모든 의학적 조언을 거부하라고 부추길 수도 있다. 이런 사람들에게는 아무리 가족이나 친구라 해도 지원을 기대하기 어렵다. 이들은 환자와 보호자가 의료진이 권하는 치료법을 지속하는 것을 더 어렵게 만들 수 있다.

비밀보장에 따른 정보 공유의 어려움

개인 건강 정보는 법에 따라 비밀보장된다. 정신 질환에 관한 법규는 특히 엄격하다. 이를테면 환자가 18세 이상이면 의사나 상담가가 환자의 명시적인 허락 없이 가족이라도 정보를 공유할 수 없다. 정신과 병동에 입원한 환자에게도 같은 법이 적용된다. 결과적으로 가족은 환자의 평가와 치료 과정에서 소외감을 느낄 수 있다. 그리고 의료진이 혹시라도 당신이 환자의 우울증을 유발했거나 기여했다고 의심하는지 궁금할 수 있다.

다만 응급상황이라면 가족도 의료진과 상의할 수 있다. 특히 환자가 의사 표현을 명확히 하지 못할 때는 가족이 나서서 중요한 정보를 제공할 수 있다. 이때 의료진은 사생활 보호 조건을 어기지 않으면서 정보를 받을 수 있다. 정신건강 전문가는 치료 협력자로서 가족의 지원과 의견을 환영할 것이다.

예측 불가능한 치료 결과

　무릎관절 전치환술이나 연쇄상구균 인두염 같은 질병은 비록 치료법과 결과는 다양해도 어느 정도 지침이나 기대 수준이 있다. 의사가 며칠이든 몇 주든 몇 달이든 회복 기간에 대한 유용한 지침을 제시할 수 있다. 보호자도 어떤 결과를 기대할지 알고 기대치에 맞게 생활을 계획할 수 있다. 하지만 우울증이나 양극성장애는 훨씬 어렵다. 첫 치료에 바로 반응을 보이고 몇 달 만에 원래대로 돌아가는 환자도 있다. 반면에 아무리 치료를 받아도 반응을 보이지 않고 더 복잡한 치료로 넘어가야 하는 환자도 있다. 다양한 약물과 치료법을 시도해야 할 수 있고, 시간이 지나고 정보가 더 축적되어야 정확한 진단이 가능할 수도 있다. 길고도 예측 불가능한 여정이 될 수 있다. 환자가 회복하는 동안 옆에서 지원하려면 보호자도 자신의 몸과 마음의 건강을 돌봐야 한다.

정해진 절차 부족

　가족이나 친구가 암이나 심장발작을 비롯해 각종 심각한 병에 걸리면 어떻게 대처할지 알 수 있다. 언제 119에 전화해야 하는지도 안다. 진료받으러 가는 차편을 계획하고 화학치료를 받을 때 같이 가주고 환자가 부작용을 극복하는 사이 몇 시간이고 옆에 있어 줄 수 있다. 음식을 만들어가고 재미있는 영화를 다운로드 받아가고 기금모금을 위한 걷기 행사를 조직할 수 있다. 반면에 우울증이나 양극성장애 환자를 위해서는 어떻게 해줘야 할지 잘 모른

"가족의 도움 같은 건 필요 없다고 생각했어요."

– 마이크 가족의 이야기

48세 마이크는 보험회사를 다니다 실직한 뒤 지난 10년간 자동차 영업사원으로 일했다. 사실 실직하고부터 줄곧 패배자가 된 기분으로 살았다. 현재는 소도시에서 아내 에이미와 청소년인 자녀 둘과 함께 산다. 최근에는 침울하고 예민해서 아내와 자주 싸우고 매일 밤 퇴근 후 맥주를 6캔씩 마신다. 자다가 자꾸 깨고 기운이 없어서 조깅도 그만두고 취미생활에도 흥미를 잃었다. 추수감사절을 어떻게 보낼지 같은 가족의 행사에 관해서도 아내와 의논하지 않았다. 깜빡깜빡 잊어버리고 집안일을 소홀히 하고 사람들과의 약속도 지키지 않았다.

에이미는 좌절감을 느꼈고, 결혼생활에 긴장감이 돌았다. 아내가 그에게 달라진 모습을 지적하며 기분이 어떠냐고 묻자 그는 "아무 문제없어! 나한테 신경 꺼! 징징대지 말라고!"라고 쏘아붙였다. 아내와 친한 친구 조가 그를 도와주고 지지해주고 그를 괴롭히는 문제를 찾도록 도와주려고 해도 마이크는 버럭 화를 내며 다 거부했다. "아무도 해줄 수 있는 게 없어"라고만 답했다. 그리고 지하실로 내려가 문을 걸어 잠그고 밤새 술을 마셨다. 주말에 아내와 함께 아이들 축구 경기를 보러 가지도 않고 친구들과의 저녁 모임에도 나가지 않았다.

에이미는 여성지에서 읽은 것처럼 그가 우울증에 걸렸는지 의심이 들어 주치의를 만나보게 하려고 했지만 소용이 없었다. 에이미는 두 손이 묶인 기분이었다. 마이크에게 뭐가 문제인지 말하게 하거나 전문가의 도움을 구하게 하지도 못한 채 그가 변해서 가정을 파괴한다고만 느껴졌다. 아이들은 아버지가 화가 났거나 자신들을 사랑하지 않는다고 생각하게 됐다.

에이미는 마이크와 형네 부부와 마이크의 친한 친구 조를 불러서 자리를 마련할 생각이다. 모두 한자리에 모여서 마이크를 공격하지 않으면서 최근의 달라진 모습에 관해 설명하고 그들의 걱정을 말할 계획이다. 그래서 마이크가 뭔가를 깨닫고 주치의를 만나 소견을 듣고 정신건강 전문가도 만나겠다고 말해주기를 바라고 있다.

다. 내가 이 책을 쓰기로 한 이유는 가족이나 친구가 환자를 도와주고 싶어도 어떻게 도와줄지 몰라서 쩔쩔매는 현실을 알았기 때문이다.

그 밖에도 가족으로서 환자와 부딪히며 생기는 문제도 있다. 한발 물러나 침착하게 감정을 절제하면서 대처해야 한다. 환자의 생각과 행동이 병 때문이지 일부러 그러는 것은 아니라는 점을 이해해주어야 한다. 그러면 보호자로서 자신의 불편한 감정을 다스리는 것이 더 수월해질 것이다.

마이크 가족의 사례에서는 기분장애가 환자를 진실로 걱정하면서도 상처받는 가족에게 얼마나 심각한 영향을 미칠 수 있는지 알 수 있다. 마이크가 계속 도움의 손길을 거절하자 가족과 친구들은 좌절하고 무력감에 빠진다. 환자가 그에게 절실히 필요한 도움을 받아들이게 하려면 창의적인 아이디어와 엄한 사랑이 필요할 수 있다.

어떻게 해야 도움을 받아들일까?

가족이나 배우자나 친한 친구들은 우울증을 겪는 이들이 위기의 순간에 처했을 때 무슨 말을 해주고 어떻게 도와줄지 알아야 한다. 하지만 말이 쉽지 실행하기는 매우 어렵다. 가장 도움이 되는 말이나 행동을 어떻게 알 수 있을까? 우선 가족과 친구는 매일 환자 옆에서 지지하고 격려해줄 사람들이고, 지지와 격려야말로 치료의 핵심이라는 사실을 명심해야 한다. 다음으로 지지에 무엇이 포함되는지를 알아야 한다. 정서적 차원에서 "지지는 … 환자가 느끼는 감정을 들어주고 인정해주고 나아가 환자의 입장에서 옹호해주는 시간이다."(Buckman, 1992)

정서적으로 지지해주기

환자를 지지해주려는 노력부터 시작해야 한다. 사실 아픈 사람을 지지해주는 것은 쉬운 일이 아니다. 24시간 내내 지속해야 할 수도 있다. 많이 힘들 때도 있고 먼저 지칠 수도 있다. 환자 가족은 이 시기에 자신도 잘 돌봐야 힘을 내서 환자를 돌볼 수 있다. 이 부분에 관해서는 14장 〈보호자 보호하기〉에서 좀더 자세히 다루겠다.

정서적으로 지지해주는 노력의 전체적인 목표는 환자의 말을 경청해주고 환자에게 관심이 있다고 알리는 데 있다. 환자에게 꼭 전달해야 하는 메시지다. 그러면 어떻게 해야 할까? 다음의 방법으로 효과를 본 가족이 많다.

① 판단하지 않고 경청하기, ② 환자의 말을 들어주기, ③ 환자의 말에 공감해주기

'공감적 반응'이란 환자의 감정이나 문제에 대해 공감하고 이해해주려고 노력하는 것이다. 가장 흔한 실수는 듣다가 중간에 말을 끊는 경우로(원인은 〈표 5-1〉 참고), 이 장에서는 효과적인 경청과 소통 전략을 제안한다.

금전적으로 지원하거나 육체적으로 도와주거나 집안일을 대신 해주는 방식으로 지지해줄 수도 있다. 우울증 환자는 저마다 요구가 다르고, 보호자가 지지해줄 수 있는 영역도 다르다. 환자의 나이와 개인적인 상황과 우울증의 정도에 따라 적절한 지지의 유형이 다를 수 있다. 우울증인 노인 부모에게 병원에 같이 가주기로 하거나 친구에게 장을 같이 보러 가자고 하거나 사촌에

| 표 5-1 | 효과적인 경청을 방해하는 요인

- 가정하기(사실에 근거하지 않음)

- 넘겨짚기(사실을 모르면서 상대가 어떤 생각을 하는지 안다고 단정함)

- 상대의 말을 걸러 듣기(세세한 부분을 듣지 않음)

- 상대의 말을 판단하기

- 화제를 자신에게 돌리거나 다른 주제로 바꾸기

- 상대의 경험을 다른 사람의 경험과 비교하기

- 아는 척하기(자신의 유사한 경험을 언급함)

- 미리 연습하기(다음에 자기가 할 말에 집중함)

- 공상에 빠지거나 집중하지 않기

- 충고하기

- 말다툼, 면박주기, 빈정대기, 논쟁하기

- 무슨 일이 있어도 자신이 옳아야 하기

- 상대방을 회유하기

게 애완견을 동물병원에 데려가 주겠다고 할 수 있다. 목표는 환자에게 무력한 존재라는 느낌을 주지 않으면서 도와주는 데 있다. 다음 사항이 중요하다.

- 지지해주면서 무엇을 해줄 수 있고 무엇을 해줄 수 없는지 명확하고 일관되게 밝히기
- 가족과 환자 모두의 명확한 한계와 기대치를 정하기
- 해주지 못할 일은 약속하지 않기

소통을 위한 다양한 전략

환자는 당신이 변함없이 곁을 지켜줄 거라고 확신하면 도움을 받는다고 느낄 수 있다. 자주 사적으로 대화를 나눌 시간과 장소를 마련해서 환자가 어떤지 알아보려고 노력해야 한다. 이런 노력이 어색한가? 사실 그렇게 느끼는 사람도 드물지 않다. 많은 환자의 가족들이 그렇게 느낀다. 하지만 우울증 환자들은 대체로 이런 대화가 도움이 된다고 느낀다. 이런 대화를 나눈다고 해서 우울증이 심해지지 않는다. 오히려 환자가 자신의 우울증 증상에 이름이 있고 일반적이고 타당한 상태라는 것을 알면 편안해질 수 있다. 환자의 사생활을 존중하고 인정해주는 모습을 보여주려고 노력해야 한다. 환자의 말을 받아들이려고 노력해야 한다. 환자의 말을 남에게 옮겨서는 안 된다.

당장 시도할 만한 방법이 있다. 환자에게 그만의 언어로 감정을 솔직히 털어놓도록 격려해주는 것이다. 도중에 끼어들지 말고 환자가 감정과 정서를 오롯이 표현하게 해준다. 그러면 환자는 자신의 감정과 경험이 타당하고 중요하다고 생각한다. 굳이 환자의 말에 동의해야 하는 것은 아니다. 다만 판단하거나 무시하는 것처럼 보이지 않도록 주의해야 한다. 우울증 환자가 항상 자신의 감정을 털어놓거나 치료 중에 나온 얘기를 말해줄 거라고 기대해서는 안 된다. 소외감이 들 수도 있지만 상처받지 않으려고 노력해야 한다.

환자와 대화하면서 환자의 말을 귀담아듣고 알아들었다는 것을 보여주어야 한다. 앞으로 살펴보겠지만 경청하는 것과 그냥 듣는 것은 다르다. 아래 이어지는 소통 전략을 통해 환자와 충만한 대화를 나누는 방법을 소개한다 (Buckman, 1992).

대화 나눌 준비하기

개방형 신체 언어를 사용한다. 자리에 앉기, 평정심 유지하기, 팔짱 끼거나 손가락질하거나 꼼지락거리지 않고 자세를 편안하게 풀어놓기, 몸을 환자 쪽으로 향하기, 환자에게 온전히 집중하고 휴대전화를 끄기, 눈 마주치기, 명료하고 평온한 어조로 말하기 등을 최대한 활용한다.

적극적으로 경청하기

경청은 환자에게 당신이 온전히 집중하고 있음을 보여주는 방법이다. 마음이 다른 데를 떠돌고 있다면 쉽지 않다. 다른 생각으로 흘러도 다시 대화로 돌아와야 한다. 연습하면 수월해진다. 적극적 경청은 환자와 좋은 관계를 맺고 이해와 신뢰를 쌓는 데 도움이 된다. 오해를 피하고 속마음을 터놓고 말하게 해줄 수 있다. 다음은 적극적 경청을 활용하는 방법이다.

- 다른 생각으로 흐르지 말고 환자의 말에 집중한다.
- 개방형 신체 언어를 사용해 환자의 말을 경청하고 있고 그 말에 관심이 있음을 알린다.
- 환자와 눈을 맞춘다.
- 말을 끊지 않고 계속 말하게 해준다.
- 고개를 끄덕이며 추임새를 넣어 계속 말하게 한다.

- 간간이 환자의 말을 반복해서 말해주거나 반영하거나 요약해준다.
- 개방형 질문으로 환자의 말을 끌어낸다. "그래서 기분이 어땠니?" "…라면 어떻게 될 것 같니?"
- 잠깐의 침묵을 견딘다. 어려울 수 있다. 환자가 강렬한 감정에 휩싸이거나 깊은 생각에 빠지면 잠시 말이 없어질 수 있다. 잠시 그런 순간을 받아들인다. 침묵이 흐르는 사이 환자가 감정을 느끼거나 표현할 수 있다. 이따금 "지금 무슨 생각을 하니?"라는 질문으로 침묵을 깬다.

환자의 말을 잘 듣고 있다는 사실을 알리기

환자의 말을 이해했고 그의 말에 의미가 있다는 것을 보여주는 방법이다. 환자의 감정이 타당하다고 인정해주는 셈이다. 환자의 말에 꼭 동의해야 하는 것은 아니다. 다음의 방법으로 환자에게 반응한다.

- 환자의 말을 똑같이 따라한다(반복).
- 환자의 말을 당신의 언어로 반복한다(전언).
- 환자의 말에서 드러나는 감정을 알아채고 언급해준다(반영).

반영은 환자의 말을 듣고 해석했다는 것을 효과적으로 보여주는 방법이다. "사는 게 허무해. 내 인생은 결코 달라지지 않을 거야"라고 말했다면, "지금 사는 게 무의미하게 느껴지고 아무 희망도 없어 보이는구나"라고 대꾸할 수 있다. 이렇게 환자의 감정과 무력감을 인정해주는 것이다. 환자의 말을 최대한 정확히 해석한다. 그렇지 않으면 애써 쌓은 신뢰가 무너질 수 있다. 다만 환자가 느끼는 감정을 정확히 알 수 없다면 반영하는 방법은 피해야 한다.

이따금 말을 요약해 열심히 듣고 있다는 것을 보여줄 수도 있다. 환자의 말이 명료해져서 환자가 생각을 발전시킬 수 있다. 예를 들어 다음과 같다.

_____으로 보인다.

_____으로 들린다.

_____라고 말하는 것 같다.

이런 뜻이냐? 내가 옳게 이해한 거냐? _____

질문하기

질문은 관심을 표현하고 사실을 명확히 밝혀서 환자가 하려는 말의 요점을 이해하기에 좋은 방법이다. 대화하면서 여러 가지 질문을 던질 수 있고, 질문마다 환자에게 다른 영향을 미칠 수 있다. 몇 가지 사례를 들어보자.

- **폐쇄형 질문**: 정해진 대답을 듣기 위한 질문이다. "예"나 "아니오" 같은 대답만 가능하다. 환자가 이런 질문을 받으면 기분이나 감정을 표현하거나 스트레스 상황을 설명할 수 없다. 폐쇄형 질문의 예는 "오늘 의사한테 새로 처방받았니?"이다. 이런 유형의 질문은 삼가는 것이 좋다.

- **개방형 질문**: 환자가 원하는 방식으로 대답할 기회를 주는 질문이다. 이런 질문에는 환자가 자신의 감정이나 경험을 터놓고 말할 수 있다. 개방형 질문의 예는 "그래서 기분이 어땠니?" "그 일을 어떻게 생각하니?"이다. 환자가 어떤 기분이고 왜 그런지 알려면 개방형 질문을 자주 사용해보라.

반응해주기

환자와의 대화에서 몇 가지 바람직한 반응이 있다. 비판단적 진술(반복, 전언, 반영)로 말하거나 개방형 질문을 던지거나 잠시 침묵을 지켜주는 반응이다. 가장 효과적인 반응은 반영의 한 유형인 공감적 반응이다.

공감적 반응은 어떻게 할까? 우선 슬픔, 불안, 두려움처럼 환자가 느낄 법한 감정을 알아채려고 노력한다. 다음으로 그 감정이 어디서 왔는지, 예를 들어 이전의 경험에서 온 것은 아닌지 생각한다. 그리고 감정과 경험을 함께 놓고 둘 사이의 연관성을 이해한다는 것을 보여준다. 예를 들어 환자가 우울증 때문에 육상팀에 참가하지 못해서 속상해한다면 이렇게 말해줄 수 있다. "올해 시즌에는 우울증 때문에 팀에 합류하지 못해서 무척 슬퍼 보이는구나." 이렇게 하면 환자는 당신이 그의 괴로운 심정을 이해한다는 것을 알 수 있다. 감정(슬픔)을 알아채고 그 감정이 어디서 오고 왜 생기는지 확인해준 것이다.

혹은 다른 예에서는 환자가 괴로워하며 아무도 자기를 좋아하지 않는다고 하소연할 때 가장 효과적인 반응은 "친구들이 연락하지 않아서 사랑받지 못한다는 느낌이 들면 정말 괴롭겠구나"이다. 환자의 감정(괴롭고 사랑받지 못한다는 느낌)과 감정의 원인(친구들이 연락하지 않음)을 알아주는 반응이다. 이때 주의할 점이 있다. 이런 반응은 환자가 어떤 감정인지 안다는 확신이 설 때만 보여줘야 한다. 섣불리 넘겨짚어서는 안 된다. 추측이 화를 부를 수 있다.

경청은 일종의 기술이다. 누구나 연습하면 잘할 수 있다. 다만 무의식중에 효과적인 경청을 차단하고 어떻게든 피하려 할 수 있다. 경청을 가로막는 요인은 사실을 모르면서 지레짐작하거나 상대가 무슨 생각하는지 넘겨짚거나 판단하거나 정보의 파편을 걸러내거나(세세한 부분을 듣지 않거나) 다른 생각에 빠지는 것이다. 효과적인 경청을 방해하는 요인은 〈표 5-1〉에 정리했다.

좋은 의사소통 기술이 어떤 가치를 지니는지는 마야와 제프의 사례에서 확인할 수 있다. 마야가 환자의 가족으로서 어떻게 효과적인 경청과 지지 기법을 배우는지, 그리고 제프의 우울증에 어떤 영향을 미치는지 알 수 있다. 이런 기술은 타고나는 것도 아니고 쉽지도 않다. 대개는 연습해야 잘할 수 있다. 길게 보면 우울증 환자가 당신의 노력에 고마워할 것이다.

환자가 화가 나면 제대로 생각하고 추론하는 능력이 떨어진다. 그 이유는 다양하고, 또 드물지 않은 현상이다. 이런 상태에서는 환자가 자신의 생각과 문제를 명료하고 논리적으로 설명하지 못하므로 언쟁을 벌여봐야 좋을 게 없다. 일단은 물러나 진정할 시간을 주고, 준비된 듯 보이면 그때 다시 대화 상대가 되어주는 것이 최선이다. 환자에게 분노나 당혹감을 표현하지 말아야 한다. 화가 나고 실망스럽다면 당신이 그런 상황에서 피로감을 느끼고 압도당했다는 뜻이다. 그러면 당신도 일단 휴식을 취해야 한다. 다른 많은 환자의 가족이 가족을 위한 지지 모임에서 도움을 받는다.

대화하는 중에 화를 내거나 적대적인 태도를 보일 때 덩달아 화를 내봐야 도움이 되지 않는다. 그러면 상황이 더 나빠질 수 있다. 서로 스트레스만 커질 수 있다. 그보다는 차분히 한발 물러나 당신이 환자의 분노와 감정의 원인을 이해한다는 것을 보여주려고 노력하자. 앞에서도 말했지만 이 방법은 정말로 분노의 원인을 안다는 확신이 들 때만 써먹어야 한다. 지레짐작해서는 안 된다. 환자의 생각이나 감정을 잘못 넘겨짚으면 분노에 기름을 붓는 격이다. 정말로 환자의 감정을 알 것 같으면 이렇게 말할 수 있다. "올해 팀에서 네 자리를 잃으면 화가 날 거야." 환자의 감정을 알아주고 당신이 그의 상실감을 이해한다는 것을 알리고 환자에게 반응할 기회를 주는 말이다.

우울증을 비롯한 의학적 문제로 장기간 아프면 환자는 여러 가지 문제로 분노를 느낄 수 있다(분노의 사례와 원인은 〈표 5-2〉에 정리했다). 인생이 엉망이 되었다는 생각으로 화가 날 수 있다. 환자가 변화에 대처하려고 노력할 수도 있다. 이를테면 직장이나 학교나 친구나 동료들에게서 벗어난 일과에서, 재정 상태에서, 여가 생활에서 일어나는 변화에 대응하려고 애쓰는 것이다. 한편으로는 정신 질환을 상대해야 해서 화가 날 수도 있고, 자기 자신이나 치료자, 옆을 지켜주는 가족, 자신의 힘든 처지를 이해하지 못하는 다른 사람, 그를 해고한 사장에게 화가 날 수도 있다. 그리고 성인 남자나 청소년의 경우처럼 우울증 삽화 중에 기분이 가라앉기보다 짜증이나 화를 낼 수도 있다.

기억해야 할 점이 있다. 환자가 근심을 다 털어놓을 때까지 기다렸다가 그 다음에 위로의 말을 건네야 한다는 것이다("다 잘 될 거야"). 너무 빨리 위로하면 오히려 환자는 그냥 자기를 무시하는 것으로 받아들이고 상대의 걱정이 타당하지 않다고 느낄 수 있다.

| 표 5-2 | **분노의 사례와 원인**

환자는 자신, 옆에 있는 가족, 그 외의 사람들 또는 외부의 요인 등 모든 것에 분노를 느낄 수 있다. 이런 외부의 요인이 자신과 자신의 병에 부정적인 영향을 미쳤다고 생각하기 때문이다. 이 같은 분노가 주위 사람에게는 합리적으로 보이지 않을 수도 있다. 그렇더라도 그 분노의 이면에 무엇이 있는지를 이해하는 것은 중요하다. 환자가 분노를 느낄 만한 대상은 다음과 같다.

- **우울증을 향한 분노:** 우울증의 증상이나 우울증 때문에 아무것도 하지 못하는 상태나 자유를 잃어버린 처지 등 이 모든 상황의 부당함에 화가 날 수 있다.

- **통제력을 잃고 무력해진 상태에 대한 분노:** 삶을 통제하지 못하는 자신의 처지에 화가 날 수 있다. 가족과 친구와 의료진에게 과도하게 의존한다고 느낄 수 있다.

- **잠재력을 상실한 처지에 대한 분노:** 미래에 대한 희망을 잃었다는 생각에 화가 날 수 있다.

- **자신을 향한 분노:** 스스로 병을 키웠다는 생각에 화가 날 수 있다. 자기 몸에 배신당했다고 느끼고 자신의 부정적인 태도에 화가 날 수 있다.

- **가족이나 친구를 향한 분노:** 가족이나 친구는 자기와 다르게 건강하다는 데 화가 날 수 있다. 또는 가족의 해묵은 갈등에 계속 화가 나 있을 수 있다. 조언을 듣거나 동정받는 것이 싫을 수도 있다. 적절하든 부적절하든 환자는 가족이나 친구가 자신의 우울증에 일조했다고 생각할 수 있다. 사람들이 멀어진다는 느낌이 들 때 분노가 치밀고 혼자만 버려진 기분이 들 수 있다.

- **치료자 집단을 향한 분노:** 진단과 치료와 치료 결과를 치료자 탓으로 돌릴 수 있다. 치료자에게 통제력을 다 넘겨줬다고 느끼거나 건강해 보이는 치료자를 보고 억울함을 느낄 수도 있다. 치료자가 냉담하거나 둔감하거나 경청해주지 않는다는 생각에 화가 날 수 있다. 소통이 잘 안 되거나 의사결정 과정에서 소외된다거나 의료진의 결정에 동의하지 않는다면 화가 날 수 있다.

- **'외부의 힘'에 대한 분노:** (적절하든 부적절하든) 직장의 상황 또는 일상적인 가정환경에 화가 날 수 있다.

- **신을 향한 분노:** 신이 자기를 버렸다거나 부당하게 벌한다고 억울해할 수 있다. 오랜 세월 신앙을 지켜왔는데도 그간의 노력에 대한 보상이 없다고 생각할 수 있다.

출처: Robert Buckman, *How to Break Bad News: A Guide for Health Care Professionals*, Johns Hopkins University Press, 1992, pp. 138~139.

"남편 말에 귀를 기울였더니 속마음을 털어놓기 시작했어요."
– 마야와 제프 부부의 이야기

마야의 남편 제프는 주요우울증으로 치료를 받는 중이다. 처음에는 어떻게 대응해야 할지, 무슨 말을 해주고 어떻게 도와줘야 할지 몰랐다. 그래서 의사를 찾아가 환자를 지지해주는 배우자가 되는 법에 관한 현실적인 조언을 들었다. 우선 옆에 있으면서 제프가 말하고 싶어 할 때마다 집중해서 진심으로 경청해주는 것부터 시작했다. 다른 생각을 하지 않고 제프의 말에 동의하지 않으면서도 집중하는 것은 쉽지 않았다. 의사는 이처럼 떠도는 생각을 '안개 낀 날 자동차 앞 유리에 붙은 나뭇잎'에 비유하며 와이퍼로 천천히 닦아서 떨어뜨리는 것으로 생각해보라고 일러주었다. 이 말이 도움이 된 것 같았다.

다음으로 마야는 제프의 말과 감정이 그에게는 타당하므로 섣불리 판단하거나 "그건 말도 안 돼!"라는 식으로 그의 감정을 부정하는 말을 해서는 안 된다는 점을 받아들이려고 노력했다. 역시나 어려웠다. 목구멍까지 올라온 말을 꾹 참고 퉁명스럽게 대꾸하지 않는 데만도 엄청난 노력이 필요했다. 마야는 제프의 생각과 감정과 정서가 적절하지 않다고 생각하면서도 정당하다고 인정해주고 "그러니까 당신 말은 … 라는 뜻이구나"라면서 그의 말을 반영해주려고 노력했다. 마야는 어디선가 공감의 기법에 관해 읽고(상대의 입장에 서서 어떤 기분인지 이해하려고 노력하기) 그 기법을 시도했다. 어렵거나 난감한 주제가 나오면 심호흡하고 평온을 유지하는 법과 눈을 마주치는 법과 상대의 말에 관심이 있고 열심히 듣고 있다는 것을 보여주는 자세에 관해서도 배웠다.

마야는 제프에게 그의 말을 다 듣고 있다는 것을 알리기 위해 대화에 집중하려고 노력했다. 이해한다는 듯 고개를 끄덕여주고, "당신이 이런 병을 앓아서 너무 안타까워"라고 지지해주는 말을 건네고, "그래서 기분이 어땠어?"라고 개방형 질문을 던졌다. 모두 마야에게는 낯선 기법이라 연습이 필요했다. 서툴렀지만 결국에는 지지하면서 잘 들어주는 사람이 되었다.

제프는 마야의 노력에 긍정적인 반응을 보였다. 더 많이 지지받고 있고 덜 외롭다고 느꼈고, 세상에서 누군가는 그를 보살펴주고 그의 문제를 이해해준다는 느낌을 받았다. 마침내 마야에게 속마음을 털어놓을 수 있었다. 제프처럼 생각과 감정을 숨기고 강인한 남자가 되어야 한다고 배운 사람에게는 흔치 않은 경험이었다. 이렇게 소통하면서 두 사람의 관계가 돈독해졌다.

Chapter 06

공감과 지지, 단호하고 일관된 태도가 중요하다

• 우울증을 겪고 있는 사람에게 다가가는 유용한 방법 •

"당신의 고통을 이해합니다.
'날 믿어, 난 믿어.'
나는 사람들이 인생의 가장 어두운 순간에서
행복하고 만족스러운 삶으로 나아가는 것을 봤습니다.
'너도 할 수 있어. 난 널 믿어.'
당신은 짐이 아닙니다. 결코 짐이 되지 않을 것입니다."

– 소피 터너(배우)

우울증을 겪고 있는 사람에게 다가가는 법

우울증을 겪고 있는 가족이나 친구에게 다가갈 때 이 장에서 소개하는 방법이 도움이 될 것이다. 앞의 5장 〈돌봄 과정의 어려움과 지지하고 소통하는 법〉에서 소개한 내용에 추가되는 방법이다. 이 장에서 제시하는 방법을 따르려면 평소 사람들과 소통하는 방식에 변화를 주어야 할 수 있으므로 한 번에 하나씩 시도해본 다음 두 번째, 세 번째를 추가해보라. 그러면 변화가 나타날 것이다.

평소와 똑같이 대하기

환자를 평소처럼 대하려고 노력해야 한다. 일상의 활동과 가족의 계획이나 사회적 계획에 참여하게 해야 한다. 환자가 즐거운 활동에 참여할 뿐 아니라 집안일도 같이 하고 학교나 직장에서도 책임을 다할 것으로 기대한다고 알려야 한다. 환자는 우울증으로 배제되거나 남들과 다르게 느끼고 싶지 않아 한다. 감당하지 못할 만큼 버거운 활동인지는 환자가 스스로 판단하게 해주어야 한다. 필요에 따라 활동을 조절하도록 도와주기는 해도 열외로 취급해서는 안 된다.

환자가 학교나 직장에 나가지 못하면 실패가 아니라 일시적인 차질로 간주해야 한다. 우울증이 좋아지면 서서히 원래의 모습을 회복할 것으로 기대할 수 있다. 우울증 환자들은 기분이 점차 좋아지는 사이 사람들과 다시 소통한다. 물론 항상 그런 것은 아니다. 어떤 환자는 가족이나 친구들이 잘나가고 즐겁게 사는 모습을 보고 자신의 비참한 처지와 비교하면서 더 우울해지기도 한다.

필요에 따라 한계 정하기

일상에서 환자의 행동에 한계를 정해야 할 수 있다. 환자에게도 가족에게도 어려울 수 있다. 환자에게 가정이나 사회의 규칙을 따르기를 기대한다는 것을 알려야 한다. 심지어 씻고 머리를 감고 옷을 갈아입으라고 말해야 할 수도 있다. 우울증 환자는 사람들로부터 고립되지 않아야 하므로 저녁마다 가족 모임이나 사교 모임으로 불러내야 한다.

행동에 대한 기대치 정하기

환자가 가족이나 친구와 소통하는 방식에 대한 기대치를 설정해야 할 수도 있다. 우울증이나 양극성장애라고 해서 아무한테나 시비를 걸거나 남들의 시간과 인내심을 요구할 권리가 생기는 것은 아니다. 환자에게 아무리 화가 나고 짜증이 나고 우울하더라도 가족과 친구에게 예의를 갖춰서 정중히 행동해야 한다고 주지시켜야 한다.

구체적인 행동과 귀가 시간과 술이나 마약 사용에 관해 경계를 정해줘야 할 수도 있다. 환자가 밤늦도록 술을 마신다면 그런 행동이 건강하지도 않고 집 안에서 받아들여지지도 않는다고 선을 그어야 할 수 있다. 귀가 시간에 관해서나 여가를 어떻게 보낼지에 관해 명확히 합의해야 할 수 있다. 청년이나 청소년 환자에게 특히 중요한 항목이다. 기대치를 명확히 밝히고 그대로 따르게 해야 한다. 어느 집에서는 이런 문제로 갈등이 생길 수 있다. 환자가 거부하거나 반항해도 단호한 태도를 유지하는 것이 최선일 수 있다. 아프다는 이유로 물러나서는 안 된다.

희망을 주기 위해 노력하기

우울증이 생기면 자신과 미래와 세상에 대한 희망을 잃는다. 정상적인 생활이 불가능할 수 있다. 당신의 말과 행동에서 당신이 환자에게 희망을 잃지 않았다는(혹은 환자의 미래에 기대를 걸고 다 좋아질 거라고 믿는다는) 의미가 전달될 수 있다. 이것이 강력한 메시지가 될 수 있다. 이런 메시지를 어떻게 전달할까?

우선 환자와 대화를 나누면서 당장은 계획을 수정해야 하더라도 미래의 계획은 계속 살아 있다고 알려야 한다. 당장은 직장이나 학교에 나가지 못해도 "가을에 직장(학교, 팀, 위원회)으로 돌아가면 …을 할 수 있을 거야"라고 말해준다. 환자는 원래의 삶으로 돌아갈 수 있을 거라는 말을 듣고 힘을 낼 수도 있다. 당신의 목표는 계획대로 진척되지 않는 상황을 실패가 아니라 일시적인 차질로 간주하는 것이다.

환자가 희망이나 낙관주의를 잃으면 환자를 아껴주고 환자에게 가능성이 있다고 믿어주는 누군가에게서 희망을 '빌려오라고' 제안해보라. 그 누군가가 당신일 수도 있다. 이렇게 말할 수 있다. "지금 너는 …에 희망을 잃은 것 같지만 나는 아니야." 환자는 당신의 눈으로 삶의 가능성이 다시 돌아올 거라고 믿기 시작할 수 있다. 당신도 지치고 모든 것이 암울해 보일 때는 긍정적이고 낙관적인 태도를 계속 유지하기 힘들 수 있다. 그러면 일단 우울증이 호전되기도 하고 악화되기도 하지만 치료가 가능한 생물학적 질환이라는 사실에 집중해보라.

현실적 기대치 정하기

다음으로 환자를 위해 현실적인 기대치를 정해야 한다. 환자에게 당장은 평소 하던 일을 다 하지 못할 수 있지만 그래도 괜찮다고 말해줘야 한다. 당장은 계획과 책임을 조율해야 할 수 있다. 우울증 때문일 수 있지만 대개는 좋아진다고 말해줘야 한다. 환자는 당신이 자기를 나약하다거나 실패자라거나 게으르고 핑계나 댄다고 생각하지 않는다는 것을 알면 인정받는다고 느낄 수 있다. 환자가 지금 할 수 있는 만큼 인정해주고 최대한 날개를 펼 수 있도록 응원해줘야 한다. 환자에게 현재 감당할 수 있는 선에서 평소의 취미나 활동을 다시 시도해보거나 학교나 직장에 시간제로 돌아가거나 자원봉사를 해보라고 조심스럽게 권할 수 있다.

자원봉사는 우울증으로 고립된 이후에 자신감을 회복하는 데 탁월한 효과가 있다. 자원봉사는 환자가 과도기를 넘기게 해주고 목적의식을 주고 다시 사람들과 어울리고 새로운 마음가짐을 갖게 해준다. 사실 자원봉사를 할 때는 기분 좋은 자세로 임해야 하고 사람들과 소통하고 관계를 맺어야 하며 사람들에게 책임을 다해야 한다. 나는 자원봉사를 하면 주는 것보다 얻는 것이 훨씬 많다는 것을 배웠다.

환자가 현재 무엇을 할 수 있는지에 대해 현실적인 기대치를 정하고 조금이라도 실망감을 내비치지 않는 것이 쉽지는 않다. 지금에 집중하라고 해서 환자가 이전에 하던 일을 다시는 하지 못하게 된다는 뜻이 아니다. 그보다는 당장은 현실적이고 작은 보폭으로 나가야 한다는 의미일 뿐이다. 이를테면 당신의 아들이 지금 어려운 학문을 공부하면서 학기를 마치거나 굳이 축구팀에 들어갈 필요는 없다. 한 학기를 쉬거나 증상이 좋아질 때까지 몇 달간 덜 부담스러운 공부를 계획할 수 있다. 이렇게 계획을 수정해도 괜찮다. 환자가 한 인간으로서 작아지거나 인생 전반에 영향을 미치는 것이 아니다. 일시적인 차질일 뿐이고, 우울증이 나아지면 점차 이전의 관심과 동기가 되살아날 것이다.

현실적인 낙관주의 보여주기

환자에게 현실적인 낙관주의를 보여주면 도움이 될 수 있다. 현실적인 낙관주의란 열심히 노력해서 꿋꿋이 살아가면 다 잘될 거라는 희망과 자신감을 드러내는 합리적인 미래관이다. 환자의 미래에 대해 현실적인 계획을 의논하고 계획을 실현하기 위한 노력을 지지해준다는 뜻이기도 하다. 누군가는 우울증을 꿈과 인생의 방향을 재고하기 위한 기회로 삼고 우울증을 계기로 삶의 목표와 꿈에 관해 더 흥미로운 결정을 내릴 수 있다.

우울증을 두 번 이상 앓았다고 해서 다음번에 다시 앓을 때 당연히 능숙하게 대처할 수 있는 것은 아니다. 현실적으로 그렇지 않다. 우울증을 잘 극복하려면 많은 시간과 노력과 정신건강 전문가의 치료가 필요하다. 상당한 통찰력과 연습이 쌓여야만 우울증을 유발하는 요인을 예견하고 평소 싫어하던 명절이나 인간관계와 같은 힘든 상황에 대처하고 그 여파를 최소로 줄일 수 있다. 옆에서 지켜보는 가족에게도 힘든 여정일 수 있다. 인내심과 이해가 중요하다.

부정적 생각과 왜곡된 사고 떨쳐내기

우리의 생각과 감정과 행동은 긴밀히 연결되어 있다. 우울증에 걸리면 부정적이고 왜곡된 렌즈를 통해 자아와 경험과 미래와 세계를 바라보면서 자신의 렌즈가 정확하다고 믿는다. 우울한 마음은 주어진 사건에 관해 생각하고 해석하고 이리저리 비틀면서 오류를 범한다. 의도한 것이 아니라 저절로 그렇게 된다. 환자가 보고 생각하고 믿는 많은 것이 저절로 부정적으로 왜곡되거나 편향되어 자동적인 부정적 사고를 일으킬 수 있고, 이런 사고방식이 환자에게 고통을 줄 수 있다. 자동적인 부정적 사고는 극단적이고 즉흥적으로 일어나는 사고의 왜곡이다. 순간 환자는 이런 사고가 진실이라고 확신할 수 있다. 부정적 사고로는 "나는 패배자야", "나는 제대로 할 줄 아는 게 없어", "아무도 나를 좋아하지 않아", "모두가 날 싫어해", "나는 늘 실수로 일을 망쳐" 등이 있다.

부정적이고 왜곡된 사고를 다루는 작업은 우울증과 양극성장애 치료에 사용되는 대화치료(심리치료)의 일종인 인지행동치료의 기반을 이룬다. 인지행동치료에서 환자는 왜곡된 사고방식과 잘못된 신념과 도움이 되지 않는 행동을 찾아내서 변화시키는 법을 배운다. 인지행동치료는 환자가 자신의 생각을 들여다보고 합리적일 때와 비합리적일 때를 판단하게 해주는 기법이다. 환자는 왜곡되거나 부정적인 사고를 추적하고 반박해서 현실적인 생각으로 바꾸고 생각과 감정과 행동의 연관성을 알아채는 법을 배운다.

다음의 사고 유형처럼 온갖 뒤틀리고 왜곡된 생각을 다루는 과정이 인지행동치료의 근간을 이룬다. 왜곡된 생각은 반복해서 나타나고 논리나 사실에 기초하는 것이 아니라 남들에게는 황당해 보일 수 있다. 다음에 소개하는 사고 왜곡의 유형을 모두 이해하거나 기억해야 하는 것은 아니다. 우울증 환자가 무심코 즉흥적으로 이런 식으로 생각할 수 있다는 것만 알면 된다.

여러 유형의 왜곡된 사고

다음은 무심코 생각을 비틀거나 왜곡하는 방식이다.

무시하기

상황의 부정적인 측면만 보고 긍정적인 측면은 무시한다(여과한다). 자신의 좋은 자질과 경험을 부정하거나 최소화하고 그런 건 "중요하지 않다"고 주장할 수 있다. 평범하거나 매력적인 사람이 "코에 여드름이 나서 정말 추해. 다들 날 괴물로 볼 거야!"라고 생각할 수 있다.

이분법적 사고

선과 악, 흑과 백, 전부 아니면 전무의 양극단으로 사고한다. 중간을 보지 않는다. 음식이 완벽하지 않다고 해서 '완전한 실패작'으로 여기는 경우다.

성급한 결론

아무런 근거도 없이 삶에서 일어나는 일을 부정적으로 해석한다. 성급한 결론에 이르기까지 다양한 경로를 거친다.

- 남이 어떻게 생각하거나 반응할지 넘겨짚기. 남이 어떻게 느끼거나 생각하는지, 혹은 왜 그렇게 행동하는지 말하지 않아도 다 안다고 단정해버린다. 이유나 근거도 없이 '다들 날 비웃을 거야'라고 생각할 수 있다.
- 앞으로 어떤 일이 일어날지 예측하기. 상황이 나쁘게 돌아갈 게 뻔하다고

믿지만 그렇게 생각하는 근거가 없다. 이를테면 '난 이 프로젝트를 제대로 해낼 수 없을 거야. 그리고 직장에서 잘리겠지'라는 식으로 생각할 수 있다.

과잉 일반화

하나의 사건이나 단편적인 근거로 전반적인 결론을 끌어낸다. 한 가지 사건을 영구적인 사건으로 보고 그 사건이 반복해서 발생할 거라고 예상하면서 '항상'이나 '절대'라는 표현을 자주 사용한다. 이렇게 생각할 수 있다. '데이트 상대한테 전화가 오지 않았어. 난 다시는 다른 아무와도 데이트하지 못할 거야.'

꼬리표 붙이기

과잉일반화의 극단적 형태로, 부정적 측면 한두 가지만 보고 전체를 부정적으로 판단하고 자신이나 남에게 꼬리표를 붙인다. 완벽하지 못한 자신의 말이나 행동을 보고 자신에게 '패배자'라는 꼬리표를 붙일 수 있다. 또 결혼 생활에서 생긴 문제를 전부 '얼간이 남편' 탓으로 돌리고 자기는 아무런 책임을 느끼지 않을 수도 있다.

최악 예상하기

상황을 과도하게 확대하고 파국적인 결과를 예상한다. 자신의 부정적인 측면(실수)이나 다른 사람의 긍정적인 측면(성취)을 과장한다. 직장에서 사소한 문제를 겪은 후 '고객 한 명을 잃었어. 다들 나를 멍청이라고 생각하고 아무도 나랑 가까이 지내려고 하지 않겠지'라고 생각할 수 있다.

긍정적 측면 무시하기

자신의 긍정적 자질이나 경험을 최소로 줄이고 별것 아니라고 주장한다. '선생님이 문제를 너무 쉽게 내서 시험을 통과한 것뿐이야. 누구라도 할 수 있어.'

자기 탓하기

다른 사람이 하는 말이나 행동이 모두 자신을 향한 것이라고 받아들인다. 혹은 외부의 사건을 모두 자기 책임으로 돌리고 자신의 통제력을 벗어난 사건도 자기 탓으로 여긴다. 스포츠팀 선수의 경우 팀 전체가 패배에 책임이 있는데도 '내가 공을 떨어뜨렸어. 나 때문에 우리 팀이 진 거야'라고 생각할 수 있다.

보상 오류

자신의 희생과 자제력이 보상받을 것이라고 기대하고, 보상을 받지 못하면 비통하고 억울해한다.

감정이 지배하는 상태

자신의 느낌이 진실이고 부정적 정서가 진실하고 정확한 상태라고 믿는다. '내가 너무 어리석게 느껴져. 그러니 나는 분명 어리석은 사람이야. 이게 진실일 거야.'

환자의 가족은 무엇을 할 수 있을까?

환자가 스스로 부정적이고 왜곡된 사고에 이의를 제기하도록 도와줄 수 있다. 이런 왜곡된 사고를 지적하다가 괜히 긁어 부스럼이 될까 봐 걱정할 수도 있지만 그 반대인 경우가 많다. 다음에 소개하는 여러 방법 중 두 가지 이상 시도해볼 수 있다. 그렇다고 가족이 치료자 역할을 떠맡아야 하는 것은 아니다. 실제로 환자가 가족에게 이런 문제를 털어놓고 싶을 수도 있고 아닐 수도 있다.

부정적 사고를 현실적 사고로 대체하도록 돕는다

환자가 "아무도 날 좋아하지 않아. 난 친구가 하나도 없어"라고 말한다면 정말로 그렇게 생각하는지, 왜 그렇게 생각하는지 조심스럽게 물어본다. 그리고 환자의 현재 상황을 정확히 반영하는 말로 바꿔보게 한다. 가령 이렇게 말할 수 있다. "너는 사랑받을 수 없고 친구가 하나도 없다고 느끼는구나. 그러면 마음이 참 괴로울 거야. 그런데 독서 모임 사람들은? 그 모임에서 몇 사람이 널 좋아한다고 했잖아?" 이렇게 환자가 스스로 대안의 진실을 생각해내도록 부추겨야 한다. "음, 독서 모임에 친구가 몇 명 있긴 하지." 그러면 이렇게 물어본다. "왜 그렇게 생각해?" 이런 연습을 거치고 나서 환자의 기분이 좋아지는지 확인한다. 대개는 좋아진다.

환자가 부정적 생각이나 신념이나 사건에 대한 해석으로 괴로워한다면 그런 생각이나 신념이나 해석을 지지하거나 반박하는 증거를 들어주면 도움이 된다. 그러면 환자가 정확하지 않은 가정에서 나온 생각을 알아채고 바꿀 수 있다. 우선 부정적 생각을 들여다보게 하는 것부터 시작할 수 있다. 종이 한 장을 세 칸으로 나눈다. 한 칸에는 문제가 되는 생각이나 신념을 적고, 다른 칸에는 생각을 '지지하는 증거'를 적고, 나머지 칸에는 생각을 '반박하는 증거'를 적는다. 그리고 환자에게 부정적인 생각에 반박하는 증거와 부정적인 생각을 지지하는 증거를 적게 한다. 뒤에 제시한 〈표 6-1〉을 참조하라. 환자가 이 연습을 어려워하면 친구나 가족에게 물어보게 할 수 있다. 많은 경우 부정적인 생각을 지지하는 증거보다 반박하는 증거를 더 많이 찾아낸다. 환자가 이런 식으로 생각을 이미지화해서 바라보면 생각의 오류를 발견할 수 있다. 그러면 기분이 좋아질 것이다.

환자에게 부정적인 감정과 기분이 지금은 진실처럼 보여도 사실은 마음속에서 일어나는 일시적인 사건이지 객관적인 사실이 아니라고 일깨워주어야 한다. 생각이 곧 사실은 아니다. 감정도 사실이 아니다. 환자에게 현재 거슬리고 사실처럼 느껴지는 생각의 진실성을 판단하기 위해 정보를 수집하게 한다. 보통 눈앞에 보이는 증거를 반박하기란 어렵다. 환자가 사실에 집중하게 하라.

과거 성공한 기억을 떠올림으로써 부정적인 생각을 반박하게 한다

우울증 환자들은 자기가 실패했다고 믿으면 과거의 성공 경험 자체를 부정할 수 있다. 우울증 특유의 부정적 사고로 인해 환자는 자신의 인생이 실패작이라거나 자기가 무능하고 패배했다고 믿는다. 그러면 옆에서 환자가 학교에서든 직장에서든 스포츠에서든 취미생활에서든 성취한 기억을 일깨워주어야 한다. 이렇게 물을 수 있다. "직장에서 프로젝트 진행하고 인정받은 적

있잖아?" "5K 로드레이스에서 파란리본을 받았을 때 기억나?" 눈앞의 현실적인 증거를 보면서도 반박하기란 쉽지 않다. 결과적으로 부정적인 믿음을 떨쳐내고 어느 정도 자신의 능력을 수용할 수 있다.

과거에 힘든 상황을 어떻게 헤쳐 나갔는지 묻는다

처음에는 힘든 일을 극복한 적이 없다고 부정할 수도 있다. 그러면 조심스럽게 그런 기억을 일깨워준다. 이렇게 말할 수 있다. "전에 어려운 프로젝트를 진행했고, 네가 … 했잖아." "…이 일어나서 네가 …할 수 있었던 적이 있잖아?" 이런 성공의 경험을 하나하나 인정하다 보면 자신감이 차오르고 기분도 좋아질 수 있다.

부정적인 생각의 이면을 탐색하게 해준다

그런 생각이 언제 어디서 시작되었나? 환자에게 부정적 생각 이면의 사건이 현재 진행 중이고 지금 괴롭히는지, 아니면 오래전에 지나간 일인지 물어보라. "…(부정적 생각이) 지금 막 떠올랐니? 최근에 떠오른 거니, 아니면 한동안 계속 생각한 거니?" 우울증 환자는 대개 과거의 경험에 사로잡힐 수 있다. 과거의 경험을 반복해서 떠올리는 반추rumination 현상은 우울증에 흔하지만 도움이 되지 않는다. 환자에게 지금 변화하기 위해 무엇을 할 수 있는지 물어보라. 과거에 기인하는 부정적 생각을 떨쳐내게 하라. 그러면 큰 위안을 얻을 수 있다.

| 표 6-1 | 지지 증거와 반박 증거

어떤 사건에 대한 생각이나 신념 또는 해석으로 괴로울 때 그 생각을 지지하는 증거와 반박하는 증거를 찾아보면 도움이 된다. 올바르지 않은 가정에 기초한 생각을 발견하면 바꿀 수 있다.

- **1단계**: 부정적이거나 괴롭히는 생각 찾아내기

- **2단계**: 이런 생각을 지지하거나 반박하는 증거 수집하기

  - 그렇게 생각한 구체적인 증거를 모아서 정확성을 확인한다.

  - 나를 잘 아는 사람들에게 이런 생각에 대한 현실적이고 솔직한 의견을 물어본다.

  - 부정적 믿음을 거스르는 경험을 찾아본다. 예를 들어 밖에 나가 활동하고 실제로 일어나는 현상을 관찰한다. 그러면 부정적 믿음을 거스르는 증거를 직접 확인할 것이다.

- **3단계**: 목록을 현실적으로 살펴보고 어떤 증거가 맞는지 확인하기. 자신에게 이렇게 물어보라. 그 믿음이 진실인가, 아니면 환경에서 영향을 받아 내재화한 메시지인가? 진실이라면 어떻게 바꿀 수 있을지 생각해보라.

신념이나 생각	지지하는 증거	반박하는 증거

긍정적 자질 함께 발견하기

우울증 삽화를 겪는 동안에는 자신의 힘과 자질과 성취 경험을 보지 못할 수 있다. 환자가 보는 세상이 어둡고 부정적인 렌즈로 혼탁해져서 자신에게 다시 일어설 힘이 있다는 것을 곧바로 부정할 수 있다. 그러면 자존감과 자신감이 떨어지고 우울증이 더 심해진다. 이런 고리를 끊기란 쉽지 않다.

가족이나 친구로서 지지해줄 때는 환자에게 자신의 힘(혹은 나약함)과 긍정적 자질과 성취 경험을 찾아보게 해줄 수 있다. 당신이 환자에게서 직접 발견하고 높이 사는 측면을 솔직하게 짚어준다. 환자가 당신의 의견을 받아들인다면 그런 자질을 기반으로 살아가도록 도와줄 수 있다. 환자는 유머 감각이 있거나 훌륭한 예술가나 빵을 잘 굽거나 진실한 친구이거나 컴퓨터를 잘 다룰 수 있다. 환자에게 조심스럽게 이런 자질을 일깨워서 더 발전시키도록 격려해준다. 환자가 자신의 강점과 약점, 긍정적 자질과 성격, 개인적 성취 경험을 정리해서 목록을 만들어보게 하면 더 좋다.

이렇게 해보는 것이 왜 중요할까? 우선 환자가 자신의 본질을 알아보고 자존감을 되찾는 데 강력한 도구가 된다. 향후 우울증을 막기 위한 예방책이 될 수 있다. 구체적인 방법과 기준을 정하는 과정에 관해 좀더 자세히 살펴보고 싶다면 나의 책 『기분을 관리하면 당신도 잘 살 수 있습니다』를 참조하라.

우울증이 보내는 경고 신호

우울증이나 양극성장애 환자는 우울증이나 조증이 심해지기 직전에 경고 신호를 보낸다. 경고 신호는 환자의 평소 생각이나 감정, 행동이나 조치, 일과 나 자기관리 습관, 눈에 띄게 달라진 모습을 말한다. 우울해지기 직전에 알아챌 수 있다. 경고 신호는 다음과 같다.

- 부정적인 생각이 많아짐
- 절망, 슬픔, 짜증, 불안, 피로가 늘어남
- 식욕 상실
- 수면장애
- 씻지 않는 등 개인위생 상태의 변화
- 일상생활의 어려움
- 평소 즐기던 활동에 흥미를 잃음
- 알코올 남용
- 학교 성적이 떨어짐

개인마다 고유하고 특징적인 경고 신호의 양상이 있다. 때로는 포착하기 어려울 수 있다. 환자가 보내는 경고 신호의 유형과 양상을 찾아보라. 경고 신호가 발견되면 전문가의 도움을 구하고 앞서 3장에서 소개한 '정신건강을 위한 기본 요소'를 잘 따라야 한다. 경고 신호를 조기에 발견하면 가족이 개입해서 우울증이나 양극성장애의 진행 경로를 바꿀 수 있다. 잰과 데이비드

"남편이 부쩍 짜증을 많이 내고 매일 술을 마시기 시작했어요."

- 15년 차 부부 잰과 데이비드의 이야기

잰은 지금 제정신이 아니다. 남편 데이비드와 15년간 결혼생활을 유지했고, 둘 사이에는 아홉 살과 열한 살짜리 자녀 둘이 있다. 잰은 밖에서 시간제로 일하고 데이비드는 컴퓨터 프로그래머로 일하는데 몇 달 전만 해도 그 일을 즐겼다. 그런데 몇 달 전부터 데이비드가 부쩍 짜증을 내고 침울하게 귀가하기 시작했고, 직장에서 무슨 일이 있었는지도 말하지 않았다. 평소의 데이비드답지 않았다. 잰은 영문을 모른 채 그저 업무상 쪼들리는 예산, 촉박한 마감 기한, 특히 최근 들어 자꾸 잔소리하는 상사 때문에 화가 났으리라 짐작할 뿐이었다. 데이비드가 입을 꾹 닫고 아무것도 말해주지 않아서 확신할 수는 없다.

데이비드는 아내와 아이들에게 화풀이하면서 아내의 요리나 아이들의 행동이나 집에 대해, 한마디로 모든 것에 대해 트집을 잡았다. 조깅과 운동도 그만두고 평소 즐기던 활동도 그만두고 아이들을 축구 경기와 생일파티에 데려다주지도 않았다. 친한 친구와 형에게서 오는 전화도 받지 않고, 너무 피곤하다고만 말했다.

잰은 데이비드가 한밤중에 잠을 못 이루고 맥주(맥주는 술이 아니라면서)나 위스키를 마시는 것을 몇 번 보았다. 최근에는 저녁에 퇴근하면서 위스키 한두 병을 가지고 들어왔다. 어느 날 잰은 서재에서 반쯤 마시고 숨겨둔 보드카를 발견했다. 잰이 걱정되어 주치의를 만나보라고 하자 데이비드는 화를 내며 자기를 좀 내버려 두라고 말했다.

잰은 아이들이 걱정되었다. 아이들이 데이비드의 행동을 보는 것이 싫고, 데이비드와 함께 차를 타는 것을 원하지 않았다. 잰은 집에 있는 술을 다 내다 버릴 생각이었다. 그리고 데이비드가 형과 친한 친구와 만나는 자리를 마련할 계획이다. 그들이 데이비드와 대화를 나누고 주치의를 만나도록 설득해주기를 기대하고 있다.

의 사례에서 유심히 관찰해야 할 우울증의 미묘한 경고 신호를 확인할 수 있다.

잰과 데이비드의 사례에서 보다시피 데이비드는 우울증의 경고 신호를 보낸다. 짜증을 내고 마음을 닫고 잠을 못 자고 술을 많이 마시고 일상생활을 해나가지 못했다. 잰은 이런 신호를 알아채고 전문가의 도움을 구하게 할 계획이다.

허용 가능한 경계선 정하기

　우울증이나 양극성장애 환자와 함께 살기 힘들다고 생각할 수 있다. 환자의 행동이 가정이나 사회에서 남들을 고통스럽게 만들 수 있다. 환자는 화를 내거나 짜증을 내거나 깊은 슬픔에 빠질 수 있다. 생각이 명료하지 않고 가족이나 다른 사람들에게 감정을 풀 수도 있다.

　앞에서도 밝혔듯이 환자의 가족으로서 우선 우울증이 무엇인지부터 이해해야 한다. 그렇다고 허용되지 않는 행동까지 허용해서는 안 된다. 필요할 때 경계선을 정하면 가족 전체의 삶이 편안해지고 삶의 질이 높아진다. 여기서 경계선이란 보호자와 환자 사이에 합의된 행동 규칙이나 제약이다. 경계선은 상황이 걷잡을 수 없이 나빠질 때 가족 전체에 안정감을 보장해준다. 환자에게 공감하면서도 단호한 태도로 경계선을 정해야 한다.

　다음은 시도할 방법이다. 환자와 함께 어떤 행동이 문제가 되고 사회적으로 용납되지 않는지에 관해 미리 합의한다. 물론 간단한 대화는 아니다. 환자가 고집을 피우고 순순히 따라오지 않을 수 있다. 무엇보다도 보호자로서 단호하고 일관된 태도를 유지하는 것이 중요하다. 우선 허용되는 행동과 허용되지 않는 행동부터 정의할 수 있다. 예를 들어 지난밤의 행동이나 술이나 마약 남용이나 몸을 씻지 않는 습관에 대한 제약을 명시할 수 있다. 그릇된 행동이 어떤 결과를 초래하는지 명확히 보여주고, 한번 경계선을 넘어도 다시 합의한 대로 준수하게 해야 한다. 다음으로 환자와 합의할 만한 경계선의 내용을 참조하라(Sheffield, 1998).

치료법과 약물치료 준수하기

환자가 온갖 이유로 정신과 치료제 복용을 중단할 수 있다. 예를 들면 정신과 치료제는 정신을 혼미하게 하거나 메스꺼움을 유발하거나 기타 부작용을 일으킬 수 있다. 또는 환자는 친구들과 회사에서 정신과 치료제를 먹는 것을 알게 되면 가혹하게 평가하지는 않을지 걱정할 수 있다.

우울증이나 양극성장애 환자는 길고도 지루한 대화치료(심리치료)에 진저리를 칠 수 있다. 대화치료에서 일상의 사건과 내밀한 감정을 말하는 과정을 힘들어할 수 있다. 치료 중에 강렬한 감정이 일어날 수 있다. 치료를 받으러 오가고 치료 일정을 확인하고 보험 관련 서류를 작성하고 약값을 내는 등의 모든 과정으로 인해 한두 번 치료에 빠지거나 치료를 중단할 수도 있다.

약물치료와 대화치료를 중단하면 회복하고 다시 건강해지는 데 방해가 된다. 팀을 만들어 환자가 치료를 지속하게 도와주는 방법이 있다. 보호자와 가족과 의료진이 힘을 합쳐서 환자가 치료에 협조하게 만드는 것이 가장 효과적이다. 환자가 약물치료를 중단한 이유를 확인하고 그 문제를 해결할 수 있을지 알아본다. 환자에게 꾸준히 치료를 받고 약을 먹으면 간절히 바라던 목표를 이룰 수 있을 거라고 일깨워준다. 가능한 모든 수단을 동원해서 환자가 치료 계획을 따르게 한다.

허용되지 않는 행동 정하기

때로는 가정에서 허용되지 않는 행동을 구체적으로 정해야 한다. 밤늦도록 잠을 자지 않는 것, 음주나 마약, 절도, 도박, 자기를 관리하지 않는 행동, 결석 또는 결근, 집안일을 돕지 않거나 책임을 나누지 않는 태도, 그밖에 가정을 파괴하는 모든 행동이 될 수 있다. 허용되는 행동과 허용되지 않는 행동을 단호하고 명확히 규정하고, 합의한 내용을 어긴 결과에 일관되게 대응해야 한다.

언어 폭력 허용하지 않기

우울증이나 양극성장애 환자는 예민하고 초조해서 통제력을 잃은 느낌에 사로잡히고 겉으로도 그렇게 보일 수 있다. 환자가 가족들을 모욕하고 폭언하는 경우에 관해 경계나 규칙을 정해야 할 수 있다. 환자에게 이런 행동은 용납되지 않는다는 메시지를 명확히 전달해야 한다. 이렇게 경계선을 정하면 환자가 감정에 대한 통제력을 회복할 수도 있다. 속으로는 경계선을 정해준 것을 감사할 수도 있다.

신체 폭력 허용하지 않기

신체 폭력의 경계선을 정해야 한다. 때리거나 주먹으로 벽을 치거나 주먹

다짐하거나 물건을 깨부수거나 그 밖에 여러 가지 폭력은 환자가 좌절감이나 분노를 표출하는 방법일 수 있다. 달리 감정을 표출하는 방법을 모르는 것이다. 그렇다고 폭력을 저질러도 되는 것은 아니다. 폭행은 절대로 허용해서는 안 된다.

다른 사람 조종하지 않기

우울증 환자는 사람들을 교묘히 조종해서 자기가 원하는 대로 끌고 가려 할 수 있다. 무력하거나 무능해 보이게끔 함으로써 가족이나 가까운 다른 사람들이 자기를 대신해 모든 일을 해주게 만들 수 있다. 여기에 넘어가서는 안 된다. 우울증과 양극성장애를 겪고 있더라도 혼자서 많은 일을 할 수 있다. 환자가 할 수 있는 일을 대신 해주지 말아야 한다. 무엇을 해주고 무엇을 해주지 않을지에 대한 기대치를 환자와 함께 정해야 한다.

엄한 사랑도 필요하다

환자가 시비를 걸거나 화내거나 폭력을 행사하거나 자신이나 가족이나 친구들에게 상처를 줄 수 있다. 이처럼 환자의 행동이 견디기 힘들어지면 엄한 사랑 전략으로 접근해 사랑하면서도 단호한 태도를 유지해야 한다.

엄한 사랑이란 문제를 겪는 아동이나 청소년 자녀에게 사랑과 애정을 보여주면서도 단호하고 일관되게 규율과 기대와 경계와 제약을 적용하고 잘못된 행동에 일관되게 대처하는 방법을 말한다. 청소년이나 청년기 자녀에게 자신의 행동을 스스로 선택하고 책임지고 (나쁜) 선택에 대한 책임도 스스로 지게 한다. 다만 환자에 대한 사랑이 바탕이 되어야 하고 환자를 위한 행동이어야 한다. 환자에게 거듭해서 사랑하고 아끼는 마음을 확인시켜주어야 한다.

환자가 무언가를 스스로 해보겠다고 명확히 의지를 보일 때까지 먼저 도와주지 않겠다는 의사를 명확히 전달한다. 아니면 청소년 환자가 치료를 따르고 자신의 안전을 지킬 수 있다는 것을 보여줄 때까지는 임시로 자녀의 권한을 빼앗을 수 있다.

뒤에서 다루겠지만 10장 〈청소년 자녀가 우울증인 부모 또는 부모가 우울증인 청소년〉에 제시할 재크의 사례를 보면 청소년에게서 우울증의 경고 신호를 알아채는 것이 얼마나 어려운지 알 수 있다. 자녀가 보통의 사춘기인지 우울증인지 판단하는 것이 어려울 수 있다. 재크의 사례는 재크가 자기를 안전하게 지킬 수 있다는 것을 보여주기 전까지 차 열쇠를 빼앗는 등 엄한 사랑으로 일상의 행동을 제약하는 방법이 부모에게 유용하고 책임 있는 행동이 될 수 있다는 것을 보여준다.

Chapter 07

상황을 바꿀 수 없다면
문제 대처에 집중하자

· 증상이 나타났을 때 즉시 할 수 있는 일 ·

"저에게는 상당히 우울해지는 경향이 있고
불안감 같은 심리적 문제가 있습니다.
운동은 그러한 악마를 쫓는 수단입니다."

– 라이언 레이놀즈(배우)

☹-☹-😐-😐-☺-😊

당신은 이 책을 펼치면서 '어떻게 시작하지?'라는 물음이 떠올랐을 것이다. 이제껏 보았듯이 가장 먼저 할 일은 환자의 옆을 지켜주고 경청하고 지지해주는 것이다. 환자가 자립하고 자신을 돌보게 해주어야 한다. 가족으로서 환자의 이런 노력을 격려해야 한다. 3장에서 언급한 '정신건강을 위한 기본 요인'을 지키게 하는 것도 중요하며, 다음으로 환자가 전문가에게 치료받도

| 표 7-1 | **보호자를 위한 조언**

- 옆에 있어주기
- 판단하지 않고 들어주기
- 적극적으로 경청하고 공감하면서 반응하기
- 지지하기
- 희망 잃지 않기
- 환자에 대한 현실적 기대치를 유지하기
- 환자가 부정적인 생각에 반박하도록 도와주기
- 환자에게 해주기로 약속한 일을 하기
- 우울증이나 양극성장애 증상 이해하기(이들 질환에 대해 배우기)
- 환자가 정신건강의 기본수칙을 지키도록 격려해주기
- 환자가 자녀라면 함께 경계선을 정하기
- 치료 속도 조절하기
- 치료 과정에서 진심으로 환자와 함께하고 있음을 알려주기

록 도와주는 데 집중해야 한다. 환자가 치료받기 시작하면 〈표 7-1〉의 보호자를 위한 조언을 기억하자. 우울증 환자가 치료에 반응하기까지는 몇 주가 걸릴 수 있다. 이때가 가장 힘든 시간이다. 가족은 환자가 인내심을 발휘하고 치료 계획에 따르도록 격려해주어야 한다.

이 장에서는 환자를 도와줄 방법 몇 가지를 제안한다. 각 방법은 우울증의 주요 증상을 중심으로 구성된다. 환자가 여러 증상을 동시에 경험할 수 있고 개인마다 증상의 조합이 다르다는 점을 기억해야 한다. 다음의 제안을 중심으로 환자에게 접근할 방법을 조율해야 한다.

달라진 기분 증상에 대처하는 법

환자가 슬퍼하거나 화를 내면 우선 귀담아 들어주고 그 감정을 인정해줄 수 있다. 개방형 질문을 던져서 환자에게 따져 묻지 않으면서 스스로 감정을 탐색하게 해줄 수 있다. "오늘 무척 슬퍼(화가 나) 보이네"라고 물을 수 있다. 이 질문에 마음을 열고 말하는 사람도 있다. 하지만 아무런 반응을 보이지 않는다면 이어서 "왜 그런 거 같아? 무슨 일이 있었어?"라고 물을 수 있다. 그러면 환자는 자신의 슬픔이 어떤 구체적인 사건과 관련이 없다는 것을 깨달을 수 있다. 혹은 중요한 상실이나 좌절처럼 구체적인 어떤 사건 때문에 슬프다는 것을 알아챌 수도 있다. 원인이 한 가지일 수도 있고 여러 가지일 수도 있다.

슬픔이나 분노의 원인을 알았으면 환자가 그 문제의 해결책을 고민하게 해줄 수 있다. 환자가 상실을 회복하거나 대체하거나 상실이 미치는 영향을 바꾸기 위해 할 수 있는 일이 있는가? 있다면 해결책을 찾도록 도와준다. 다음은 효과적인 문제 해결 전략이다.

1. 문제를 확인한다.
2. 문제에 관한 구체적인 정보를 찾는다.
3. 선택지와 대안을 고민한다.
4. 문제를 해결하는 데 필요한 단계를 알아본다.
5. 환자를 지지해줄 사람을 찾는다.

대처 전략

이미 벌어진 상황을 바꿀 수 없다면 문제에 대처하는 쪽으로 논점을 바꿔보자.

대처한다는 것이 무슨 뜻일까? 대처 전략이란 일상의 스트레스와 난관을 해소하기 위해 시도하는 방법이다. 사람들은 다양한 대처 전략을 사용한다. 주의를 분산시키는 활동, 이완 훈련, 자기 위로 전략, 마음챙김 명상, 운동, 유머, 그 밖에도 다양한 기법이 있다. 우선 환자에게 과거에 유사하게 슬프거나 상실감에 빠졌을 때 어떻게 대처해서 극복했는지 물어보자. "전에 이런 기분일 때는 어떻게 하면 도움이 되었니?" 환자가 운동이나 유머와 같은 전략을 생각해내면 지금도 그 방법을 시도할 수 있는지 물어본다. "지금 조깅하러 나가거나 넷플릭스에서 뭐라도 볼래?" 비슷한 상황에 처한 다른 사람들에게 도

움이 된 방법이다. 그 밖에도 환자가 시도할만한 효과적인 대처 전략을 알아
보자.

문제에서 주의를 분산시키기

사교 활동, 취미, 운동, 스포츠, 독서, 퍼즐, 음악, 영화, 자원봉사에 초점을 맞
춘다.

이완 기법

허버트 벤슨은 『이완반응』에서 간단한 이완 기법을 소개했다. 우선 한 번에
하나의 근육군을 이완한다. 긴장이 모두 풀릴 때까지 하나씩 다음 근육군으로
넘어가면서 서서히 이완한다. 마음챙김 명상도 일상에서 쉽게 적용할 수 있는
기법이다(Kabat-Zinn, 1994). 이완 기법에서는 의도적이고 비판단적으로 현재 상
태에 주의를 기울이며 현재에 머문다. 과거나 미래에 대한 걱정을 떨쳐낸다.

마음챙김 명상

많은 사람이 하루에 한 번이나 이상적으로는 두 번씩, 각 5분간 마음챙김 명
상으로 도움을 받는다. 다음의 방법으로 진행한다.
  - 편안한 의자에 앉는다.
  - 눈을 감는다.
  - 호흡을 의식한다.
  - 매번 호흡에 집중한다.
  - 지금 이 순간, 호흡과 주변의 소리와 신체의 모든 감각에 집중한다.

- 느껴지고 보이고 들리는 것을 판단하지 않고 관찰한다.

- 호흡을 들이쉬고 내쉬면서 계속 집중한다.

- 다른 생각이 침투해도 그 생각이나 자신을 판단하지 않고 그대로 떠오르게 놔둔다.

- 다시 호흡에 집중한다.

유머

재미있는 영화나 텔레비전 프로그램을 보거나 재미있는 책을 읽는다.

자기 위안 전략

몸의 다섯 가지 감각과 관련이 있다.

- 시각: 즐거운 것을 보기

- 미각: 좋은 음식을 요리해서 먹기

- 후각: 향기로운 꽃을 사거나 좋아하는 향이 나는 로션 바르기

- 촉각: 포근하고 편안한 옷을 입거나 마사지 받기

- 청각: 차분한 음악이나 자연의 소리 듣기

일상 유지

정해진 일과를 따르고 체계적인 일상을 유지한다. 특히 기분장애 환자에게 도움이 되는 전략이다. 우선 다음 중 한 가지 이상을 시도하라.

- 해야 할 일의 우선순위를 정한다. 목록을 만들고 계획을 세운다(노트나 전자 기기를 활용).

- 큰 과제를 작은 단계로 나눈다.
- 즐거운 활동과 긍정적인 사건을 하루의 일과에 넣는다.
- 가족과 친구와 계속 연락하고 지낸다.

삶의 자잘한 스트레스 요인 관리

일과의 우선순위를 정하고 해야 할 일의 목록을 만들고 할 일을 적어본다.

우울증 환자는 짜증이 심해질 때 스스로 통제할 수 없다고 느낀다. 자꾸 시비를 걸고 과로, 난폭 운전, 과소비, 술이나 약물 남용, 과도한 성생활에 빠질 수 있다. 성인 남자와 청소년에게 많이 나타나는 행동이다. 당신의 가족이 이런 경우라면 엄청난 인내심이 필요하다. 옆에서 가족이 안정성과 규칙적인 일과와 가정의 체계를 잡아주어야 한다. 기대치를 정하고 환자의 행동에 대한 제약을 정하고 집에서 술병을 치워야 할 수 있다. 환자가 저항할 수도 있다. 그래도 침착하고 단호한 태도를 고수하고 절대 물러서서는 안 된다.

모든 일에 관심을 잃고 즐거움이 줄어듦

우울증에 걸리면 자신의 삶과 전에 즐기던 일에 관심을 잃을 수 있다. 이제 모든 것이 재미없고 시간과 에너지의 낭비로 보일 수 있다. 직장이든 학교든 친구든 취미든 스포츠든, 다 무슨 소용이지? 소파에 앉아 TV를 보거나 방에서 멍하니 벽만 쳐다보며 혼자 있고 싶어 할 수 있다. 가족으로서 현재 환자가 감당할 수 있는 수준에서 평소 즐기던 활동으로 한 걸음씩 다가가게 해주어야 한다. 꼭 그 경험을 즐겨야 하는 것은 아니다. 일단은 시도만 해도 충분히 가치가 있다. 예를 들어 환자가 전에 자전거 타는 것을 좋아했다면 "오늘 날씨가 참 좋아, 밖에 나가고 싶어. 너도 같이 나가서 잠깐 산책하면 참 좋겠어. 전에 그 아이스크림 가게에 다녀올 수도 있고"라고 말할 수 있다. 환자가 긍정적인 반응을 보일 수도 있고 아닐 수도 있다.

기준을 너무 높게 잡지 말되, 포기해서도 안 된다. 여기서도 행동이 동기에 앞선다는 원칙이 적용된다. 환자가 흥미를 보이거나 동기가 생길 때까지 기다렸다가 행동하거나 활동에 참여해야 하는 것은 아니다. 뭐든 일단 시작하면 동기가 뒤따라오고 탄력이 붙을 것이다.

환자에게 관심이 있거나 평소 즐기던 활동을 찾아보거나 목록으로 정리하라고 요청할 수 있다. 그 다음 환자가 참여할 기회를 준다. 기회를 주면 환자가 그 활동을 해볼 가능성이 커진다. 환자가 가족의 애완견을 좋아한다면 강아지를 산책시켜달라고 부탁한다. 그러면 밖에 나가서 시간을 보내고 당신을 도와주는 즐거움을 누릴 수 있다. 환자가 떠올릴 만한 기분 좋은 활동에 관한 예시는 〈표 3-6〉을 참조하라. 결국 환자가 몇 가지를 직접 해볼 수 있다.

우울증이 동반하는 삶에 대한 흥미 상실은 애너의 사례에서 확인할 수 있는데, 약간의 인내심을 발휘하고 작은 단계를 밟는 방법을 통해 상황을 되돌릴 수 있었다. 결국 환자는 일상과 자기 관리 습관과 평소 즐기던 활동의 일부만이라도 다시 해보려 노력할 때 회복할 힘과 동기를 끌어낼 수 있다.

"행동이 먼저, 동기는 그 후에 따라온다."

– 18세 애너의 이야기

애너는 고등학교 고학년으로 18개월 전에 처음 우울증 증상을 경험했다. 늘 슬프고 평소보다 짜증이 심해지고 먹는 데도 관심이 없고 평소 좋아하던 방과 후 활동에도 흥미를 잃었다. 학교 성적이 떨어져 신경이 쓰여 기운이 없어서 공부에 집중할 수 없었다. 원하는 거라고는 하루 18시간씩 자고 부모님과 친구들이 자기를 방에서 끌어내려 하지 않는 것뿐이었다. 애너는 자기가 쓸모없는 패배자라는 기분에 시달리고 나아질 희망을 보지 못했다.

부모님은 애너가 억지로라도 주치의를 만나고 심리치료자도 만나게 해서 원래의 모습을 되찾게 해주고 싶었다. 치료자가 애너에게 한 가지 조언을 했고, 그 말이 큰 울림을 주었다. "행동이 동기에 앞선다." 뭐든 하고 싶지 않아도 계속해보라는 뜻이었다. 애너는 육체적으로든 정서적으로든 그럴 기운이 남아있는지도 알 수 없었고, 그런다고 해서 이런저런 활동에 대한 이전의 동기와 호기심이 되살아날지도 알 수 없었지만 일단 가족과 치료자에게 도움을 받아 해보기로 했다. 애너는 시작해보면 그 활동을 하기 위한 호기심과 욕구와 동기가 서서히 살아날 거라는 치료자의 말을 믿었다. 그런데 시작하는 것이 어려웠!

그래서 아침에 눈을 뜨고 어둡고 음울한 우울증의 하루가 시작될 때마다 아무리 기운이 없고 피곤해도 그날 시도할 일 한 가지를 떠올렸다. 처음 며칠은 샤워하고 깨끗한 옷으로 갈아입는 것부터 시작했다. 그러다보니 스스로 이런 것을 할 수 있고 하고 나면 기분이 좋아지는 것을 깨닫고 놀랐다. 다음으로 식사를 거르거나 방에서 누워만 있지 않고 가족과 함께 저녁을 먹으러 나오는 정도까지 발전했다. 애너는 이런 일이 생각보다 에너지가 많이 필요하다는 것을 깨달았다. 사람들 앞에 자기를 보여주어야 하고 사소한 잡담에 집중하려고 노력해야 했기 때문이다. 그래도 거의 매일 저녁에 원하지 않는데도 시도하고 또 시도했고, 결국에는 혼자 있는 것보다 가족과 함께 저녁을 먹는 것이 낫다는 것을 깨달았다.

다음으로 친한 친구 클로디어가 집으로 찾아와 같이 나가서 동네 한 바퀴 돌고 오자고 제안했다. 애너는 속으로 '안 돼. 그건 너무 힘들어!'라고 생각했다. 하지만 그냥 따라나섰고, 얼마 후에는 혼자서 가족의 강아지를 데리고 나가 산책시키고 클로디어의 집 뒤뜰에서 축구공을 차기도 했다. 활동이 늘어날수록 그 활동을 하는 것이 수월해지고 할 수 있는 일도 많아지고 결국 하고 싶은 일도 많아졌다. 다시 동기가 생기고, 그 덕에 힘이 났다.

식욕이나 체중의 변화

우울하면 식욕에도 변화가 생길 수 있다. 배가 고프든 아니든 항상 뭔가 먹고 싶을 수도 있고 먹는 데 흥미를 잃을 수도 있다. 그래서 과도하게 많이 먹거나 적게 먹어서 의도치 않게 2주에 걸쳐 체중이 2킬로그램 이상 증가하거나 감소할 수 있다. 그러면 우울증도 심해지고 자기 몸에 대한 부정적인 이미지도 심해진다. 패스트푸드나 정크푸드만 먹을 수도 있다.

잘못된 식습관은 몸과 뇌의 기능과 피로도에도 영향을 미칠 수 있다. 환자를 위해 건강하고 균형 잡힌 식단을 권하고 식사를 거르거나 패스트푸드에 의존하지 않고 건강한 식사 계획을 따르도록 도와주어야 한다. 집 안에 건강하지 않은 간식을 사두지 않고 집에서나 외식할 때나 보호자가 먼저 모범을 보여주어야 한다. 환자와 함께 해보라. 함께 식료품 목록을 정리하고 같이 장을 보러 가서 환자가 원하는 건강한 식품을 고르고 식사 준비도 돕게 한다.

잠자는 데 어려움을 겪음

단극성 우울증이든 양극성 우울증이든 잠을 제대로 자지 못하는 경우가 흔하다. 잠들지 못하거나 깊이 자지 못할 수도 있고, 자다가 자주 깰 수도 있고, 아침에 너무 일찍 깰 수도 있다. 평소보다 오래 자고 낮잠을 많이 자거나, 너무 적게 잘 수도 있다. 모두 우울증의 증상일 수 있고, 환자는 의사에게 수면 문제도 알려야 한다. 양극성장애의 조증이나 경조증이라면 기운이 넘쳐

수면욕을 느끼지 못하거나 자더라도 쪽잠을 잘 수 있다.

미국수면학회의 수면 위생 지침이라는 건강한 수면을 위한 권장사항은 〈표 3-2〉에서 확인할 수 있다. 수면 위생 지침은 누구에게나 유용하지만, 특히 기분장애 환자에게 큰 도움이 된다.

초조해하거나 행동이 느려짐

우울증을 앓으면 유난히 안절부절못하고 초조해하면서 이리저리 돌아다니며 가만히 앉아있지 못하는 충동에 사로잡힐 수 있다. 불안과는 다르다. 반대로 몸이 느려지기도 하지만 피로감과는 다르다. 누군가는 코끼리에 깔리거나 당밀 속을 뚫고 가는 느낌이라고 말한다. 환자가 이 두 가지 중 한 가지에 해당한다면 의사와 이 문제를 상의해야 한다. 규칙적인 운동이 도움이 될 수 있다.

쉽게 피로해하고 지침

우울증 삽화가 나타나면 금방 피곤해지고 지칠 수 있다. 몸과 머리와 마음이 지칠 수 있다. 몸이 피로하면 기운이 빠지고 싫증이 나고 운동 능력이 떨어질 수 있다. 머리가 피로하면 생각이 둔해지거나 주의력이 떨어지거나 집중하기 힘들어질 수 있다. 마음이 피로하면 동기가 생기지 않거나 무관심하거나 지루해질 수 있다. 이때의 피로는 우울증 증상이거나 약물 부작용이거나 불면증이나 잘못된 수면 습관의 결과일 수 있다. 환자가 피로에 관해 의사와 상의하게 해야 한다.

환자가 피로를 느낀다면 정신건강의 기본 요소를 따르게 해야 한다. 하루 7~8시간을 목표로 매일 일정 시간에 자게 해야 한다. 건강하고 균형 잡힌 식단과 적당한 수분(하루에 물 8잔)을 섭취하는 것도 우울증에 도움이 된다. 규칙적인 운동도 도움이 된다. 환자와 함께 일주일에 몇 시간 정도 가볍게 동네 산책을 하거나 빠르게 걸을 수 있다. 이런 방법이 당신이나 환자의 생각을 거스르는 듯 보일 수 있다. 어떻게 피곤한 사람이 밖에 나가서 운동할 수 있느냐고 의아해할 수 있다. 그런데 사실 규칙적으로 운동하면 오히려 피로가 풀릴 수 있다. 환자가 운동의 긍정적인 효과에 기분 좋게 놀랄 수 있다.

무가치감 또는 죄책감에 시달림

우울증 환자는 아무 이유도 없이 무가치감이나 죄책감에 시달린다. 환자가 무가치감을 호소할 때 가장 좋은 반응은 열심히 들어주고 공감해주는 것이다. 우선 "왜 네가 무가치하다는 생각이 들어?(왜 죄책감이 들까?)"라고 물을 수 있다. 환자에게 그 생각에 이르게 된 이유를 들어본다. 무가치감의 이면에는 왜곡되고 부정적인 사고가 있을 수 있다. 그러면 무엇이 사실이고 무엇이 왜곡된 생각인지 알아본다. 환자에게 이렇게 물어볼 수 있다. "네 삶이 무가치한 것 같구나. 몹시 고통스럽겠네. 그렇게 생각하게 된 이유를 더 말해줄 수 있니?" 그런 다음 환자가 사실에 주목하게 만든다. 그리고 환자가 과거에 이룬 성공을 일깨워준다.

환자가 직장에서 무가치감에 시달리는 것 같으면, "지난달에 프로젝트를 계획보다 일찍 마무리해서 칭찬받았다고 했잖아. 그 뒤로 직장에서 네 평판이 어떻게 달라졌어?"라고 물을 수 있다. 현재 환자가 느끼는 감정과 어긋나는 과거의 성공 경험을 일깨워주는 데 목적이 있다. 6장의 〈표 6-1〉에 제시한 지지 증거와 반박 증거를 찾는 연습이 도움이 될 수 있다.

환자가 통제하지 못하는 무언가에 죄책감을 느낀다면 그런 감정을 느끼는 이유와 그 이면의 사실에 관해 물을 수 있다. "이런 상황의 어떤 면에 죄책감을 느끼니? 네 행동 때문에 이런 결과가 나온 거 같아?" 환자가 사건에 관여한 정도와 다른 사람에 대해 책임져야 할지 여부를 알아보자. 환자가 느끼는 죄책감을 뒷받침하는 확실한 근거가 없다면 죄책감을 떨쳐낼 가능성이 크다.

사고력, 주의력, 집중력 저하

집중하지 못하는 것은 우울증의 가장 흔한 증상 중 하나다. 환자가 날마다 정신적으로 복잡한 과제를 수행하거나 중요한 결정을 내리던 사람이라면 좌절감이 유독 심할 수 있다. 집중력 저하는 독서와 대화에도 영향을 미치고 영화나 TV를 보는 등의 여가 활동에도 영향을 미칠 수 있다. 성가신 문제이고 일상에서 최선을 다해 살아가는 데 방해가 될 수 있다. 환자가 주변에서 집중할 만한 무언가를 찾도록 도와줄 필요가 있다. 아래는 환자에게 도움이 될 만한 방법이다.

- 매일 포스트잇이나 종이나 태블릿, 스마트폰 등의 전자 기기를 가지고 다니면서 메모한다.
- 일정표(종이나 전자 장치)에 회의와 약속을 기록한다.
- 단체 회의나 개인 회의, 미팅 자리에서 메모한다. 먼저 그 자리의 다른 사람들에게 허락을 구해야 한다.
- 큰 과제를 작은 단계로 나누고 한 번에 한 가지씩 해결한다.
- 한 번에 한 가지에 집중한다. 동시에 여러 가지를 해결하지 않는다.
- 책은 천천히 읽고 필요하면 그 단락을 다시 읽는다. 필요하면 메모한다.
- 여가를 위해서는 장편영화보다 길이가 짧은 TV 프로그램을 시청한다.
- 거절하는 법을 배운다. 우울증이 생기면 당장 현실적으로 할 수 있는 일의 한계를 받아들여야 할 수도 있다. 무슨 일을 얼마나 많이 할지를 신중히 생각해야 한다. 가령 시간을 들여야 하는 요청이 너무 버겁게 느껴진다면 거절하는 법을 배워야 한다. 직장이나 학교에 시간제로 나가거나 잠시 휴학하거나 휴가를 낼 수도 있다.

죽음을 생각하거나 자살 계획을 세움

우울증 환자는 죽음이나 자살을 생각할 수 있다. 자살하고 싶다고 생각할 수도 있고, 막연히 '살고 싶지' 않다고 말할 수도 있다. 환자가 남들에게 짐이 되고 싶지 않다거나 살아갈 이유가 없다거나 마음의 고통을 감당할 수 없다고 말할 수 있다. 환자의 행동이나 자기 관리 습관에 급격한 변화가 나타날 수 있다. 흥미를 잃고 위축되고 사람들과 어울리지 않거나 수면이나 식습관에 변화가 일어나고 약물이나 술을 남용할 수 있다. 혹은 최근에 인생에서 중요한 사람을 잃었을 수도 있다. 자살의 경고 신호는 다음에 이어지는 8장 〈자살을 생각하거나 행동에 옮기려 할 때〉의 〈표 8-1〉에서 소개하고, 자살 위험 요인은 〈표 8-2〉에서 소개한다. 자살 생각은 떠올랐다가 가라앉았을 수 있다. 그렇더라도 자살이란 말을 들었다면 심각하게 받아들여야 한다.

환자가 자살을 계획하거나 의도하는 신호가 나타나면 당장 담당의에게 연락하거나 가까운 응급실에 데려가 전문가의 도움을 구해야 한다. 그사이 자살에 사용할 수 있는 물건(약물이나 총기)을 치우고 절대로 환자를 혼자 두면 안 된다. 자세한 내용은 8장을 참고하라.

〈 Chapter 08 〉

자기 자신을 해치려는
경고 신호를 무시하지 말라

• 자살을 생각하거나 행동에 옮기려 할 때 •

"몸 밖으로 전혀 드러나지 않는 상처는
겉으로 피를 흘리는 상처보다 더 깊고 아프다."

– 로렐 K. 해밀턴(작가)

자살 충동은 왜 일어날까?

우울증이 심해지면 자해나 자살을 생각할 수 있다. 당신의 가족이나 친구가 그럴 수도 있고 아닐 수도 있지만 알아둘 필요가 있다. 자살은 고통스러운 현실을 바꿀 길이 없다는 생각에서 충동적으로 저지르는 행동으로 보인다. 자살 생각과 자살 행동은 심각한 정서적 고통이나 스트레스가 고통을 감당하는 능력을 초과할 때 일어난다. 대개 당장 혼란과 고통이 심해서 뇌의 논리 영역에서 왜곡된 생각을 바꾸지 못하는 것이다. 자살 행동은 가족과 친구들에게 엄청난 충격을 준다. 그동안 환자가 그렇게 충동적으로 보이지 않고 고통을 마음속 깊이 감추었기 때문이다.

정신건강 전문가들은 살고 싶지 않은 사람들의 사고 양상에서 남들과 다른 차이를 관찰해서 적극적 자살 상상, 수동적 자살 상상, 만성과 급성으로 분류했다. 우선 더 살고 싶지 않고 구체적으로 죽을 계획을 세우는 사람은 적극적 자살 상상을 하는 것이다. 더 살고 싶지도 않지만 계획이 없는 사람은 수동적 자살 상상을 하는 것이다. 이것도 심각한 상태로 여겨진다. 기분장애나 물질 남용으로 명료하고 논리적으로 사고하지 못하는 환자가 삶의 주요 스트레스를 겪으면 수동적 자살 상상이 곧바로 '적극적'이 될 수 있기 때문이다. 만성은 오랫동안, 대개 몇 달에 걸쳐 자살을 생각했다는 뜻이다. 급성은 최근에 자살 생각이 시작되었다는 뜻이다. 가족이나 친구는 환자에게서 이런 특징을 알아채지 못한다. 따라서 환자가 전에도 자살하고 싶다고 말한 적이 있다고 해도, 언제든 다시 자살을 언급하면 긴급전화로 도움을 요청하고 환자가 진단 단계를 거치게 해야 한다.

세계적으로 정확한 자살률을 확인하기는 어렵다. 다만 세계에서 매년 약 80만 명이 자살로 생을 마감하는 것으로 추정된다(세계보건기구, 2018). 자살률은 같은 국가 안에서도 다르고 국가별로도 다르다. 경제 상황과 문화적 차이, 전통적인 사회와 가족의 지지 붕괴, 사회경제적 지위가 낮은 지역, 알코올과 약물 사용의 증가로 인해 차이가 발생하기 때문이다.

미국에서 자살로 사망한 사람의 절반 이상이 사망 당시 정신건강 질환을 진단받지 않은 것으로 나타났다(미국 질병통제예방센터, 2018). 자살은 어느 한 가지 이유로 발생하지 않는데 보고서에 따르면 한 사람의 생명을 앗아가는 데는 다양한 요인이 작용한다고 밝혔다. ① 인간관계 문제나 상실, ② 약물 남용, ③ 건강 문제, ④ 직장이나 재정/금전 스트레스, ⑤ 기타 생활 스트레스, ⑥ 최근이나 곧 다가올 생활 위기, ⑦ 법적 문제, ⑧ 주거 스트레스 등이다.

심각한 생활양식 문제를 겪는 사람이 위험하다. 문화적 태도에 영향을 받을 수도 있다. 같은 보고서에 따르면 정신건강 문제가 없이 자살로 사망한 경우는 남성이나 소수인종이나 소수민족일 가능성이 높고 이들은 도움을 구할 가능성이 낮은 것으로 나타났다. 최근에 학교 따돌림이 청소년의 주요 문제로 부각되는 사이, 따돌림이 자살의 직접적인 원인은 아닌 것으로 밝혀졌지만(미국 질병통제예방센터, 2014) 최근의 연구에서는 연관성이 있고 따돌림이 자살 생각과 행동에 중요한 영향을 미치는 것으로 나타났다(Lardier, 2016). 자살 행동의 이유를 설명해주는 한 가지 가설에서는 자살 행동은 개인의 취약성이나 성향과 관계가 있고(이전의 외상이나 역경, 가족의 유전, 절망감, 약물 남용, 최근의 주요 상실), 취약한 개인이 주요 스트레스 사건(급성 정신과 질환, 인간관계 문제, 생활사건 등)을 겪으면 충동적으로 자살 행동을 보이는 것으로 설명한다.

많은 전문가가 자살을 이해하기 위해 다양한 자살 이론을 제안했지만 모든 사람과 상황에 적합한 한 가지 모형은 없다. 다음은 몇 가지 자살 이론이다.

- 절망감
- 의미 있는 관계의 부재
- 감당하기 힘든 심리적 고통
- 경직된 사고
- 문제와 상실에 대처하지 못함
- 인간관계 손상
- 상실이나 유기
- 손상된 자아상
- 기준이나 기대에 미치지 못함
- 좌절
- 자기 비난

일부 연령 집단은 자해나 자살 생각에 더 취약할 수 있다. 많은 아이가 청소년기를 힘들게 보낸다. 이 시기에는 학교 성적도 좋아야 하고 친구들과도 잘 어울려야 한다는 중압감이 심하다. 자존감도 떨어지고 자기 회의에 빠지기도 한다. 청소년기에는 충동적 행동도 보인다. 그리고 노년기에는 외로움, 친구와 가족 상실, 생활양식을 제약할 정도의 신체적 손상, 의학적 문제와 만성 통증, 은퇴, 독립성과 목적의식 상실을 겪을 수 있다.

자살 생각과 자살 행동은 정신의료의 응급상황으로 여겨진다. 즉각적인 개입이 필요하다는 뜻이다. 당신의 가족에게서 자살 생각의 신호가 나타나면 응급상황으로 간주하고 아래에 소개하는 절차에 따라 진단받게 해야 한다.

자살의 경고 신호

우울증을 앓는 가족이 있으면 자살의 경고 신호를 유심히 살펴야 한다(〈표 8-1〉 참조). 자살의 경고 신호는 환자의 말이나 행동이나 생각에서 당신이나 남들이 알아챌 정도의 뚜렷한 변화를 뜻한다. 예의 주시해야 하는 신호다. 자살의 경고 신호로는 죽음이나 자살을 입에 올리거나 자살 계획을 세우거나 심각한 절망감에 빠지거나 행동에 급격한 변화가 나타나거나 평소의 활동을 멈추거나 사람들이나 사회활동에 흥미를 잃는 모습 등이 있다.

또는 이렇게 투덜댈 수도 있다. "애초에 태어나지 않았으면 좋았을 텐데."

| 표 8-1 | 자살의 경고 신호

대화의 변화
- 자살하겠다거나 자살 계획을 세우고 있다고 말한다.
- 자기는 살아갈 이유가 없다고 생각한다.
- 남에게 짐이 될까 봐 걱정한다.
- 견딜 수 없는 정서적 고통에 시달린다.

행동의 변화
- 술을 많이 마시고 마약을 한다.
- 자살할 방법을 알아본다.
- 무모하게 행동한다.
- 활동과 일상에서 움츠러든다.
- 가족과 친구들에게서 자신을 소외시킨다.
- 지나치게 많이 자거나 적게 잔다.
- 사람들에게 잘 지내라고 말한다.
- 물건을 남에게 준다.
- 과격하게 행동한다.

기분의 변화
- 우울
- 흥미 상실
- 분노, 짜증
- 굴욕
- 불안

출처: 미국자살예방재단(AFSP), www.afsp.org

"차라리 죽는 게 나아." "나 빼고 다 잘 사는 것 같아." 애지중지하던 물건을 주변 사람들에게 나눠주거나 친구와 가족을 만나지 않거나 술이나 마약에 손을 대거나 사용량이 늘기도 한다. 환자의 말이나 행동을 유심히 관찰해야 한다. 그리고 환자가 자기를 해치려 한다는 경고로 진지하게 받아들여야 한다.

리의 사례에서는 심각한 스트레스와 상실이 사회적 지지도 없이 거절당하고 소외당하는 느낌과 결합하면 평소의 대처 기술을 쓸 수 없을 만큼 취약해진 사람에게 우울증과 자살 생각을 불러일으킨다는 것을 알 수 있다.

자살의 위험 가능성을 높이는 요인

자살의 위험 요인은 어떤 사람의 생애를 근거로 자살 가능성이 높다고 알려줄 뿐이지 그 사람이 반드시 자살한다는 뜻은 아니다. 자살의 위험 요인은 행동이나 말에서 뚜렷한 변화가 나타나는 자살의 경고 신호와는 다르다.

〈표 8-2〉로 정리한 자살의 위험 요인으로는 과거 자살 시도, 자살의 가족력, 외상이나 학대나 생애 초기의 역경, 술이나 약물 남용, 절망감, 남성, 혼자 살거나 사회적으로 고립된 상태 등이다. 재향군인, 특히 외상후스트레스장애(PTSD)가 있는 재향군인의 자살 위험이 높다는 의견도 있다. 청소년의 사이버 따돌림이 자살 위험을 높이는지에 관해서는 연구 결과가 일관되지 않다. 현재는 그럴 가능성이 있다고 보는 쪽으로 기울었다. 이런 위험 요인이 가족이나 친구에게 적용될 수도 있고 아닐 수도 있다.

경고 신호를 읽었다면 무엇을 해야 할까?

가족이나 친구가 자해나 자살을 언급하면 우선 같이 앉아 감정과 죽음이나 자살 생각에 관해 대화를 나눠야 한다. 중립적이고 침착한 자세를 유지해

> "가족에게조차 거절당하고 소외되는 것 같아 괴로웠어요."
>
> – 50세 리의 이야기

리는 얼마 전 23년의 결혼생활 끝에 이혼했다. 남편이 한참 어린 여자와 바람이 나서 리를 떠났다. 리는 비참한 처지로 내몰렸다. 리에게는 가족이 전부였는데 이제 두 아들도 장성해서 다른 지역으로 떠나고(한 명은 대학에 다니고, 한 명은 직장에 다닌다) 리는 혼자 산다. 이혼한 뒤 리의 사교 생활이 크게 달라졌다. 이전의 사교 활동이 중단되었다. '부부의' 친구들이 연락하지 않아서 리는 혼자 소외감에 빠졌다. 돈이 들어오는 곳도 줄어서 경제적으로도 힘들어졌다. 아는 사람이 많은 한적한 주택가를 떠나 인사 나눌 사람 하나 없는 먼 동네의 시끄러운 아파트로 이사해야 했다. 이혼한 남편은 이혼 수당을 주지 않으려고 했다. 리는 일자리를 알아보고 있지만 20년간 가정주부로 사느라 정식으로 일해본 적도 없고 가진 기술도 없어서 아직은 아무 성과를 내지 못했다.

리는 슬프고 자꾸만 눈물이 나고 사랑받지 못하는 느낌에 사로잡히고 최근에는 절망과 우울에 빠져서 밤잠을 설치고 잘 먹지도 못한다. 예전에 다친 오른쪽 무릎 통증이 최근에 심해져서 평소 건강을 위해 다니던 산책도 그만두었다. 리는 앞날이 걱정되었다. 어떻게 먹고 살지, 하루하루를 어떻게 견딜지. 게다가 두 아들과도 가깝다는 느낌이 들지 않았다. 아들들이 아빠를 더 좋아하는 것 같아 마음이 아팠다. 밤마다 외롭고 버림받은 기분으로 혼자서 와인 한 병을 다 마셨다. 전에 힘들 때 통하던 대처 기술도 이제는 소용이 없어 보이고, 애초에 그런 데 관심도 없었다. 간밤에는 마음이 괴로워서 나 하나 떠나도 아무도 그리워하지 않을 거고 내가 없으면 다들 더 잘 살 거라는 생각마저 들었다. 리는 자식들에게 짐이 되고 싶지 않았고, 앞날이 보이지 않았다. 그동안 한 알, 두 알 모아둔 약을 한 줌 집었다. 그 약이 영원한 안식을 가져다줄 것만 같았다. 바로 그때 오랜 친구가 초인종을 눌렀다. 친구는 당장 정신건강 전문가에게 치료받게 해서 리의 목숨을 구해주었다.

야 한다. 지지하고 공감해야 한다. 온전히 집중하고 경청하면서 환자가 고통스러운 감정을 털어놓게 해주어야 한다. 환자의 자살에 대한 믿음과 태도에 동의하지 않아도(당신은 자살이 잘못이라고 생각하고 환자는 합리적 선택이라고 생각한다) 일단 당신의 생각을 분리해서 중립적으로 대해야 한다.

사실 자살에 관해 듣거나 대화를 나누는 것 자체가 무서울 수 있다. 이런

| 표 8-2 | **자살의 위험 요인**

※ 자살 위험 요인은 어떤 사람의 생애에서 자신을 해칠 가능성을 높일 수 있는 이력을 의미한다.

- 우울증, 양극성장애, 불안증, 성격장애, 조울병 같은 정신장애
- 최근에 정신병원에서 퇴원한 이력
- 자살의 가족력
- 이전의 자살 시도
- 술이나 약물 남용
- 남성
- 독신, 이혼, 배우자 사망, 별거
- 청소년이나 노인
- 혼자 살거나 사회적으로 고립된 상태
- 실업
- 절망감
- 충동적이고 공격적인 성향
- 외상이나 학대 경험
- 만성 질환이나 만성 통증
- 중요한 상실 – 직장, 재산, 인간관계
- 경제적 문제나 법적 문제
- 치명적 도구에 접근하기 용이함(총기, 무기, 약물 등)
- 의료 서비스 부족
- 수면장애와 불면증
- 문화적, 종교적 신념
- 지역적으로 자살에 미디어의 관심이 쏠리면서 갑자기 자살이 유행하는 현상
- 도움을 구하는 것에 대한 사회적 낙인

출처: 국립정신건강연합(NAMI) www.nami.org, 질병통제예방센터(CDC) www.cdc.gov/violenceprevention/suicide, 국립자살예방생명의전화 www.suicidepreventionlifeline.org/learn/riskfactors.

대화를 나누기 어렵다면 당장 전문가의 도움을 구해야 한다. 하지만 가능하다면 심호흡하고 차분히 대화를 이어간다. 마주 앉아 자해와 자살에 관한 생각을 들어보고 자살 계획을 세우고 있는지도 들어본다.

자살하고 싶어 하는 사람을 도울 수 있는 당신의 능력을 과소평가해서는 안 된다. 우선 이렇게 말할 수 있다. "요새 네 걱정 많이 해. 자해하고 싶거나 살기 싫다는 생각을 해본 적 있니?" 환자에게 당신이 걱정하고 있고 환자가 혼자가 아니라고 알린다. 그리고 최선을 다해 들어준다. 환자가 자살 생각을 털어놓을 때 곧바로 "안 돼, 그러지 마! 어떻게 그런 생각을 할 수 있어?"라고 반응하는 것이 도움이 되지 않는다. 판단하거나 무시하지 않고 지지해주는 말로 대꾸해야 한다. "어리석은 짓을 하려는 건 아니지?"라는 식으로 말하면 안 된다. 죄책감을 자극하거나 위협적인 말로 압박해서도 안 된다. "그건 죄야." "넌 지옥에 갈 거야." "네가 우리 인생을 망칠 거야." 또 어디 한번 해보라는 식으로 말하거나 자신의 경험담으로 말을 끊거나 환자의 고통스러운 문제를 별것 아닌 것으로 치부해서도 안 된다.

그 대신 직접적이면서도 조심스럽게 구체적인 자살 계획이 있는지 물어본다. "계획을 세웠어?" "어떤 계획이야?" "언제야?" "실행에 옮길 방법을 찾았어?" 환자가 내면의 어떤 목소리를 듣는지, 그 목소리가 환자에게 행동하라고 명령하는지도 확인한다. 계획이 없다고 해서 안전하다는 보장은 없다.

가족이 자살 생각이나 계획을 말할 때는 심각하게 받아들여야 한다. 당장 119나 환자의 정신건강 치료자에게 전화해서 전문가의 도움을 구해야 한다. 우선 환자의 안전을 확보하고 숙련된 정신건강 전문가에게 평가받게 해야 한다. 그사이 환자 주변에서 자살에 사용할 만한 물건(약, 칼, 화기)을 치운다. 환자를 혼자 두어서는 안 된다.

환자는 자살 생각이 아무리 현실적이고 시급해 보여도 그 생각을 믿거나 그에 따라 행동하면 안 된다고 설득당하면 오히려 안심할 것이다. 환자에게 우울증 때문에 그런 생각이 든다는 점을 인식시켜야 한다. 자살 생각은 변덕스러운 생각이지 고정된 사실이 아니고 잠시 머무를 뿐이다. 감정은 끊임없이 변한다. 매번 같은 감정으로 반복해서 되돌아가는 것처럼 보여도 그 감정이 영구적이거나 고정된 것이 아니다. 감정은 강렬한 충동에 이끌리기는 하지만 항상 변화하고 시간이 지나면 사라진다.

우울증 환자와 자살 얘기를 나누면 상황이 더 나빠질까 우려하는 사람도 있다. 하지만 환자와 자살에 관해 이야기한다고 해서 환자가 자살 행동으로 넘어가는 것은 아니다. 환자에게 자살에 관해 물어보고 도움을 구하게 한다고 해서 자살 위험이 커지는 것은 아니다. 오히려 당신이 마음을 쓰고 있다는 것을 알려서 환자가 문제를 털어놓을 기회를 줄 수 있다. 자살에 관해 말하면 실제로 자살할 가능성이 줄어들 수 있다.

환자에게 이번 고비를 무사히 넘겨서 (일시적으로 혼란스럽던) 마음이 문제를 해결할 수 있을 때까지 견디는 것이 중요하다고 일깨워주어야 한다. 응급 상황이 지나간 뒤에는 환자를 이런 상태로 내몬 문제를 들여다볼 시간이 생긴다. 환자가 최대한 빨리 치료를 받게 해야 한다. 저절로 좋아질 거라고 기대해서는 안 된다. 환자가 사는 지역에서 전문가를 알아봐주는 식으로 도움을 줄 수 있다(4장 〈전문가에게 도움 구하기〉 참고).

당신이 환자를 지지해주고 안전을 확보해줄 수는 있지만 누구도 타인의 행동을 책임질 수도 없고 당사자의 결정을 통제할 수도 없다. 최고로 숙련된 정신건강 전문가라도 모든 사람의 행동을 정확히 예측하는 것은 불가능하고, 대개 자살과 같은 위험한 계획은 남들에게 교묘히 감춰진다.

자살하고 싶어 하는 사람은 당신이 계획을 방해했다는 이유로 화를 내고 배신감을 느낄 수 있다. 환자가 아무리 험한 말을 쏟아내도 상처받지 말아야 한다. 길게 보면 솔직히 말하고 조치를 취하는 것이 진정으로 환자를 위하는 길이다. 사랑하는 사람을 영영 잃는 것보다 분노를 받아주는 편이 낫다.

예방을 위한 방법

일상에서 환자를 위험에 빠트리는 요인을 찾으면 다음의 단계에 따라 자살을 예방할 수 있다.

첫째, 환자의 정신적, 신체적 질환과 약물 남용 문제에 대해 의학적 치료와 정신건강 치료를 결합해서 정확히 평가받고 치료받게 해준다. 환자가 직접 전화해서 진료 예약을 잡고 각종 서류를 보내는 것이 힘들 수 있으므로 이 단계에서 도움을 줄 수 있다. 환자의 보험 유형에 따라 전문가에게 치료를 받기 위해 초진 소견서가 필요할 수도 있다.

둘째, 자살하기 위한 치명적인 수단, 가령 약이나 총이나 칼을 비롯한 집에 있는 흉기가 환자의 손에 들어가지 않게 해야 한다. 집을 샅샅이 살펴서 환자를 위험에 빠트릴 만한 물건을 모두 치워야 한다.

셋째, 무엇보다도 환자에게 지지를 보내고 당신이나 가족이나 친구나 지역 사회와 끈끈한 유대가 있다는 사실을 알려야 한다. 환자를 치료하는 의료진과 정신건강 전문가에게 지원을 받을 수 있다는 것도 알려야 한다. 이렇게 사회적으로 연결된 느낌이 큰 차이를 만들 수 있다. 환자가 문제를 해결하고 갈등을 해소하고 폭력적이지 않은 방법으로 상황에 대처하는 기술을 배우고 써

먹도록 이끌어준다. 나아가 자기를 보호하려는 욕구를 인정해주고 자기를 해치지 못하게 막아주는 영적, 종교적 신념에서 도움을 받는 사람도 많다.

응급상황 대처 방법

자살은 정신의학의 응급상황이다. 가족이나 친구가 자살하고 싶어 한다면 당황하지 말고 환자의 심리치료자나 정신과 의사나 또한 자살예방센터로 연락해야 한다. 환자를 도우면서 다음의 중요한 단계를 따라야 한다.

- 환자에게 지금 당장은 아무 행동도 하지 않겠다는 약속을 받아낸다.
- 환자가 불법 약물과 술을 멀리하는지 확인한다.
- 재발 예방 실행 계획과 같은 안전 계획을 따른다.
- 환자에게 그를 사랑하고 그가 없으면 슬퍼하고 고통스러워할 사람들이 있다고 일깨워준다. 그러면서도 죄책감을 심어줘서는 안 된다.
- 환자가 고립되지 않게 해야 한다. 환자를 혼자 두면 안 된다.

더는 기다릴 수 없다는 판단이 서면 119에 신고하거나 환자를 가까운 병원 응급실에 데려가 평가받게 한다. 그러면 정신건강 대응팀이 최선의 대응책을 결정할 것이다. 자살 생각이나 욕구가 있으면 위험한 상황이 지나갈 때까지 입원시켜야 할 수도 있다. 그래도 괜찮다. 안전한 병실에서 정신건강 전문가에게 평가받고, 전문가가 필요에 따라 치료 계획을 수정할 것이다.

〈 Chapter 09 〉

술과 약물은 마음의 고통을
없애주지 않는다

· 기분장애와 중독 ·

"밤의 고요함 속에서 나는
종종 수천 명의 박수보다는
한 사람이 나지막이 건네는
사랑의 말 몇 마디만을 바라고 또 바랐다."

– 주디 갈랜드(배우)

정신건강과 중독, 이중진단

환자가 심각한 마음의 고통을 잊기 위해 술이나 불법 약물이나 기타 물질을 사용한 사실을 알게 될 수 있다. 이런 물질을 가끔 사용할 수도 있고 스스로 조절하지 못할 정도로 자주 사용할 수도 있다. 정신건강 문제를 겪는 사람 중에는 술이나 약으로 정신건강 증상을 줄이려고 시도하는 사람이 있다. 이것은 효과적인 전략이 아니고, 연구에서 술과 약물은 정신 질환 증상을 악화시키는 것으로 나타났다.

이중진단^{dual diagnosis}이란 정신 질환과 물질사용장애를 동시에 앓는 상태를 가리키는 용어다. 두 가지 상태(정신 질환이나 물질 사용) 중 하나가 먼저 나타날 수 있고, 각각을 동반장애라고 한다.

두 가지가 연결되는 이유가 궁금할 것이다. 유전적으로 중독과 정신건강 장애에 취약한 사람이 있다. 여기에 일상적인 환경 요인(스트레스, 육체적이거나 정신적인 외상, 어린 시절에 약물에 노출된 경험)이 결합하여 중독이나 정신 질환이 나타나는 데 영향을 미칠 수 있다. 또 약물 중독이 뇌를 특정한 방식으로 변형하는 것도 맞다.

미국에서 가장 많이 사용하는 물질은 술이고 마리화나(대마초)와 코카인이 그 뒤를 잇는다. 18~44세 사이의 남성이 가장 위험하다. 정신 질환과 물질 사용은 생물학적(생리적) 문제이고 정신과 신체 모두에 영향을 미친다. 둘 다 의학적 질환이고 전문가의 도움을 받아야 치료된다. 물질 남용은 정신 질환 치료 거의 모든 측면에서 상황을 복잡하게 만든다. 정신 질환을 관리하는 과정이 특히 복잡하고 어려워진다.

마리화나(대마초)는 세계에서 가장 많이 쓰이는 마약이고 부작용도 상당하다. 미국 청소년의 20.9퍼센트가 지난달에 마리화나를 했다고 보고하고 있고, 미국 고등학교 고학년의 7퍼센트가 매일 혹은 거의 매일 마리화나를 한다고 보고한다. 세계적으로 거의 유사한 수치가 나오며, 마리화나 사용이 동반된 정신증이 늘어나고 발병 연령도 낮아지는 추세다. 정신증^{Psychosis}이란 변형된 정신 상태로, 환자가 현실감각을 잃고 환각과 망상, 그리고 생각과 언어의 와해를 보일 수 있다. 정신증은 약물, 알코올, 마약, 우울증과 양극성장애 같은 정신 질환에 의해 나타날 수 있다.

수많은 학술 연구를 종합적으로 검토한 연구(체계적 검토와 메타분석)에서는 청소년기에 마리화나를 하면 나중에 우울증과 자살 생각, 자살 행동이 나타날 위험이 커진다는 결과가 나왔다(Gobbi, 2019). 청소년기에 마리화나를 시작한 여자는 훗날 우울증에 걸릴 위험이 크다. 부작용으로 학업 성취도가 떨어지거나, 자퇴하거나 학업을 중단하거나, 중독되거나, 출산할 때 부정적인 결과가 나타나거나, 신경심리적으로 위축될 수 있다. 청소년기에는 뇌가 아직 발달하고 있고, 향정신성 약물이 뇌의 생리적, 신경학적 발달을 변형시킬 수 있기 때문이다.

《랜싯 정신의학》의 한 보고서에서는 매일 마리화나를 하는 습관과 정신증 발병 위험이 커지는 현상 사이에 강력한 상관관계가 나타난다고 보고했다(Di Forti, 2019). 정신증은 현실감각을 상실한, 변형된 정신 상태다. 더 강하고 센 고효능 마리화나를 사용할수록 정신증 위험도 커지는 것으로 나타났다. 이 보고서에서는 유럽과 브라질의 11개 장소에서 정신증이 처음 나타난 10~64세의 환자 901명의 자료를 분석했다. 결과는 지역마다 달랐고, 그중 암스테르담과 런던의 결과가 가장 두드러졌다. 두 도시는 이탈리아나 프랑스 또는 스페인보다 고효능 마리화나가 널리 사용되는 지역이다. 예를 들어 암스테르담에서는 매일 마리화나를 하는 경우가 첫 정신증 사례의 43.8퍼센트와 연관되고 고효능 마리화나 사용은 정신증 사례의 50.3퍼센트와 연관되었다.

약물 중독은 약물 사용이나 남용보다 심각한 문제다. 중독은 약물을 사용하거나 남용하는 경우보다 약물을 고용량으로 자주 사용한다는 뜻이다. 게다가 약물의 부정적인 효과나 건강에 미치는 위험에도 한번 시작하면 끊지 못하는 경우가 많다. 중독에는 생리적 의존성, 내성, 약물 사용을 중단한 이후의 금단 증상까지 포함된다.

중독 또는 이중진단의 증상

중독이나 이중진단 환자는 여러 면에서 평소와 다르게 행동할 수 있다. 약물이 신체에 미치는 영향뿐 아니라 약물 사용이나 남용으로 다음과 같은 증상이 나타날 수 있다.

- 친구, 가족과 단절
- 갑작스러운 행동 변화
- 위험한 사회적 상황에서 물질 사용
- 위험한 행동 탐닉
- 약물 사용에 대한 통제력 상실
- 동일 용량의 약물에 대한 내성이 높아짐
- 금단 증상
- 약물이 있어야 일상생활이 가능할 것 같은 느낌

무엇을 살펴봐야 하는가?

약물 사용이나 남용을 하는 사람들은 대부분 가족이나 친구들이 알아차릴 수 없도록 교묘히 그 사실을 숨긴다. 따라서 평소 행동에 변화가 없는지를 유심히 찾아보아야 한다.

- 갑작스러운 금전 문제

- 학교나 직장에서 의무를 다하지 못함

- 무모한 행동(음주운전)

- 법적 문제(체포)

- 집에서 값진 물건이 사라짐

- 욕실에 오래 들어가 있기

- 동공이 팽창하거나 수축함

- 주삿바늘 자국

- 집에서 약물 관련 용품이 나옴(주삿바늘, 주사기, 지혈대 등)

이중진단치료

이중진단에 가장 효과적인 치료법은 정신 질환과 물질 남용을 동시에 치료하는 통합치료다. 통합치료에서 환자들은 서로를 지지하면서 술과 마약이 그들의 삶에 어떤 영향을 미치는지 알아간다. 사회 기술도 배우고 물질 남용을 새로운 생각과 행동으로 대체하는 법도 배우고 정신 질환 상황에서 구체적인 도움을 받기도 한다.

이중진단은 치료가 복잡하고 쉽지 않다. 치료비도 더 비싸다. 정신건강과 물질 남용 문제를 동시에 겪는 사람은 미국의 경우 치료비를 61퍼센트나 더 내야 하고, 전체 치료비가 우울증만 있는 환자보다 44퍼센트 더 비싸다.

"마약과 우울증이 우리 가족을 무너뜨렸어요."

– 에드와 메리디스 부부의 이야기

경제적으로 성공한 45세의 사업가 에드는 주요우울증과 물질 남용 병력이 있다. 대학 시절에 마리화나를 하고 주말마다 친구들과 어울려 술을 마시다가 코카인까지 하고 폭음했다. 한 5년 전부터는 주요우울증을 앓기 시작했다. 정신건강 전문가의 치료를 받지 않다가 음주운전으로 체포되어 법원 명령으로 치료를 시작했다. 하지만 치료를 지속하지는 못했다.

결혼생활은 파탄 직전이고 동업자들은 에드의 행동에 인내심을 잃었다. 그들은 에드가 지각을 밥 먹듯이 하고 제 역할을 다하지 않고 고객에 대한 책임도 다하지 못하는 것을 알았다. 에드는 마음을 닫고 고립된 듯했다. 아내 메리디스는 에드가 극심한 짜증과 불안, 불면증, 위험 추구, 무가치감과 절망감을 오가며 급격한 기분 변화를 겪는 것을 알았다. 메리디스는 재정 상태가 걱정되어 법적 별거를 신청하고, 마약도 끊고 술도 끊고 우울증 치료를 받을 때까지만이라도 에드를 10대인 두 아이와 떨어뜨려 놓고 싶어 했다.

하지만 메리디스는 회의적이다. 에드가 이미 두 번 중독치료센터에 다녀왔지만 장기간 성공한 적이 없기 때문이다. 그래서 메리디스와 아이들과 가족 전체가 큰 타격을 입었다. 에드는 문제의 심각성을 깨닫지 못했다. 고객들과 술을 마시고 마약을 하는 것은 고객 접대의 일환이 아닌가! 그래도 치료를 시작하고 싶은 이유는 가족이나 풍요로운 일상을 잃고 싶지 않아서였다.

메리디스는 어떻게 개입할지 계획을 세웠다. 에드의 형과 형수, 에드의 (알코올 중독이 아닌) 두 친구에게 에드를 붙들어 앉혀 현재 그가 어떤 모습인지, 남들 눈에는 그가 스스로에게 무슨 짓을 저지르는 것으로 보이는지, 건강할 때와 어떻게 달라졌는지 말해주라고 부탁하기로 했다. 모두가 에드를 얼마나 사랑하고 걱정하는지 일깨워주고, 전적으로 지지해주겠다고 약속할 터였다. 다만 이번에는 엄한 사랑의 전략으로 접근해야 했다. 메리디스는 에드가 중독치료, 입원재활치료, 집중정신치료, 그리고 필요에 따라 약물치료가 포함된 통합 치료 계획에 참여할 수 없다면 현실적 대안으로 법적 별거를 제안하기로 했다.

치료 단계

이중진단 환자는 몇 단계의 치료 과정을 거친다. 결코 수월한 과정이 아니다. 가족이 옆에서 지지해주면서 환자가 각 단계를 완수하도록 도와주고 도중에 중단하면 다시 치료로 돌아오도록 이끌어주어야 한다.

- **해독치료**: 첫 단계에서는 환자가 물질 남용을 중단하고 금단 증상을 경험할 수 있다. 중독 물질을 조기에 안전하게 끊으려면 외래치료보다는 입원치료가 효과적이다. 입원해서 해독하는 과정에서 숙련된 의료진이 최대 7일간 매일 24시간씩 환자를 관찰한다. 의료진은 해당 중독 물질이나 대체 약물의 양을 줄이면서 환자가 물질을 끊도록 도와주고 금단 증상을 줄여준다.

- **입원재활치료**: 정신 질환이 있고 위험하고 물질 사용에 의존하는 환자는 매일 24시간 의학적 치료와 정신건강 치료를 제공하는 입원재활센터에서 효과를 볼 수 있다. 이런 센터에서는 치료와 지지와 약물과 보건 서비스를 통해 물질사용장애와 기저의 원인을 치료한다.

- **지원주택**: 중독에서 막 벗어났거나 재발을 피하고 싶은 사람들에게 도움을 주는 그룹홈 같은 주거형 치료센터다. 이런 센터에서는 환자를 지지해주면서도 독립성을 보장해준다. 이런 치료센터를 선택할 때는 자격증이 있는 전문가가 운영하는 곳인지를 사전에 꼼꼼히 확인해야 한다.

- **심리치료**: 이중진단을 위한 치료 계획에서 중요한 부분을 차지한다. 인지행동치료는 이중진단을 받은 환자들이 물질 남용에 영향을 미칠 만한 잘못된 사고와 행동 양식을 다루고 바꾸는 법을 익히게 해준다.

- **약물치료**: 약물치료는 정신 질환의 치료에 유용하다. 물질 남용 환자들이 해독 과정에서 금단 증상을 적게 겪고 더 빨리 회복하도록 도와주는 치료제도 있다.

- **자조 모임과 지지 모임**: 이중진단을 다루는 것이 어렵고 외롭게 느껴질 수 있다. 지지 모임에서는 함께 좌절감을 나누고 서로의 성공을 축하하고 전문가를 소개해주고 지역사회의 지원을 찾아보고 회복하기 위한 비법을 공유할 수 있다. 모임의 구성원끼리 건강한 우정을 쌓으며 서로 중독에 빠지지 않도록 격려해주는 공간이다.

Chapter 10

가장 가까운 사이라도
마음을 다 이해하기는 어렵다

• 청소년 자녀가 우울증인 부모 또는 부모가 우울증인 청소년 •

"불안을 겪고 있는 아이들에게
이런 말을 해주고 싶습니다.
당신은 너무나 평범한 사람이라는 사실입니다.
누구나 인생에서 불안이나 걱정을 경험하고,
어쩌면 누군가는 더 오랜 시간 동안 다른 방법으로
혹은 더 강한 방법으로 그것을 겪을지도 모르지만,
그 사람에게 문제가 있어서 그런 것이 아닙니다.
당신 또한 마찬가지입니다."

– 엠마 스톤(배우)

☹️😟😐🙂😊😄😁

　청소년이나 청년기 자녀의 정신건강에 문제가 생기면 부모로서 고통스러운 시간을 보낼 수 있다. 청소년이나 청년은 성인이 되는 과도기에 스스로 서기 위해 힘든 시간을 겪는다. 이들은 부모에게 간섭받기 싫어하고 자기만의 생각과 두려움과 걱정과 실패를 부모에게 알리고 싶어 하지 않는다. 이들에게는 사생활과 자율성(자신의 가치관과 관심사에 따라 통제받지 않고 행동하는 능력)이 중요하다. 그래도 부모는 세상의 악과 고통으로부터 자녀를 보호하고, 자신이 살면서 터득한 지혜와 교훈을 물려주고 싶어 한다. 부모가 자녀를 해악으로부터 안전하게 지켜주는 역할을 내려놓기란 쉽지 않다.

　하지만 모든 세대는 그 세대 나름의 복잡한 문제를 안고 살아가므로 자녀의 경험은 부모 세대가 어릴 때 경험한 것과 다르다. 부모가 아무리 이해하려고 노력해도 대화에 간극이 생기기 마련이다. 자녀와의 관계가 깨진 것 같고 자녀가 솔직히 털어놓지 않는 것처럼 느껴지고 적대적으로 나오는 것처럼 보일 수 있다. 어떤 아이들은 타인의 규칙에 따르기 싫다고 반항하고, 대다수는 사람들에게 받아들여지기를 원하면서 멋져 보이고 싶은 갈망을 안고 사람들과 어울리려 한다.

　아델 페이버^{Adele Faber}와 일레인 마즐리시^{Elaine Mazlish}가 『십대가 들을 수 있게

말하는 법과 십대가 말할 수 있게 들어주는 법How to Talk So Teens Will Listen & Listen So Teens Will Talk』이라는 책에서 설명하듯이 청소년은 감정과 의심과 두려움을 표현할 수 있는 안전한 가정에서 성급하게 판단하지 않고 들어주며 책임 있는 결정을 내리도록 도와줄 어른과 함께 자신에게 주어진 선택지를 탐색할 수 있어야 한다. 청소년은 대부분 또래의 압력에 맞서고 패거리와 가혹 행위와 따돌림과 거부당하는 두려움과 수용되고 싶은 갈망을 안고 혼란스러운 사춘기를 보낸다. 게다가 지금 같은 비열하고 거칠고 물질주의적이고 성적으로 노골적이고 폭력적인 문화에서 이 모든 과정을 헤쳐 나가야 하므로 그들이 받는 중압감은 상당할 것이다. 청소년과 부모 모두에게 어려운 시기다.

부모로서 어떻게 도울 수 있을까?

부모는 다음의 전략으로 안전한 가정의 분위기를 조성함으로써 자녀를 도울 수 있다. 우선 자녀의 감정을 수용하고 인정해주고 하찮은 것으로 치부하지 말아야 한다. 피곤하고 지치고 힘들 때는 자녀의 생각을 조롱하거나 성급한 판단을 비판하고 싶어질 수 있지만 그런 충동을 애써 눌러야 한다. 대신 마음을 열고 이해하려고 노력하면서 비록 그 순간에는 동의하지 않더라도 자녀의 생각과 감정을 타당한 것으로 인정해주어야 한다. 자녀의 말을 경청하면서 열심히 듣고 있다는 것을 보여주어야 한다(5장 〈돌봄 과정의 어려움과 지지하고 소통하는 법〉 참고). 자녀의 감정을 수용해주면 자녀는 안심하면서 자기가 이해받고 있고 잘 대처하고 있다고 느낄 수 있다. 청소년에게는 부모에게 무엇을 기대할 수 있는지 알 정도로 지지적이고 체계적인 집안 분위기가 필요하다. 일단 이런 분위기가 조성되면 부모가 자녀의 왜곡된 생각을 조심스럽게 다룰 수 있다.

어른은 청소년이나 청년의 마음속에 든 생각을 해석하기 어렵다. 청소년과 청년기로 넘어가는 시기와 연관되는 일반적인 행동 특징(변덕스러움, 분노와 짜증, 사회적 위축)은 우울증의 신호일 수도 있다. 그래서 성장기 청소년의 정상적인 불안이나 행동을 우울증으로 오인할 수도 있다. 둘 사이의 차이를 이해하고 청소년기의 전형적인 행동인지 정신건강 문제인지 분별하는 것이 어려울 수 있다. 대다수 청소년은 이런 차이를 알지 못하고 도움을 구하지도 않는다. 따라서 부모는 자녀와 단절된 느낌을 받으면서 어떻게 도와줘야 할지 몰라 쩔쩔맬 수 있다.

청소년은 또래나 학교나 가족이나 자기 자신으로부터 엄청난 압박에 시달리는 한편, 오늘날처럼 신체의 이미지를 중시하는 사회에서 호르몬의 균형이 달라져서 나타나는 신체적 변화를 감내해야 한다. 게다가 함께 공부하고 일하면서 사람들과 어울려야 한다는 엄청난 압박에도 시달린다. 이는 실생활뿐 아니라 사생활 보호가 거의 혹은 전혀 되지 않는 소셜미디어에서도 벌어질 수 있는 일이다. 청소년이 처한 이런 모든 조건이 우울증을 불러일으킬 수 있다.

모든 것을 정상으로 유지하기

우울증이 있는 청소년이나 청년기의 자녀를 가능한 한 정상으로 대해주어야 한다. 이들이 가장 원하지 않는 것이 바로 남들에게 이상하게 보이고 남들과 다르게 취급받는 것이다. 자녀를 가족 활동에 참여시키고 집안에서의 책임을 면제해주면 안 된다(방 청소, 설거지나 집안일, 형제자매와 손님들에게 다정하게 대하기, 등교하기, 숙제하기).

간혹 학교나 직장에 나가지 못할 수도 있고 기분이 나아지고 다시 잘 지내기까지 잠시 휴학해야 할 수도 있다. 그래도 괜찮다. 인생의 긴 여정에서 잠시 쉬어가는 시간일 뿐이고 보기보다 그렇게 심각한 일이 아닐 수 있다. 여러 가지 이유로 1년이나 한 학기를 쉬는 경우는 많다. 다시 기분이 나아지면 쉰 만큼 따라잡을 수 있다. 다만 그 시간을 현명하게 활용해야지, 꼭 필요하지 않거나 위기 상황이 아닌데도 학교에 빠지거나 숙제하기 싫어서 휴학하는 것을 허락해서는 안 된다. 어차피 나중에 학업을 따라잡아야 하고, 그러면 책임질 일이 감당하기 힘든 수준으로 쌓여서 스트레스와 불안만 가중될 수 있다. 자녀가 직면한 문제를 교사와 상의해서 자녀가 현실적으로 학업을 이어가고 자존감을 지키고 크게 뒤처지지 않도록 계획을 세우는 것이 좋다.

자녀에게서 무엇을 살펴볼 것인가?

대개는 자녀에게서 평소와 달라진 모습이 눈에 띌 것이다. 짜증과 불안은 청소년기 우울증의 일반적인 특징이고 가장 두드러진 증상일 때도 있다. 청소년 자녀가 마음의 문을 닫고 고립되고 방에 틀어박혀 나오지 않을 수 있다. 어디 가서 무엇을 하고 누구와 어울리는지 말해주지 않고, 부모가 본 적 없는 새 친구들과 어울려 다닐 수 있다. 자꾸 대들고 부모나 형제자매들과 사소한 일로 갈등을 일으키기도 한다.

잠을 더 많이 자고 평소와 다른 음식이나 정크푸드를 먹어서 눈에 띄게 살이 찌거나 빠지거나 잘 먹지 않거나 술이나 마약을 하거나 사회활동을 하는 등 아무런 설명도 없이 일상의 습관에 변화가 생길 수 있다. 다음의 변화가 눈에 띌 수 있다.

- 학교생활이나 직장생활의 변화
- 성적의 변화(하락)
- 친구들을 만나지 않거나 새 친구들을 사귐
- 전에 즐기던 활동의 변화

전에는 축구를 좋아했지만 지금은 너무 지루하다고 여기거나 전에 좋아하던 축구팀 친구들과 어울리지 않고 이전에는 한 번도 들어본 적 없는 아이들과 어울려 다닐 수 있다. 마약이나 술이 새로운 걱정거리로 떠오를 수도 있다. 성적을 신경 쓰지 않고 '무슨 소용이야?'라고 생각할 수도 있다. 한때는 열심히 노력하고 잘했지만 이제는 아무런 목적도 욕구도 없다. 자녀의 마음 깊은 곳에 자리한 예전의 목표와 관심사를 건드려 다시 동기를 불어넣자. 술, 마약, 난폭 운전, 자해(칼로 살갗을 긋기)를 비롯한 위험한 행동은 청소년들이 불안과 우울을 잠재우기 위해 쓰는 드물지 않은 방법이지만, 이런 행동은 결국 온전한 위안을 주지 못한다.

살갗을 긋는 행동은 마음이 고통스럽다는 신호이지만 일부 우울증이나 불안증을 앓는 청소년이 대처 기제로 사용하는 방법일 수 있다. 얼핏 무섭고 흉측해 보이지만 사실 피상적인 수준이고 정서적 고통을 감당할 수 없다는 신호로 받아들여야 한다. 이런 자해 행위는 대개 자살로 이어지지 않지만, 그래도 진지하게 받아들이고 정신건강 진단을 받게 해야 한다. 살갗을 긋는 행위는 우울증만의 특징이 아니고 경계선 성격장애에서 더 많이 나타난다. 경계선 성격장애는 이 책의 범위를 넘어서는 주제이므로 여기서는 자세히 다루지 않겠다.

우울증을 앓는 젊은 여성은 특히 잘 울고 과민하다. 그리고 이런 증상이 유독 월경 기간에 심하게 나타난다. 그래서 더 힘들어질 수 있다. 연구자들이 생식 호르몬과 우울증의 생물학적 연관성을 더 많이 밝혀내고 있다. 월경전 불쾌장애(PMDD)는 유전과 연관성이 있고 단지 '예측 불가능한 정서'와 스스로 통제할 수 '있어야 하는' 행동의 문제만은 아니라는 증거가 있다.

이상의 모든 특징이 청소년의 우울증에서는 어떻게 나타날까? 자녀에게서 다음의 행동이 나타나는지 살펴보라.

- 관심 단절
- 인생과 이전의 활동에 대한 흥미 상실
- 거절과 실패에 과민한 반응
- 외모, 옷차림, 머리, 위생 방치
- 수면과 식욕, 혹은 체중의 변화
- 사회적으로 고립되고 위축됨
- 짜증내고 따짐

- 몸의 여러 부위가 명확한 이유도 없이 아픔
- 자해의 증거(살갗 긋기)와 무모한 행동
- 학교 성적의 변화
- 친한 친구 집단의 변화(자퇴한 친구나 새로운 친구)
- 술이나 마약에 손을 대는 등 행동 변화

다음에 소개할 재크의 사례를 보면 청소년 우울증의 경고 신호를 알아채는 것이 얼마나 어려운지 알 수 있다. 이 사례는 청소년기에 흔히 나타나는 행동인지 우울증 증상인지 명확히 구분할 수 없는 상황을 잘 보여준다. 또 엄한 사랑의 전략으로 일상 행동에 제약을 두는 방법이 부모가 취할 수 있는 유용하고 책임감 있는 조치라는 것을 보여준다.

재크는 청소년 우울증의 경고 신호를 보내고 있다. 학교 성적이 떨어지고 짜증을 잘 내고 새로운 친구들과 어울리고 술 마시고 귀가 시간을 넘기고도 집에 들어오지 않았다. 모두 부모가 통제할 수 없는 행동이었다. 게다가 농구 연습을 빼먹고 그 시간에 어디에 있었는지 말하지 않았다. 평범한 청소년이 반항하는 수준을 넘어서는 행동이다. 제프와 마리아는 아들과 대화를 나누려 했지만 소용이 없었다. 그래서 귀가 시간을 정하고 차 열쇠를 빼앗으며 엄한 사랑의 전략으로 접근했다. 이것은 재크의 안전을 위해 음주운전을 하지 못하게 막기 위한 조치이기도 했다.

"아이가 달라진 게 사춘기 때문인지 우울증 때문인지 모르겠어요."

– 제프와 마리아 부부의 아들 재크 이야기

제프와 마리아 부부에게는 재크라는 16세의 아들이 있다. 큰딸은 멀리서 대학에 다니고 막내아들은 중학생이다. 재크는 삼남매 중 둘째다. 재크는 평소 성적이 우수하고 운동도 잘하고 취미도 많은 학생이었다. 불과 넉 달 전까지는.

마리아는 재크가 성적이 떨어지고 평소 그답지 않게 성적이 떨어지든 말든 관심이 없어 보이는 것을 알아챘다. 어느 날 제프는 아들의 농구 코치에게 전화를 받았다. 코치는 재크가 연습을 많이 빼먹어서 근신에 처분이 내려질 거라고 말했다. 제프는 재크가 그동안 연습하러 간다고 한 터라 적잖이 충격을 받았다. 이제 제프는 아들이 뭐하면서 돌아다니는지 의문이 들었다. 그래서 아들에게 다가가보려 했지만 재크는 그에게 "꺼지세요!"라며 자기를 가만히 놔두라고 말했다. 재크가 이렇게 짜증을 부리는 일이 잦아졌다. 제프와 마리아는 재크가 이제는 학교에서 전에 친하던 친구들과 어울리지 않는 것을 알았다. 친구들에게 전화가 와도 전화를 받지 않거나 단답형으로만 대꾸했다.

재크는 요새 새 친구들과 어울리는 것 같았다. 술 마시고 마약을 한다는 소문이 있어서 마리아가 경계하는 '거친' 아이들이었다. 재크도 술과 마약을 했을까? 확실치는 않았다. 재크가 몇 번 술에 취해 귀가한 적이 있긴 했다. 평범한 10대 아이의 행동일까, 아니면 다른 무엇일까? 재크는 평일 귀가 시간이 밤 10시이고 다음 날 학교에 가야 하는데도 밤늦도록 들어오지 않았다.

집에 있을 때는 그냥 늘어져 있으면서 가족의 활동이나 대화를 피했다. 재크는 슬퍼 보였다. 상황이 점점 나빠졌다. 제프와 마리아는 몇 번 아들을 붙잡고 대화를 나눠보려 했지만 재크는 아무 말도 하지 않았다. 재크는 주치의나 목사와 같은 평소 존경하던 사람들뿐 아니라 어느 누구와도 대화를 나누려 하지 않았다. 제프는 아들이 걱정되어 차 열쇠를 빼앗았다. 아들의 안전을 걱정해서 무모한 행동을 막기 위한 조치였다. 그렇게 해서라도 재크가 부모에게 속내를 털어놓기를 희망했다.

청소년 우울증의 위험 요인

우울증은 기분장애나 알코올중독이나 자살의 가족력이 있거나 유년기에 신체적, 정서적 외상을 입은 사람에게 더 많이 발병할 수 있다. 유전의 영향도 있지만 외상에 노출되는 등 환경의 스트레스 요인이 더 많다.

매일 24시간 소셜미디어에 노출되는 청소년들의 생활은 우울증을 유발하는 중요한 요인이다. 소셜미디어에서는 '완벽해야' 하거나 완벽해 보이고 싶은 욕구를 피하기 어렵다. 소셜미디어는 사생활이라는 감각을 앗아간다. 따라서 청소년이 경험하는 모든 순간이 순식간에 그의 세계로 전파된다. 하지만 현실 세계와 온라인 세계를 가르는 경계가 그렇게 공고하지 않으므로 청소년은 한 번도 만난 적 없는 사람들에게서 불안을 느낄 수 있다. 소셜미디어에서는 악의적인 온라인 따돌림도 발생한다(페이스북, 인스타그램 등에서). 따돌림은 어떤 형태로든 따돌림의 대상이 추방당하거나 표적이 되었다고 느끼게 만들고, 그러다 결국 우울증, 불안증, 섭식장애, 자살 생각이나 자살 시도로 이어질 수도 있다.

어떤 청소년이 우울증 위험에 처해 있는지 알면 도움이 될 것이다. 우울증은 다음과 같은 생활 문제를 겪는 사람에게 자주 발병하지만 이런 문제를 겪는다고 해서 반드시 우울증에 걸리는 것은 아니다.

- 자존감에 부정적인 영향을 미치는 문제(비만, 심한 여드름, 친구 문제, 따돌림, 학업과 학교생활 문제, 운동을 잘하지 못하는 문제)
- 폭력의 희생자나 증인이 된 경험
- 학습장애나 신체장애—또래 친구들과 다르다고 느끼게 만드는 모든 요인
- 특정 성격 특질—낮은 자존감, 과도한 의존성, 자신에게 비판적인 태도, 비관적인 성격
- 다양한 성정체성(LGBTQ)을 포용해주지 않는 사회

- 우울증이나 양극성장애나 자살의 가족력
- 심각한 불화로 제 기능을 못하는 가정
- 스트레스가 심한 동네(범죄, 절도, 마약, 범죄조직)
- 스트레스가 심한 생활사건—부모의 이혼, 질병, 사망, 군 복무, 새로운 집이나 동네로 이사하거나 새로운 학교로 전학하기

부모든 청소년 자신이든 평소의 감정이나 행동에서 벗어난 변화를 알아챘다면 가족이나 학교 상담교사나 담당 의사나 성직자나 그 밖의 누구에게든 말해야 한다. 하지만 변화를 알아채는 것부터 쉽지 않다. 부모는 자녀의 말과 행동에서 미묘한 단서를 예리하게 포착해야 한다. 질문해도 단답형으로만 답할 수 있으므로 예나 아니오가 아닌, 구절이나 문장으로 답할 수 있도록 개방형 질문을 던져야 한다. 부모는 화를 내지 않기 위해 감정과 기분을 다스려야 한다. 자녀의 신체 언어에 집중해야 한다. 구부정한 자세, 침울한 표정, 불분명하거나 단조로운 말투, 느리고 질질 끄는 걸음걸이, 눈을 마주치지 않는 행동을 살펴야 한다. 자녀가 먼저 대화를 시작하지 않거나 온종일 뭘 하면서 지내는지 말해주지 않을 수 있다. 모두 우울하다는 중요한 신호일 수 있다.

한편 청소년이나 청년기의 자녀에게서 발견할 수 있는 단서나 경고 신호라고는 소셜미디어에 게시물을 올릴 때 쓰는 언어가 전부일 때도 있다. 청소년들은 이런 식으로 또래와 소통하는 것이 더 안전하다고 느낄 수 있다. 직접 마주보고 만나는 것이 아니고 익명성이 크다고 생각하기 때문이다. 그래서 직접 만날 때보다 더 솔직하게 속내를 털어놓을 수 있다. 하지만 청소년들은 서로에게 가혹할 수 있다. 나아가 소셜미디어에서 서로의 잘못된 결정을

지지해주는 경향도 있다. 위험한 현상이다. 부모는 자녀에게 공간과 여유를 주면서도 자녀가 온라인에 어떤 내용을 올리는지 알아야 한다. 소셜미디어의 말투나 언어에서 부정적인 변화가 나타나는지 알아채고 당장 해결해야 한다.

청소년이 원하는 것은 무엇일까?

우울한 청소년이 원하는 것은 무엇이고 정신건강 전문가에게 치료받지 못하게 가로막는 걸림돌은 무엇일까? 청소년은 세 가지 중요한 것을 원한다.

첫째, 정상이라고 느끼고 싶어 한다. 청소년들은 '정상'으로 보이고 싶어서 스스로에게나 남들에게 증상을 최소로 축소해서 보여주려 한다. 자신에게 거는 기대치가 높아서 의사에게 진료를 받거나 항우울제를 복용하면 '나약한' 것으로 간주한다. 청소년들은 진료의와도 둘이서만 대화하고 싶어 하고(부모가 같이 들어오지 못하게 한다) 사생활이 노출될까 봐 무척 신경 쓴다. 혹시라도 비밀보장 약속이 지켜지지 않으면 남들에게 이상하거나 어리석거나 미친 사람으로 보이거나 자신의 문제가 하찮은 문제로 여겨져서 사회생활에 심각한 지장이 생길까 봐 걱정한다.

둘째, 청소년은 사람들과 연결되고 사람들에게 수용되고 또래 친구들과 어울리고 싶어 한다. 사실 의사나 부모와도 소통하면서 자신의 건강에 관한 결정을 함께 내리고 싶어 한다. 우울증에 관한 정보와 피드백을 듣고 의사와 함께 해결책을 찾고 싶어 한다. 의사와 신뢰 관계를 형성하고 의사에게 이해받는 느낌을 받으면 의사가 권하는 방법을 수용할 가능성이 커진다.

셋째, 청소년들은 자율성을 지키는 데 관심이 많다. 독립적으로 결정하고 자신의 가치관과 관심사에 따라 행동하고, 치료 과정에서 목소리를 내고 다른 사람에게 완전히 통제당하고 싶어 하지 않는다. 그러면서도 부모의 개입과 지도를 원하고 또 필요로 한다. 다만 자기가 겪을 상황에 대해 자유롭게 의견을 내고 싶어 한다. 부모와 치료자 모두 자율성을 보장해주는 것과 청소년을 지도하는 것 사이에 균형을 잡아야 한다.

청소년이 치료 과정에서 우울증에 관한 정보를 얻지 못하고 선택지나 개인적인 선호도를 의논하지 않은 채로 무턱대고 어떤 치료를 받을 거라는 말만 듣는다면 치료 과정이 심각한 장애물에 부딪히고 결국 실패할 것이다. 청소년 환자에게 정보를 제공하고 함께 결정하고 환자의 경험을 정상적인 것으로 만들어주면 환자가 기운을 내서 치료에 협조하고 성공적인 결과가 나올 가능성이 커진다.

청소년들은 충동적으로 행동할 수 있다. 청소년기에는 학교생활도 잘하고 친구들과도 잘 어울려야 한다는 중압감이 더해져 자존감과 자기 회의로 고민하고 그 밖에도 온갖 어려움을 겪는다. 이것이 자해와 자살 생각이나 자살 행동으로 이어질 수 있다. 자살은 고통스러운 환경을 바꿀 방법이 없다는 생각이 들 때 충동적으로 저지르는 행동이다. 부모는 자녀의 활동과 행동과 생각, 그리고 "내가 없어지면 다들 더 잘 살 거야!"라고 내뱉는 말에서 변화를 찾아보아야 한다. 일반적인 자살 경고 신호, 위험 요인, 보호자가 취해야 할 행동은 8장 〈자살을 생각하거나 행동에 옮기려 할 때〉에서 자세히 살펴보았다.

청소년 자녀의 우울증 대처법

청소년이나 청년이 우울할 때는 행동으로 표출하는 경우가 드물지 않다. 마음의 고통을 표현하지 못하고 달리 표현할 방법을 모를 때 행동으로 표출한다. 짜증을 부리고 화를 내고 싸우고 부모나 형제와 다투고 밤늦게까지 돌아다니거나 마약을 하거나 술을 마시는 등의 행동 변화가 나타날 수 있다. 과격한 행동(마약, 절도, 경범죄, 흉악 범죄)으로 법적 문제를 일으키면서 가족 전체에 부담을 줄 수 있다.

행동과 경계선 정하기

가정 안에서 받아들여지는 행동과 언어를 명확히 정해야 한다. 자녀의 행동과 말에 대한 한계와 기대치를 정하고 자녀에게 동의를 얻어내야 한다. 가령 귀가 시간을 정하고 사람들에게 다정하게 대하기로 약속하고 집안일 몇 가지를 책임지고 자고 일어나서 침대를 정리하고 샤워하고 깨끗한 옷으로 갈아입기로 약속하게 할 수 있다. 이렇게 해두면 아무리 우울해도 이런 일 정도는 할 수 있다. 내가 장담한다. 더불어 어떤 친구를 만나지 말고 어떤 활동을 하지 말고 술과 마약을 피하는 등 자녀에게 문제를 초래할 만한 사회적 상황을 바꾸라고 지도할 수도 있다. 어떤 부분을 바꾸게 할지는 부모가 중요하게 여기는 기준에 따라 스스로 정해야 한다.

경계선boundaries이란 무엇인가? 경계선은 부모와 우울증을 앓는 자녀가 함께 정하고 합의하는 행동 규범이나 제약이다. 경계선을 정해두면 통제 불능의 상황에서도 모든 가족 구성원이 안전하다고 느낄 수 있다. 자녀와 함께 단호하고도 공감하는 태도로 경계선을 정한다. 경계선에 관해서는 6장 〈우울증을 겪고 있는 사람에게 다가가는 유용한 방법〉에서 자세히 다루었다.

자녀가 부모를 힘들게 하고, 경계선을 정할 때 협조하지 않을 수 있다. 부모는 무엇보다도 단호하고 일관된 태도를 유지해야 한다. 우선 부모로서 허용할 행동과 허용하지 않을 행동을 정할 수 있다. 가령 심야의 활동, 술이나 마약 사용, 샤워하지 않는 습관 등의 자기 관리 문제에 제약을 둘 수 있다. 잘못된 행동을 하면 어떤 결과가 나오는지 명확히 밝히고 자녀에게 중요한 일과로 만들어야 한다. 자녀가 경계선을 넘을 때는 일관된 태도로 대응해야 한다. 상황이 진정될 때까지 자동차 열쇠를 빼앗거나 특정 권한을 없애야 할 수도 있다. 부모가 경계선을 정해줄 수 있는 영역은 다음과 같다.

- 치료받고 약 먹기
- 허용되지 않는 행동 금지
- 언어 폭력—절대 허용하지 않음
- 신체 폭력—절대 허용하지 않음
- 조종—자녀가 부모를 조종해서 자기가 해야 할 일을 대신하게 만들기 위해 자신감이 없거나 무력해 보이려고 하는 시도를 받아주지 말아야 한다. 무엇을 해주고 무엇을 해주지 않을지 명확히 밝혀야 한다.

때로는 엄한 사랑으로 단호하고 일관되게 규율과 기대와 경계와 제약을 적용해야 한다. 엄한 사랑으로 단호하면서도 애정 어린 태도를 지키면서 자녀가 함께 동의한 경계선을 지키게 하고 변덕스러운 행동에 스스로 책임을 지도록 만들어야 한다. 엄한 사랑의 전략에는 잘못된 행동의 결과를 깨닫게 하는 것도 포함된다. 이런 행동은 부모가 일관되고 안정적으로 단속해야 한다. 엄한 사랑의 근간에는 자녀에 대한 사랑이 있으므로 부모는 이 전략을 쓰면서 죄책감을 느끼지 않아도 된다.

치료에 저항할 때

자녀가 정신건강 치료를 받거나 정신건강 전문가에게 마음을 털어놓기 싫어할 수 있다. 자녀가 거칠게 저항해서 부모가 몇 단계를 거쳐서 설득해야 할 수도 있다. 환자에게 정보를 제공하는 것이 치료에 효과적일 수 있으므로 자녀에게 우울증을 교육하면 도움이 될 수 있다. 자녀가 치료받고 치료에 협조하게 만드는 방법은 아래와 같다.

- 한 인간으로서 존중하는 마음을 보여주기
- 해결책을 찾는 과정에 참여하게 해주기
- 정보를 제공하기
- 함께 결정할 선택지 제시하기
- 명확한 기대치 설정하기

청소년 자녀가 정신 질환자로 낙인찍힐까 두려워하고 학교 친구들에게 알려져서 낙오자로 보일까 겁날 수 있다. 자녀에게 치료 관계에서는 철저히 비밀이 보장된다고 안심시켜야 한다. 우울증을 치료하면 이전에 관심을 갖던 활동을 계속할 수 있고 학업이든 스포츠든 취미든 사회생활에서든 목표를 달성하기 위해 열심히 노력할 수 있다고 설득한다. 하지만 현재 상태로는 치료받지 않으면 목표를 이루기 힘들어진다는 사실을 일깨워줘야 한다. 치료에 관한 결정은 자녀와 함께 내려야 한다. 자녀의 의견과 선호도를 알고 반영하면 자녀가 자신에게 벌어질 상황을 이해하고 저항을 누그러뜨릴 수 있다. 자녀에게 혼자가 아니고 부모가 항상 옆에 있다고 알려야 한다.

청소년 우울증 치료법

우울증은 치료가 가능한 질환이다. 치료는 주로 보호자와 환자가 믿고 선택한 정신건강 전문가와의 대화치료(심리치료)로 진행된다. 약물치료가 필요할 때도 있다. 우울증은 치료하지 않으면 저절로 사라지지 않고 점점 더 심해지고 더 심각한 형태로 진행할 수 있다. 우울증을 치료하지 않으면 알코올과 약물 남용, 학업 문제, 가족과 사회와의 갈등, 청소년 범죄, 심지어 자살로까지 이어질 수 있다. 나중에 성인이 된 뒤 우울증 발병 위험이 커질 수도 있다.

우선 자녀에게 좋은 읽을거리를 권해서 우울증에 관해 교육하고 의사나 정신건강 전문가에게 데려가 진료를 받고 진단을 확인하고 치료 과정을 시작한다. 그러면 자녀는 정신건강 문제에 관해 편하게 대화하면서 어떤 증상이 있고 자신은 어디쯤 있는지 감을 잡고 여러 가지 치료법에 익숙해질 수 있다.

환자는 자기를 괴롭히는 문제가 무엇이고 무엇을 할 수 있기를 바라는지 표현할 수 있어야 한다. 가령 운동을 다시 시작하거나 학교나 직장에서 공부나 일에 집중해서 좋은 성과를 올리거나 사람들과 더 많이 소통하기를 바랄 수 있다. 다음으로 치료에서 원하지 않는 것과 피하고 싶은 것(몽롱한 기분, 체중 증가, 친구들에게 알려지는 것, 진정제를 먹는 것)에 관한 환자의 의견을 들어야 한다. 그리고 환자의 목표와 환자가 원하는 치료 결과를 파악해야 한다(외래로 치료받기, 올해 졸업하기 등).

여기서 공유의사결정이라는 개념이 나온다(4장 〈전문가에게 도움 구하기〉 참고). 이상적으로는 자녀가 치료에 관한 의사결정에 참여하는 것이 좋다. 자녀를 이 과정에 참여시켜 존중하고 신뢰하는 마음을 보여준다. 좋은 자료를 읽히고 의사나 정신건강 전문가에게 자신의 병과 치료 방법에 관해 의논하게 한다. 공유의사결정에서 전문가는 환자에게 무엇이 중요한지 알아내고 정보를 공유하고 진단을 명확히 설명하고 기분장애와 치료법과 위험과 효과에 관한 모든 질문에 답해준다. 이후 개방형 대화를 나누면서 치료 방법 몇 가지를 제안하고 환자의 가치관과 목표와 원하는 치료 방법을 고려한다. 다음으로 환자와 보호자와 전문가가 함께 환자에게 가장 적합한 치료 과정을 결정한다. 그러면 이후의 치료 단계에서 환자가 협조하고 참여할 가능성이 훨씬 커진다.

어떤 질문이 나올까? 환자가 다음과 같은 내용을 궁금해할 수 있다.

- 제 우울증을 치료하는 데 어떤 치료법이 있나요?
- 방금 설명해주신 치료법의 장단점은 뭔가요?

- 겁이 나요. 어떤 부작용이 있나요?

- 이런 치료법이 제 가치관이나 기호와 어울릴까요?

- 치료법으로 효과를 보기까지 얼마나 걸릴까요?

- 얼마나 치료를 받아야 할까요? 몇 주? 몇 달? 평생?

- 치료받는 동안 _____을 할 수 있을까요?

- 친구들이 알게 될까요?

- 치료하지 않으면 어떻게 될까요?

이 과정에서 부모가 중요한 지지자의 역할을 할 수 있다. 기분장애를 앓으면 기억 문제가 생겨서 병의 세세한 부분을 기억하지 못하고 객관적 관점을 상실할 수 있다. 이럴 때 부모는 환자가 모르는 가족력뿐만 아니라 환자의 치료 이력을 전달하고, 증상의 유형과 지속 기간, 남들이 관찰한 행동, 기분의 추이를 알려주고, 이전에 받은 치료의 부작용에 관해서도 알려주어서 전문가에게 중요한 통찰과 정보를 제공하는 역할을 할 수 있다. 환자가 함께하는 의사결정에 참여하기를 원하지 않거나 참여할 수 없다면 부모가 더 적극적인 역할을 떠맡는다. 그래도 궁극적으로 환자의 삶과 건강을 다루는 과정이므로 환자가 직접 참여하는 것이 더 바람직하다. 치료가 진행되는 사이 환자의 관계와 개입 정도가 변화할 수 있다.

환자도 3장 〈기분장애 관리를 위한 기초적이지만 필수적인 방법〉에서 소개한 정신건강의 기본 요소를 따르는 등 일상에서 변화하려고 스스로 노력해야 한다. 예를 들어 치료 계획을 따르고 처방받은 치료약을 복용하고 술과 마약을 멀리하고 규칙적으로 자고 건강한 식단을 섭취하고 매일 운동하는 방법이 있다.

연구자들이 아동과 청소년의 건강한 식단과 우울증 감소, 건강하지 않은 식단과 우울증 증가 사이의 연관성을 밝혀냈다. 그리고 학교 수업과 숙제 시간 이외에 하루에 두세 시간이나 그 이상 몸을 움직이지 않으면, 이를테면 앉아서 TV를 보거나 컴퓨터나 비디오게임을 하거나 친구들과 (앉아서) 노는 시간이 많으면 청소년 우울증의 발병률을 높이는 것으로 나타났다. 따라서 청소년 자녀가 건강하게 많이 움직이도록 지도하면서 부모가 먼저 모범을 보여야 한다.

규칙적이고 정해진 일과는 우울증 증상을 최소로 줄이는 데 도움이 된다. 그리고 소외감을 느끼지 않는 데도 도움이 된다. 환자에게 스마트폰에든 종이 노트에든 그날 할 일을 모두 적게 하는 것이 좋다. 우울한 청소년에게는 버거운 일로 보일 수 있다. 그래도 매일 할 일을 기록해 열심히 추구해야 할 목표로 삼게 한다. 매일 한 걸음씩 나가면 결국 목표에 도달할 것이다.

부모가 직접 정신건강의 기본 요소를 따르면 도움이 된다. 부모가 자식에게 건강한 생활습관의 모범이 되어줄 수 있다. 자녀가 부모에게 고통스러운 감정을 털어놓지 않고 부모의 도움을 거절할 때는 이 방법이 효과적이다. 자녀가 부모의 행동을 관찰하고 어떤 행동은 따라 할 수도 있다. 그리고 부모는 자녀가 진정한 친구가 아닌, 잘못된 길(마약, 술, 건강하지 못한 생활)로 끌어들이는 친구는 멀리하라고 지도해야 한다.

환자가 소셜미디어 사용을 줄이거나 소셜미디어 친구의 범위를 적어도 환자를 잘 알고 환자의 병을 이해해주고 무비판적으로 수용해줄 친구들 정도로만 제한하는 방법을 고려할 수도 있다. 소셜미디어는 친구들과 소통하는 데 좋은 수단이 될 수도 있지만 직접 만나는 것만큼 유익하지는 않다. 자녀에게 소셜미디어에는 누구나 '좋은 모습'만 공개하므로 우리는 그 사람들의 과장되거나 편향된 모습을 보는 것일 뿐이라고 일깨워줘야 한다. 매일 파티를 열고 신나게만 사는 사람은 없다. 소셜미디어의 이런 비현실적 이미지와 자신의 처지를 비교하는 것은 옳지 않다. 자녀에게 왜곡된 이미지로 더 스트레스받는 상황을 피하라고 말해준다. 소셜미디어를 멀리하면 온라인에서 따돌림당할 가능성도 줄어들 것이다.

청년 자녀의 우울증

자녀가 18세 이상의 청년이 되면 좋든 싫든 스스로 결정할 자유가 생기고, 부모는 자녀의 결정에 동의할 수도 있고 동의하지 않을 수도 있다. 자녀가 아직 가족의 건강 보험에 들어가 있더라도 의학적 치료를 위한 만남은 사적인 영역이고 치료 내용을 부모에게 일일이 알릴 필요가 없다. 게다가 부모가 자녀의 치료자와 대화하는 권한은 제한적이고 자녀가 허락할 때만 치료자를 만날 수 있다. 자녀의 사생활을 존중해야 한다는 뜻이다.

문제는 환자에게는 대개 자신의 병을 통찰하는 능력이 부족하고 어떤 상황인지 정확히 인지하기 어려우며 일반적으로 전문가의 도움이 필요하다는 것을 깨닫지 못한다는 데 있다. 그래서 결국 가정불화가 생길 수 있다. 환자가 '자신이나 타인을 해칠 위험'이 있거나 정신증(환각과 망상으로 현실 인식이 올바르지 않은 상태)이라서 전문가의 진단을 받아야 하는 경우가 아니라면 강제로 치료받게 할 수는 없다. 일부 극단적인 상황에서는 성년후견^{guardianship}을 신청해야 할 수 있다. 성년후견 신청은 자녀의 정신 능력이 정신장애로 인해 심각하게 손상되고 자녀가 자기를 보살필 수 없는 상태라는 기록이 있어야만 가능한 법적 절차다.

자녀가 치료받기를 거부할 때

자녀에게는 치료를 거부하거나 치료에 참여하기 싫은 이유가 있을 것이다. 친구나 동료나 고용자에게 알려질까 두려울 수도 있고 정신 질환자라는 낙인이 찍혀서 직장을 잃을까 두려울 수도 있다. 스스로 나약하고 실패한 인생이고 정상이 아니라는 의미로 받아들여지거나 치료받아도 효과를 보지 못하거나 불쾌한 부작용이 생길까 봐 우려할 수도 있다. 대화치료를 받으며 원치 않는 생각과 감정을 들쑤셔서 기분이 더 나빠질까 두려울 수도 있다. 이런 문제는 모두 우울증 교육으로 해소할 수 있으므로 부모로서는 자녀가 정신건강 전문의를 만나 이런 문제에 관해 의논하게 해주는 것이 최선이다. 아직은 환자가 치료에 전념해야 하는 것이 아니다.

자녀와의 개인적인 관계의 힘과 다른 가족 구성원의 다정한 압박을 이용해서 자녀가 치료를 받아들이도록 설득해야 한다. 가족이 치료자와 만나 최종적으로 자녀를 설득할 수 있다. 자녀가 가진 내면의 힘과 긍정적 자질에 집중해서 설득해보자.

자녀가 전에도 치료를 받은 적이 있고 현재 악화나 재발을 겪는 중인 경우에 시도할 수 있는 방법이 있다. 자녀가 치료 계약이나 재발 예방 행동 계획의 조건을 치료자와 함께 채택하게 만드는 방법이다. 4장 〈전문가에게 도움 구하기〉의 〈표 4-1〉에서 소개한 '재발 방지를 위한 실행 계획'에서는 기분 증상이 심해지는 경고 신호가 나타날 때 어떻게 대처해야 할지 간략히 설명한다. 자녀가 이미 계약서를 작성했다면 계약서에서 약속한 조건을 지키고 다시 치료를 받게 할 수 있다.

기분장애가 있는 부모와 함께 사는 자녀

주요우울증이나 양극성장애 환자인 부모와 함께 사는 청소년이나 청년들은 스트레스가 심하고 불편할 수 있다. 가족의 삶이 달라지고 새로운 상황에 적응하는 것이 어려울 것이다. 자녀는 부모와 가정환경에서 일어나는 변화를 걱정거나 두려워할 수 있다. 자신의 어떤 행동이 부모의 어두운 기분이나 분노나 음주를 유발한 건 아닌지, 부모의 증상을 완화시키기 위해 무엇을 할 수 있는지 궁금할 수 있다. 청소년이나 청년 자녀는 자기가 부모의 우울증을 유발하거나 악화시켰을지도 모른다는 죄책감에 빠질 수 있지만 이렇게 생각해서는 안 된다.

부모는 세상의 온갖 나쁜 일로부터 자녀를 보호하고 싶어 한다. 자녀에게 힘이 되고 안전한 가정을 만들어주려고 노력한다. 그래서 자녀에게 감정을 드러내거나 우울증 특유의 어두운 기분이나 부정적인 생각을 보여주지 않으려 하고 어떤 치료를 받는지도 알리지 않으려 할 수 있다. 자녀는 부모의 이런 태도에 상처받을 필요가 없다! 부모로서 자식을 보호하기 위한 행동일 뿐이다.

부모에게 기분장애가 있는 가정의 모습은 어떨까?

우울증이나 양극성장애와 같은 기분장애가 있는 부모와 함께 살면 어떤 모습이고 어떤 기분일까? 어머니나 아버지의 행동이나 생각하고 말하는 방식에서 달라진 면이 보일 수 있다. 부모가 침울하거나 짜증을 내거나 절망에 빠진 듯 보일 수도 있고, 사소한 일로 잔소리할 수도 있다. 수면 습관이나 수면의 질이나 피로도, 먹는 음식, 운동 습관, 하루의 일과에 변화가 나타날 수도 있다. 부모가 자녀나 자녀의 활동처럼 아프기 전에는 관심이 많던 일에 관심을 잃을 수 있다. 성인들은 술을 많이 마시거나 불법 약물을 하는 등 건강하지 않은 방법으로 자가치료를 시도할 수 있다. 부모의 모든 변화는 의도적인 것이 아니고 자녀를 일부러 힘들게 하려는 것도 아니다. 그저 기분장애의 흔한 증상일 뿐이고 기분장애는 치료가 가능하다. 정신건강 치료를 받으면 상태가 좋아질 수 있다. 기분장애의 증상에 대해서는 1장 〈기분장애에 대한 이해〉를 참고하라.

부모가 기분장애 환자인 집에서 같이 사는 자녀는 외로울 수 있고, 부모가 전처럼 옆에서 이끌어주고 보살펴주지 못해서 버림받은 기분이 들 수도 있다. 미래가 어떻게 될지, 어떤 상황이 펼쳐질지, 부모의 건강이 어떻게 될지 불안하거나 두려울 수 있다. 마냥 의지할 수 있을 것 같았던 든든한 기반이 흔들리고 더는 믿음직해 보이지 않고, 삶이 전처럼 안전해 보이지 않을 수 있다. 이제 집이 즐겁지 않을 수 있다. 이것은 모두 자식으로서 정상적인 반응이고 걱정이다. 같은 처지의 청소년이나 청년의 사례가 많이 알려지지 않았을 뿐 실제로는 많다는 사실에 위안을 얻길 바란다. 또 부모가 일부러 변한 것이 아니라 병 때문이라는 점을 기억해야 한다. 부모는 여전히 당신을 사랑하고 당신 곁을 지켜주려고 애쓰고 있다.

기분장애 부모를 둔 청소년 자녀가 할 수 있는 것

그러면 환자의 자녀로서 무엇을 할 수 있을까? 부모를 참아주고 우울증이 생물학적 질환으로서 생각과 감정과 행동에 영향을 미친다는 사실을 이해하려고 노력해야 한다. 정확하고 확실한 자료와 치료 과정에서 정신건강 전문의를 통해 기분장애에 관해 배우는 것이 좋다. 정보에는 힘이 있다. 정보를 알면 경험이 달라진다.

환자의 자녀는 기본적인 생활 영역에서 스스로 챙겨야 한다. 하루에 7~8시간씩 자고, 건강한 음식을 먹고(술이나 마약을 피한다), 매일 규칙적으로 운동하고, 친구와 가족과 사회/학교 활동과 취미 활동을 계속해야 한다. 평소처럼 학교에 다니고 숙제하고 일하고(청년이라면) 스포츠와 취미 활동을 즐기고 친구들과 어울리고 집안일을 돕는다. 자기를 관리하는 방법과 대처 전략에 관해서는 15장 〈할 일, 하지 말아야 할 일, 피해야 할 말, 해줄 말〉에서 자세히 다룬다. 이렇게 나름의 일상을 살아간다고 해서 미안해할 필요가 없다. 이런 활동을 통해 자신의 몸과 마음의 건강을 지킬 수 있다. 부모가 우울증이라고 해서 잠시라도 자신의 인생을 포기해서는 안 된다.

집에서는 부모를 지지해주려고 노력해야 한다. 자녀가 자기 빨래를 자기가 하거나 식사 준비를 거들거나 강아지를 산책시키거나 동생들을 돌보면서 애쓰는 모습에 부모가 크게 감동할 수 있다. 부모가 원할 때는 옆에서 자잘한 부분을 도와주어야 한다.

때로는 부모가 우울증과 싸우는 동안 옆에서 더 많이 지지하고 격려해주어야 한다. 차로 진료 시간에 데려다줄 수도 있고 심부름을 해줄 수도 있고 옆에서 부모의 말을 들어주기만 해도 된다. 이 책에서 어떻게 도울지에 관한 아이디어를 얻을 수 있을 것이다. 그렇다고 부모를 감시하거나 평소와 다르게 대하는 것은 좋은 방법이 아니다. 그냥 평소처럼 대하는 것이 좋다. 자녀가 부모의 의사나 치료자나 보호자가 될 필요는 없다. 이런 일은 전문가에게 맡기면 된다.

가족 안의 다른 어른이나 학교 상담사나 의사나 성직자에게 또는 다양한 지지모임에서 만난 사람들에게 부모가 기분장애를 앓는다는 사실을 알리는 것이 좋다. 상식적인 어른에게 자신의 경험과 감정을 이야기할 수 있으면 도움이 될 것이고, 기분장애뿐 아니라 인생 전반에 대한 두려움과 불안이 줄어들 수 있다.

부모의 우울증과 물질 남용 증상이 자녀로서 감당할 수 있는 수준을 넘는다면 당장 학교 상담사나 의사에게 연락해야 한다. 부모를 '책망하거나' 가족의 비밀을 폭로하는 행동이라고 생각해서는 안 된다. 부모가 기분장애로 인해 자녀를 제대로 돌볼 수 없다면 다른 가족이나 외부의 지원이 개입해야 하고 부모는 전문가에게 치료를 받아야 한다.

마지막으로 기분장애 부모와 함께 지낸 자녀도 결국 기분장애를 앓게 되는 것은 아닌지 궁금할 수 있다. 우울한 부모와 사는 아이들이 훗날 같은 병을 앓을 수 있으므로 지극히 현실적인 걱정이다. 유전적으로 우울증 성향을 물려받았을 수도 있지만 부모가 우울증이라고 해서 자식도 반드시 우울증에 걸리는 것은 아니다! 이 문제는 정신건강 전문의와 상의하길 바란다.

Chapter 11

삶의 목적을 상실했을 때
우울증은 쉽게 찾아온다

· 노인 우울증 ·

"우리가 우리를 기다리고 있는
삶을 받아들이기 위해서는
그간 계획했던 삶을 모두 버려야 한다."

– 조지프 캠벨(신화학자)

☹-☹-☺-☺-☺-☺

우울증은 노인층에 흔히 나타나는 질환이다. 국립정신질환연합(NAMI)에 따르면 미국에서 노인 3,500만 명 중 650만 명 이상이 우울증에 걸린다고 한다. 불행히도 2017년에는 75세 이상 미국인의 자살률이 18퍼센트로, 중년 층과 85세 이상 인구(자살률 20.1퍼센트)의 바로 뒤를 잇는다. 사람들은 나이를 먹으면서 우울증의 원인이 될 만한 갖가지 생활사건을 겪는다. 건강이 쇠락하고 사랑하는 사람을 떠나보내고 만성 통증으로 신체에 변화가 생기고 신체 기능과 활력을 잃고 삶의 목적을 상실한다. 나이가 들수록 다음과 같은 문제에 직면할 위험이 크다.

- 외로움
- 친구와 중요한 사람과 가족의 상실
- 생활양식을 제약하는 신체장애
- 질병
- 독립성과 목적의식의 상실

이상의 문제는 노화 과정의 일부다. 이런 문제는 우울증을 유발할 수도 있지만, 독립적으로 존재하는 문제로서 반드시 우울증으로 이어지는 것은 아닐 수도 있다. 우울한 기분이나 수면장애나 피로감이 노화로 인한 건강 문제인지 가벼운 우울증의 증상인지 구별하기가 쉽지 않다. 게다가 노인들은 우울증 때문이든 친구와 가족이 세상을 떠나서든, 사회적 활동이 감소하고 사회적 관계망이 좁아질 수 있다. 많은 노인이, 특히 집 밖에서 왕성하게 직업 활동을 하던 남자들과 집 안에서 가정을 건사하며 자녀를 양육하던 여자들이 삶의 목적을 잃고 남에게 의존해 살아가야 하는 생활을 힘들어한다. 그래도 잘 사는 사람들은 각종 활동과 독서와 복잡한 정신 활동으로 몸과 마음을 분주하게 움직이고 노년의 불가피한 온갖 제약에도 꾸준히 사회적 접촉을 유지한다.

우울증 구분을 어렵게 만드는 증상

노년에는 우울증과 사랑하는 사람을 잃은 뒤의 자연스러운 애도 반응이 비슷하게 나타날 수 있으므로 둘의 차이를 구별하기가 쉽지 않다. 두 가지 모두에서 슬픔과 눈물과 보통의 일상을 피하는 행동이 나타나지만 노화에 우울증이 더해지면 부정적 사고와 무가치감, 무력감, 낮은 자존감과 연관된 증상이 나타난다. 애도 반응에서는 나타나지 않는 증상이다. 애도 반응에서는 대개 인생에서 불가피한 상실과 온갖 역경에 대한 자연스러운 반응으로 슬픔과 애도가 나타나고, 이런 반응은 시간이 흐르면 자연히 호전된다. 하지만 우울증은 저절로 사라지지 않는다. 이런 이유로 노년기의 우울증은 전혀 치료받지 못하거나 반대로 과도하게 치료받을 수 있다.

한편 노년의 우울증은 치매와 구별하기 어려울 수도 있다. 두 가지 모두 노년기에 주로 나타나고 서로 연결되어 있거나 동시에 나타날 수 있기 때문이다. 일각에서는 치매의 전조로 우울증이 나타날 수 있다고 보기도 하지만 과학적으로 입증되지 않았다. 일반적으로 우울증은 슬프거나 짜증스러운 기분과 연관된 질환이고, 치매는 기억이 소실되는 질환이다. 치매에는 몇 가지 유형이 있지만 여기서는 일반적인 유형만 다룬다.

우울증과 치매의 특징은 〈표 11-1〉에 정리했다. 양쪽 모두에 해당하는 공통 증상이 많은 것을 알 수 있다. 우울증과 치매의 진단을 구별하는 문제는 걱정할 필요가 없다. 진단은 전문가가 내려야 하는 까다로운 과정이다. 정신상태 검사와 일반적인 신체검사를 진행해야 기억 상실과 혼란을 유발할 만한 다른 요인들을 제거할 수 있다. 가족은 환자를 관찰해서 평소와 달라진 모습을 의료진에 알리면 된다.

노인의 우울증 증상

노인의 우울증 증상은 다른 연령대와 약간 다를 수 있다. 노인들은 심각한 슬픔을 느낄 수 있다. 그러면서도 가족에게는 인정하지 않을 수 있다. 노인에게 다음의 증상이 나타날 수 있다.

- 짜증이 는다.

| 표 11-1 | **우울증과 치매의 특징**

우울증의 특징	치매의 특징
• 기억이 시간과 장소에 구애받지 않고 온전하다.	• 혼란스러워하고 연도와 월과 일, 시간과 장소를 분별하지 못한다.
• 기억은 온전해도 이따금 자잘한 사건을 기억하지 못한다. 환자가 이런 상태를 인지하고 괴로워한다.	• 아침으로 무엇을 먹었는지 같은 새로운 기억(단기 기억)을 저장하지 못한다. 먼 과거의 기억은 대체로 온전하다. 기억 문제가 일상생활에 지장을 줄 정도다. 잘 아는 곳에서도 길을 잃을 수 있다. 환자가 문제를 인식하지 못한다.
• 주의를 기울이고 집중하기 힘들어한다.	
• 작문/언어 능력에 결함이 없다. 언어를 적절히 사용한다.	
• 인지(사고 과정)나 판단력에 큰 변화가 없다.	• 치매 초기에는 집중력이 온전하지만 후기로 갈수록 집중력이 떨어진다.
• 불안해하고 걱정하고 공황상태에 빠질 수 있다.	• 작문, 말/언어, 운동 능력이 손상된다(일상적으로 자주 쓰는 단어를 잊어버리거나 혼동하고, 옷을 입는 것조차 힘들어한다).
• 몇 주 또는 몇 개월 동안 활동과 취미에 흥미를 잃는다.	
• 몇 주 또는 몇 개월에 걸쳐 사회적으로 움츠러들고 고립된다.	• 사고 능력과 판단력이 손상되었지만 자신에게 결함이 있다는 사실을 부정한다. 물건을 엉뚱한 곳에 둔다(신발을 냉장고에 넣는 행동).
• 몇 주 동안 슬프고 불행해 보이고 울고 싶어하고 짜증을 낸다.	• 대체로 걱정하지 않는다.
• 살 가치가 없다고 생각하고 자해와 자살을 생각한다.	• 몇 년에 걸쳐 서서히 활동에 대한 흥미를 잃는다.
	• 몇 년에 걸쳐 서서히 움츠러들고 고립된다.
• 몇 주 또는 몇 달 사이 수면 습관에 변화가 생기고(지나치게 많이 자거나 적게 잔다) 유난히 피곤해한다.	• 기분은 대체로 정상이지만 기분과 행동과 성격에 변화가 나타날 수 있다.
	• 자해는 거의 나타나지 않는다.
• 몇 주 또는 몇 달 사이 의도치 않게 체중과 식욕에 변화가 생긴다(증가하거나 감소한다).	• 몇 년에 걸쳐 서서히 수면 습관이 바뀐다.
	• 몇 년에 걸쳐 서서히 체중과 식욕이 줄어든다.

- 사회적 관계에서 움츠러든다.

- 까다롭게 요구한다.

- 식욕을 잃는다.

- 체중이 감소한다.

- 막연한 통증을 호소한다.

- 신체적으로 뚜렷한 원인 없이 끊임없이 여기저기 아프다고 호소한다.

- 동작이 느려진다.

- 수면장애가 생긴다.

그리고 다음의 증상이 가볍게 나타날 수도 있다.

- 기억에 문제가 생긴다.

- 혼란에 빠진다.

- 잘못된 믿음(망상)이 나타난다.

- 환각(실제로 존재하지 않는 것을 보거나 듣기)이 나타난다.

아래 사례에서 프레드는 노년기의 여러 가지 상실 중 몇 가지를 경험하고 우울증과 관련이 있어 보이는 온갖 증상을 보인다. 노인들은 친구와 가족을 먼저 떠나보내고 몸에 병을 얻고 삶의 목적을 상실한 채 살아간다. 모두 주요 우울증 삽화를 유발할 수 있는 상황이기도 하다. 이런 증상을 분별하기 어려우므로 전문의가 환자의 복잡한 증상과 불평을 평가하고 필요하면 치료를 시작해야 한다.

"이대로 삶을 끝내버리고 싶다는 생각이 들어요."

82세의 은퇴한 엔지니어 프레드는 지난 6개월 동안 정신적으로 방황했다. 몸은 건강한 편이지만 고혈압과 심방세동이라는 불규칙한 심장박동 문제로 치료를 받았다. 요즈음에는 날마다 하는 일이 없고 정해진 일과 목적도 없다. 아내 앨리스는 2년 전에 세상을 떠났다. 55년 동안 서로를 지지하고 결혼생활을 유지하면서 부부가 함께 사회적 관계를 맺고 외부의 관심사를 찾아다녔다. 친구들과 두 형도 멀리 이사하거나 세상을 떠나서 상실감이 크고 늘 외로웠다. 소외감이 부쩍 더 심해지고 동네 주민문화센터에서 열리는 노인 행사에는 참여하고 싶지 않았다. 사람들한테 짜증을 내고 평소의 그답지 않게 아들과 딸에게도 까다롭게 이것저것 요구했다. 요리도 하기 싫고 음식에도 관심이 없고 살을 뺄 계획이 아닌데도 5킬로그램 이상 체중이 줄었다. 잠도 제대로 자지 못하고 매일 할 일도 없이 새벽 4시 반에 깨서 온종일 힘들었다. 근육과 오른쪽 엉덩이 부위가 여기저기 아프고 심장이 두근거리고 속이 좋지 않았다. 이런 증상으로 주치의에게 진료를 받았고 전반적으로 건강하고 몸에 별다른 이상이 없다는 말을 들었지만 여전히 마음이 놓이지 않았다.

프레드는 인정하고 싶지 않지만 가끔 슬프고 눈물이 나고 자신에게 무슨 일이 벌어지고 있는지 걱정되었다. 삶에 대한 열정을 잃고 피로하고 그냥 다 끝나버리면 좋겠다는 생각이 불쑥불쑥 올라왔다. 자식들에게 짐이 되거나 주시당하고 싶지 않았다. 프레드의 자식들은 아버지가 정신건강 전문의에게 진단을 받아보기를 바랐다.

의학적 평가로 원인 찾기

노인이 우울증에 걸리면 눈물을 흘리거나 기분이 가라앉는 증상보다 짜증과 불안과 몸이 여기저기 아프다고 호소하는 증상이 더 많이 나타날 수 있다. 보통 다른 질환이 함께 나타나므로 전반적인 건강 상태와 우울증 관리가 더 힘들어진다. 대체로 사고력(인지력)이 함께 떨어지고, 실행 기능(계획하고 조직하고, 자기를 점검하고, 일을 시작하고, 감정을 조절하는 능력)과 주의력과 기억력도 감소한다. 이와 같은 사고 능력의 결함은 우울증을 유발하고 지속시키는 뇌의 노화 신호일 수 있다.

전문 지식을 갖춘 의료인만이 노인에게서 우울증과 혼란스러운 사고의 원인을 구별할 수 있다. 우선 진료의가 의학 평가와 신경학적 검사를 실시해서 사고의 변화를 유발하거나 우울증을 유발했을 만한 신체적 문제를 찾아본다. 다음의 방법이 있다.

- 갑상선 질환 선별을 위한 혈액 검사(갑상선기능저하증이 우울증과 유사한 증상을 유발하기도 하므로)
- 빈혈 선별을 위한 일반혈액검사(CBC)
- 혈당(글루코스)
- 간과 신장 기능을 확인하기 위한 혈액 검사
- 비타민 B12와 엽산과 같은 비타민 결핍 분석
- 심장 평가를 위한 심전도(EKG) 검사
- 혈압
- 기타 검사

의사는 환자에게 다발성경화증, 파킨슨병, 알츠하이머병, 헌팅턴병, 뇌졸중, 루프스나 단핵증이나 인간면역결핍바이러스(HIV) 같은 면역계 질환 등의 기분장애와 관련이 있을 만한 의학적 질환이 있는지도 확인한다. 간이 정신 상태 검사로 인지 기능(사고 과정)과 기억 문제와 우울증 증상을 살펴본다. 더불어 처방받은 약이든 약국에서 구매한 건강보조제나 비타민이든, 현재 환자가 복용하는 모든 의약품을 철저히 확인해야 한다. 신체 질환을 치료하는 약물 일부가 그 자체로든 다른 약과 결합해서든 우울증을 유발할 수 있기 때문이다. 이런 약물로는 항균제와 항생제, 베타차단제(프로프라놀롤, 메토프롤롤, 아테놀올), 칼슘통로차단제(베라파밀, 니페디핀) 디곡신, 메틸도파 같은 심장약과 혈압약이 있다. 여기에 스테로이드(프리드니손), 에스트로겐(프레마린), 사전피임약이 추가된다. 그리고 클로나제팜(클로노핀), 시메티딘과 라니티딘(잔탁), 마약성 진통제(아편유사제) 같은 각종 약물도 포함된다. 코카인이나 암페타민을 끊을 때도 우울증이 나타날 수 있다.

평가 절차가 마무리되면 의사가 필요에 따라 의료치료나 우울증치료를 진행하거나 정신건강 전문가에게 의뢰해서 가장 적합한 치료를 받게 할 수 있다. 환자가 응급 상황이나 정신증이나 혼란 상태가 아니라면 치료에 관한 의사결정은 환자와 함께 내려야 한다.

우울증 진단을 받았어도 나중에 정신건강 전문가의 '구조화된 면담'이나 우울증 평가 척도에서는 주요우울증 진단 기준을 충족시키지 않는 경우가 많다. 일부 환자는 심각한 증상을 적게 보이거나 경도의 우울증일 수 있다. 따라서 간혹 항우울제 처방이 필요하지 않은 노인에게 과잉치료할 수도 있다. 이런 노인 환자들에게는 약물치료보다는 지지적인 대화치료(심리치료)나 상담이나 정기적인 추적치료로 생활양식에 변화를 주는 방법이 더 효과적일 수 있다. 하지만 우울증이 심각하거나 자살 위험이 높거나 정신증이 있다면 정신건강 전문가에게 의뢰해야 한다.

환자의 가족은 환자가 충실히 치료받고 처방약을 복용하는 것을 지켜보고 진료 시간에 데려다주는 식으로 지원해야 한다. 노인 가족의 진단에 관해 궁금하면 담당의에게 환자를 살펴보게 해서 추가치료를 찾아보는 것이 가장 바람직하다.

노인 우울증의 치료

정확히 우울증 진단이 나왔다면 어느 연령대든 치료를 받아야 한다. 노인 환자가 치료받게 하는 데는 난관이 있을 수 있다. 노인 세대는 흔히 우울증을 나약함으로 여겨서 전문가에게 도움을 구하는 것을 꺼린다. 노인들은 우울증을 남에게 털어놓거나 병으로 여기기 어려워한다.

우울증을 앓는 노인에게는 가능한 몸을 많이 움직여서 활동량을 늘리게 해주어야 한다. 또 식습관과 영양 상태를 개선하게 하고 친구와 가족과 많이 소통하고 사회 활동을 유지하게 해서 사회적 접촉을 늘리고 즐거움을 주는 (주었던) 활동을 계속하도록 이끌어주어야 한다.

치료가 필요하다는 결정이 내려졌다면 우선 복용할 약물로 효능이 좋고 부작용이 적고 비용이 적게 드는 선택적 세로토닌 재흡수 억제제(SSRI) 계열의 항우울제를 고려할 수 있다. 노인들에게는 항우울제의 부작용이 나타날 가능성이 크므로 약물치료를 선택하기가 어려울 수 있다. 게다가 우울증 약물은 다른 약물과 호환되지 않을 수 있다. 또한 나이가 들수록 몸에서 항우울제를 대사하는 기능이 떨어져 부작용이 심할 수 있다.

이런 이유에서 노인들은 부작용에 대한 불쾌한 기분이나 기억력 감퇴 문제나 복잡한 복약 시간을 맞추지 못해서 복용을 중단하거나 잊어버릴 수 있다. 그래서 노인 환자에게 항우울제 대신 전기충격요법(ECT)을 권하는 경우가 많다. ECT는 자살 성향이 있는 심각한 우울증 환자나 여타의 치료에 반응하지 않는 환자나 신체 질환이 심각해지는 환자에게 가장 효과적인 치료법으로 사용된다. ECT는 통제된 환경(병원)에서 실시해야 하고, 노인 환자에게 특히 효과적이다. ECT의 효과는 대개 몇 주 안에 나타나는데, 항우울제의 효과보다 훨씬 빠르다.

심리치료는 노인 우울증 환자에게 효과적이고 최우선으로 적용할 만한 치료법으로 간주할 수 있다.

노인 환자의 가족이 할 수 있는 일

노인 환자의 가족은 평소의 지지 방법을 넘어서 환자의 안전을 보장하는 데 관심이 많을 수밖에 없다. 환자가 혼자 살거나 노인 배우자와 단둘이 산다면 환자가 자기를 관리하고 씻고 식사를 하고 처방약을 제때 복용하고 빨래하고 외출하고 볼일을 보러 가는지(이를테면 가족이나 친구와 시간을 보내거나 진료 시간에 맞춰 병원에 가거나 교회에 다니거나 장을 보러 가는지) 확인하고 싶을 것이다. 한마디로 일상을 제대로 살아가는지 궁금할 것이다. 집에 혼자 앉아 하염없이 시간을 흘려보내는 것은 노인만이 아니라 누구에게도 건강하지 않은 생활이다. 따라서 가족으로서 환자가 사회적으로 교류하도록 도와주고 싶을 것이다.

환자가 새로 처방받은 약 때문에 기운이 없거나 불안정할 때 안전하게 걸을 수 있을까, 아니면 넘어질 위험이 있을까? 환자가 아직 운전할 수 있을까, 혹은 단기로든 장기간이든 아직은 운전을 해야 할까? 환자의 가족에게는 중요한 문제이므로 전문의에게 철저한 신경학적 검사를 받아보고 이 문제를 진지하게 의논해야 한다. 노인 환자가 자신이나 남에게 해를 끼칠 위험이 있어 보이면 운전을 그만두어야 한다. 환자가 사는 지역의 규정과 요건을 확인하자. 이것은 독립적 주체로서 환자의 자아 감각과 사회적으로 자유롭게 활동하는 능력에 영향을 미칠 수 있는 중대한 결정이다. 환자가 대중교통을 이용하거나 다른 사람의 차를 얻어 타야 한다면 수고가 더 많이 들어간다. 담당 의사와 의논해서 결정해야 한다.

환자가 혼자서 이런 일을 할 수 없는 경우에 식사와 세탁과 집안일을 도와줄 사람이 있다면 혼자 지낼 수 있는가? 이 질문에 대한 답을 판단하는 가장 좋은 방법은 담당 의사가 환자를 평가하고 환자의 생활을 분석하고 필요한 방법을 권장하는 것이다. 환자가 일주일에 몇 시간가량 가정 방문 지원을 받거나 생활 지원 시설로 들어가거나 가족과 함께 지내야 할 수 있다. 다만 낮에 가족이 모두 출근 등의 이유로 같이 있어줄 수 없다면 노인이 낮에도 도움을 받거나 주간 노인 보호 시설에 가야 할 수 있다. 자살 성향이 있는 노인 환자라서 누군가가 매일 24시간 지켜보고 같이 있어주어야 하는 경우라면 이 방법이 특히 중요하다.

노인 환자가 처방받은 약을 제때 챙겨 먹을 수 있을 것 같은가? 아니면 혼란에 빠지거나 자살하고 싶어 하는 것 같은가? 자주 제기하고 판단해야 할 중요한 질문이다. 노인 환자가 혼란에 빠지거나 약 먹는 것을 잊어버리거나 심각하게 실의에 빠져서 자살할까 봐 걱정된다면 이번 우울증 삽화가 지나갈 때까지 꾸준히 관찰해야 한다. 보호자가 혼자서 결정할 문제가 아니다. 다른 가족들과 의료진과 함께 결정해야 한다.

Chapter 12

목적과 방향성이 있다면
울퉁불퉁한 길도 걸을 만하다

· 우울증 회복 과정 ·

"회복이란,
개인이 건강하고 행복해지고
주도적으로 살아가고
잠재력을 온전히 발휘하려고
노력하는 변화의 과정이다."

– 물질 남용 및 정신보건 행정국

환자가 회복하는 과정을 이해하려면 기분장애가 환자의 삶에 미칠 수 있는 영향을 들여다보면 된다. 주요우울증이나 양극성장애의 한 가지 비극은 삶이 멈춘다는 점이다. 이처럼 만성적인 진행성 질환이 이른 나이에 시작되면 치료에 제대로 반응하지 않고 온전히 살아가는 능력이 손상될 수 있다. 교

I 표 12-1 I 기분장애가 생활에 미치는 영향
• 삶의 자연스러운 진행, 특히 성인기로 넘어가는 시기에 미치는 영향
• 일하며 독립적으로 생활하고 자기를 관리하고 재정 상태를 관리하고 스스로 의사결정을 내리는 능력에 미치는 영향
• 교육이나 학업적 성과나 성취나 완성의 지연
• 직업이나 직장이나 직위/자리 선택(책임이 크지 않은 일을 해야 하거나 특정 사원 복지 프로그램을 갖춘 일자리를 구해야 하므로)에 미치는 영향
• 취업이나 직업적 발전의 지연
• 재정적 부담
• 가족과 배우자나 연인과 친구와의 관계 손상
• 가족의 책임

출처: 우울증 및 양극성장애 지지 연합(DBSA), "Well Beyond Blue: Report of the Externally Led Patient-Focused Medical Product Development Meeting on Major Depressive Disorder." (2019년 3월).

육과 직업과 경력을 쌓는 과정이 지연되고, 결국 감당하기 힘들 정도로 스트레스가 쌓이고 인지력(사고력)이 떨어져서 현실과 타협해야 할 수 있다. 사람들과 소통하면서 자연스럽게 성인기로 넘어가는 과정도 지체될 수 있다. 기분장애가 학업과 직업의 발전을 방해하므로 제대로 된 직장에 다니지 못하는 경우가 많고, 그래서 결국 학교나 직장에서 (일시적으로) 능력을 발휘하지 못하고 경제 능력에도 영향을 받을 수 있다. 기분장애가 다른 신체 질환과 연결되어 나타나면 최상의 건강 상태일 때의 성과보다 낮은 수준에 맞춰서 선택하고 타협해야 한다.

우울증 및 양극성장애 지지 연합(DBSA)에서는 기분장애가 삶에 미치는 영향에 관심을 가지고 2018년 11월에 기분장애 환자, 보호자, 미국식품의약국 관계자, 의약품 개발업체 관계자를 소집했다. 환자들의 건강과 행복에 대한 의견을 우울증 치료제와 의료용품을 개발하고 연구를 지시하는 의사결정권자들에게 직접 전달하기 위한 자리였다. 더불어 실제 환자들의 치료 결과를 기분장애 환자를 위한 정신건강치료 과정으로 통합해서 결과적으로 새로운 치료법을 개발하자는 주장에 힘을 실어주기 위한 10년 프로젝트의 일환이었다. 우울증 및 양극성장애 지지 연합은 2019년 3월 보고서에서 이 회의와 온라인 정신건강 지원 설문조사 결과를 요약했다.

이 보고서에서 눈에 띄는 주제 중 하나는 환자의 좌절감과 '좋아져도 좋을 게 없다'는 생각이었다. 그리고 더 생산적이고 경제적으로 안정되고 사람들과 소통하고 그저 생존하는 것이 아닌 그 이상으로 잘 사는 기회를 얻으려는 환자들의 강렬한 욕구도 이 보고서에 담겨 있다.

우울증에서 회복되면 어떤 상태일까?

 기분장애 삽화를 떨쳐내고 기분이 좋아지는 것이 목표라면 이런 질문이 나올 수 있다. 그게 어떤 상태인가? 환자가 목표로 삼을 삶은 어떤 삶인가? 합리적이면서도 현실적으로 무엇을 기대할 수 있을까? 환자가 원래의 삶으로, 학교나 직장으로 돌아갈 수 있을까? 돌아가고 싶어 할까? 아니면 삶의 다른 경로를 선택해야 할까? 환자가 자기를 관리하고 자기를 지지하고 직장을 구하고 나아가 자식을 낳아 키울 수 있을까? 환자의 가족은 어떻게 개입해야 할까? 환자가 건강해졌다가 다시 기분장애가 심해지면 어떻게 될까? 개인마다 구체적인 내용은 달라도 회복에는 몇 가지 공통점이 있다.

 환자는 기분장애에서 회복하면 다시 기운을 차리고 희망을 품는다. 우울증에서 벗어나 원래의 삶이나 충만한 삶으로 돌아갈 수 있다고 믿고 힘을 낸다. 한 가지 이상의 현실적인 목표와 그 목표를 달성하기 위한 나름의 방법을 찾아서 정보를 토대로 목표를 추구하면서 힘을 기른다. 삶의 통제력을 되찾기 위해 노력한다. 회복하는 동안에는 새로운 삶의 의미와 목적을 발견하고 정신 질환의 잔여 증상이 있기는 하지만 목적을 달성하기 위해 모든 잠재력을 동원한다. 회복이 삶의 모든 측면(마음, 몸, 정신, 공동체)에서 진행되고, 동료와 가족과 친구, 그 밖에도 환자를 믿어주는 모두에게 지지를 받는다. 긍정적인 관계를 맺고 공동체와 직장, 가정, 사회, 자원봉사에서 제 역할을 하기 위한 방법을 찾는다. 낙인과 차별이 줄어들고 존중받는다. 건강하고 행복한 삶이 중요한 목표가 된다.

회복의 목표와 환자의 노력

기분장애 같은 정신 질환에서 회복하는 과정의 목표는 환자 개인이 정의하는 대로 온전히 살아가는 것이다. 잔여 증상이 있어도 일생에 걸쳐 온전히 살아가려고 노력하는 것이다. 회복이란 대개 우울증 증상을 줄이고(제거하고) 다시 제대로 살아가는 것을 의미한다. 증상이 없는 상태로 살 수 있어야 하고 자기가 선택한 (건강한) 활동과 관계를 누릴 수 있어야 한다.

국립정신건강협회(NAMI)에서는 회복이란 진단부터 시작해서 정신건강 질환을 성공적으로 관리하는 단계로 넘어가는 일련의 과정이라고 정의한다. 한마디로 계속 진행 중인 과정이라는 뜻이다. 지속적인 회복에는 다음과 같은 노력이 포함된다.

- 질환과 효과적인 치료법에 관해 학습하기(그리고 치료에 참여하기)
- 동료와 가족에게 지지받아 힘을 기르기
- 일부 환자의 경우 남을 도우면서 건강하고 행복해지기

정신 질환을 진단받은 환자들은 대체로 각자에게 적합한 치료 계획에 적극 참여하여 증상을 완화시키고 만족스럽게 살아갈 수 있다. 효과적인 치료 계획으로는 약물치료, 심리치료, 동료 지지 모임이 있다. 균형 잡힌 식단과 운동과 수면도 정신건강에 중요한 역할을 한다. 의미 있는 사회적 기회와 자원봉사 활동이 전반적인 건강과 정신건강 회복에 기여한다.

회복에 관해 내가 좋아하는 정의가 있다. "정신 질환을 진단받고 그에 따

른 모든 상실을 경험한 후 삶의 통제력을 되찾는 지속적인 과정"(DBSA/Appalachian Consulting Group, 2009). 내가 이 정의에 끌린 이유는 회복을 제한된 시간 안에서 시작과 끝이 있는 정적인 사건이 아니라 지속적인 과정으로 이해하기 때문이다. 사실 이 개념이 기분장애의 본질에 잘 맞다. 또 삶의 통제력을 되찾는다는 개념은 내가 집단상담에서 만난 많은 사람에게도 울림을 주는 듯했다. 그들은 모두 우울증이나 조증 상태에서는 삶에 대한 통제력을 상실하고 삶이 원치 않는 방향으로 흘러가는 느낌이 든다고 말한다. 사실 환자들에게는 마치 병이 그들의 삶을 통제하고 삶이 우울증 증상과 진료와 하루하루를 견디는 싸움으로 점철된 것처럼 보인다. 따라서 삶의 통제력을 되찾는 것은 적절한 목표다. 그리고 흔히 정신 질환 진단과 함께 오는 상실을 진지하게 생각하지 않지만 이런 상실이 환자의 삶에 지대한 영향을 미칠 수 있다. 여기서 상실이란 어떤 의미일까?

우울증 진단과 함께 겪는 상실

정신 질환에 의해 삶과 세계가 극적으로 변하는 시기를 보낼 때 경험할 수 있는 상실에는 여러 가지가 있다. 일반적인 예를 들어보자.

- 정신 질환 진단을 받은 후 자신을 바라보고 정의하는 방식의 상실
- 자존감 상실
- 배우자나 연인을 비롯한 중요한 관계나 친구 관계 상실

- 삶을 즐기는 자세 상실

- 삶의 소중한 시간 상실

- 생산성 상실

- 학교나 직장 상실

- 직업 상실

- 일하는 시간이 줄어들거나 치료를 받거나 조증 삽화일 때의 과도한 소비로 인한 금전적 상실

- 기회 상실

- 기타 상실

이런 상실의 영향이 누적될 때 환자가 바로 인지하고 해결하지 못하면 환자의 삶이 심각하게 부정적인 영향을 받을 수 있다. 그러면 어떻게 해야 할까? 우선 상실을 알아채고 애도하는 기간을 충분히 가져야 한다. 시간을 두고 상실과 상실이 미치는 영향을 진지하게 고찰하면 한동안 상실로 인한 슬픔과 애도를 느낄 수 있다. 그런 다음 문제를 떨쳐내고 그 생각에 매몰되지 않는다. 이것이 상실에 대한 건강한 반응이다. 이렇게 하지 않으면 상실감이 불쑥불쑥 되살아나 괴롭힐 수 있다.

자주 언급되는 또 하나의 회복에 관한 정의는 물질 남용 및 정신보건 행정국(SAMHSA)이 2010년 8월에 전문가와 이해 당사자 집단과 함께 만든 정의다. "개인이 건강하고 행복해지고 주도적으로 살아가고 잠재력을 온전히 발휘하려고 노력하는 지속적인 변화의 과정." 이 정의에서도 "지속적인 변화의 과정"에 방점이 찍힌다. 즉효가 나타나는 마법의 약은 없고, 안타깝게도 회복

한 뒤에도 꾸준히 관심을 가지면서 잘 지내려고 노력하지 않아도 되는 궁극의 목적지는 없다. 그렇다고 실망할 필요는 없다. 원래 회복 과정은 전체적으로 상향곡선을 그리지만 매일이나 매주 들쑥날쑥하고 환자에게는 전혀 진전되는 것처럼 느껴지지 않는 정체기도 간간이 찾아온다. 그래서 치료 계획과 회복 목표를 계속 추구하는 것이 더 어렵지만 어쨌든 결국 좋아지기는 할 테고 환자도 꾸준히 노력해온 자신을 대견하게 생각할 날이 올 것이다. 이따금 뒤로 물러날 때도 있지만 어차피 꾸준히 발전하고 경험으로 배운 것이 기반을 다져줄 것이다. 결국 가족은 환자의 정신건강을 살피는 것이 습관이 되어 평생의 짐으로 여기지 않게 될 것이다.

회복하기 위해서는 무엇보다 환자의 노력이 중요하다

이 정의의 두 번째 핵심은 환자가 직접 수행한다는 점이다. 환자가 직접 회복하기 위해 노력하는 것이다. 수동적으로 치료받고 회복하려는 노력이나 의지 없이 약만 먹는 것이 아니라 회복 과정에 적극 참여하는 것이다.

회복은 환자가 하는 행동의 내용이 달라지거나 그 행동을 하는 방식이 달라져서 결과적으로 건강하고 행복해지고 원하는 대로 살아가고 잠재력을 온전히 발휘할 때 일어난다. 변화는 환자가 삶의 어떤 영역에서 불만족을 느껴 바꾸고 싶을 때 시작된다. 환자가 자신과 세계를 보는 관점에 변화가 일어날 수도 있고, 환자의 부정적인 사고에 변화가 일어날 수도 있고, 환자를 자꾸만 주저앉히는 해로운 사람이나 상황이나 습관을 떨쳐내는 쪽으로 변화가 일어날 수도 있다. 혹은 식단과 운동 습관에 변화가 일어날 수도 있다(담배나 술을 끊을 수 있다). 변화는 안전지대에서 벗어나 목표에 도달하는 과정이므로 처음에는 어색하게 느껴질 수도 있다. 가장 좋은 방법은 작은 한 걸음부터 시작하고 마음속으로 목표를 정하는 것이다. 물질 남용 및 정신보건 행정국의 회복에 대한 정의는 회복하는 삶을 지탱해주는 네 가지 주요 특징으로 이루어진다.

- **건강**: 몸과 마음의 건강 관리하기. 몸과 마음의 병이나 알코올과 물질의 남용이나 중독을 비롯한 모든 증상을 관리한다는 뜻이다. 정보를 두루 알아보고 지속적인 회복 과정을 유지해줄 몸과 마음의 건강을 지키기 위해 건강한 선택을 내려야 한다.
- **가정**: 안정되고 안전한 거주 공간 확보하기. 자기 파괴적인 행동으로 이어질 수도 있는 삶의 불확실성과 불안을 제거하는 데 도움이 되는 일관되고 평화로운 공간을 확보한다.
- **목적**: 일상에서 의미 있는 활동을 찾고, 학교나 직장에 다니거나 자원봉사를 시작하거나 가정을 돌보거나 창의적으로 일하면서 생산적으로 활동하고, 독립심과 수입과 자원을 확보해서 사회에 참여한다.
- **공동체**: 판단하지 않고 지지해주고 우정과 사랑과 희망을 제공하는 인간관계와 사회적 관계망을 확보한다.

물질 남용 및 정신보건 행정국에서는 회복에 대한 정의를 발전시키기 위해 정신건강 회복을 위한 10가지 지침을 내놓았다(〈표 12-2〉 참고).

'개인적' 회복에 관한 이런 정의도 있다. "회복은 개인의 태도, 가치관, 감정, 목표, 기술, 역할을 변화시키는 지극히 개인적이고 고유한 과정으로 정의된다. 회복은 질환에 의한 제약이 있어도 충만하고 희망적이고 세상에 공헌하면서 살아가는 방식이다. 회복은 삶에서 새로운 의미와 목적을 찾으면서 정신 질환의 파국적 영향을 뛰어넘어 성장하는 과정이다(Anthony, 1993)." 이 정의가 흥미로운 이유는 정신 질환이나 기분장애 증상에 시달리면서도 충만하게 살 수 있다고 강조하기 때문이다. 환자는 정신 질환 삽화와 그 영향을 뛰어넘어 성장할 수 있다. 명심해야 할 부분이다. 환자는 정신 질환 진단에도 불구하고, 진단을 뛰어넘어 잘 살 수 있다. 새로운 차원이나 규모인 상황이지만 겉보기만큼 그렇게 암울하지만은 않다.

정신건강 회복에 지름길은 없다

회복은 장기적이고 지속적인 과정으로, 좋을 때도 있고 안 좋을 때도 있고 가끔은 뒤로 물러나면서 경험을 통해 배워야 할 때도 있다. 회복은 질환이 있는 상태에서 건강한 상태로 곧은 일직선을 그리며 명확한 종착점을 향하는 과정이 아니다. 그보다는 지그재그를 그리며 나아가고 가끔 역행하기도 하는 과정이다. 작은 단계를 밟아가는 사이 회복이 일어난다. 갑자기 아무 일도 일어나지 않을 것처럼 보이는 정체기가 찾아오기도 한다. 이때는 누구에게나 좌절감이 들지만 특히 가족의 지지가 절실한 때이기도 하다.

치료가 까다로운 우울증이 있거나 치료 저항성 우울증인 환자라면 회복이

| 표 12-2 | 정신건강 회복을 위한 10가지 지침

1. 회복은 희망에서 나온다

회복이 현실적으로 가능하다는 믿음은 우리가 내면과 외부의 난관과 장벽과 장애물을 극복하고 앞으로 나아갈 수 있다는 희망적인 메시지를 던진다. 희망은 회복 과정을 촉진하고 다른 모든 것이 여기서 시작된다. 동료, 가족, 친구, 치료자를 비롯한 모든 사람이 환자가 희망을 잃지 않도록 도와줄 수 있다.

2. 회복은 자기 주도적으로 일어난다

우리는 삶의 목표를 정하고 그 목표를 향해 나가는 저마다의 고유한 과정을 설계한다. 따라서 자기 결정과 자기 주도가 회복의 토대가 된다. 환자는 자율성(독립적으로 결정하고 자신의 행동과 생각과 감정을 통제당하지 않는 능력)과 독립성을 확보함으로써 회복에 도움이 되는 정신건강 서비스와 지원을 주도적으로 통제하고 선택해야 한다. 그사이 힘이 길러진다. 환자가 정확한 정보를 토대로 결정하고 회복 과정을 시작하고 내면의 힘을 기르고 삶에 대한 통제력을 되찾기 위한 자원이 주어진다.

3. 회복은 저마다 고유한 경로로 일어난다

각자의 능력뿐 아니라 요구와 선호도와 목표와 문화와 배경과 외상 경험을 비롯한 온갖 경험에 따라 회복으로 가는 길이 저마다 다르다. 회복은 각자의 역량, 재능, 대처능력, 자원, 고유의 가치에서 출발한다. 회복 과정은 환자마다 다르고, 전문적 치료, 약물, 가족의 지지, 학교의 지지, 신앙에 기반한 방법, 동료의 지지, 그 밖에 다양한 요소가 개입한다. 회복은 단계적으로 일어나는 것이 아니라 이따금 역행하기도 하고 경험으로 배우면서 꾸준히 나아가는 과정이다.

4. 회복은 전체론적이다

회복은 마음과 몸과 정신과 공동체를 비롯해 우리의 삶 전체를 포괄한다. 말하자면 회복은 자기 관리 연습, 정신건강과 담당 의료진의 치료, 치과치료, 신앙, 영성, 창조성, 가족의 지지와 사회 관계망, 주거, 고용, 교육, 교통을 비롯한 삶의 모든 측면과 연관이 있다.

5. 회복은 다른 환자나 협력자의 지지를 통해 일어난다

회복에서는 서로 지지하는 관계가 중요한 역할을 한다. 서로를 격려해주고 회복하도록 자극하고 서로에게 소속감과 지지하는 관계와 공동체를 제공한다.

6. 회복은 인간관계와 사회 관계망의 지지를 통해 일어난다

환자의 회복력을 믿어주고 희망과 지지와 격려를 보내고 변화를 위한 전략과 지지해주는 사람들이 있어야 한다. 모두 회복 과정에서 중요한 요소다. 가족과 동료와 치료자와 신앙 모임과 공동체의 구성원이 여기에 해당한다. 환자는 이런 관계를 통해 건강하지 않은 역할을 벗어던지고 새로운 역할로 넘어가 소속감을 느끼고 사람들과 어울리고 내면의 힘을 기르고 자율성을 되찾고 사회적으로 수용되고 공동체에 참여할 수 있다.

7. 회복은 문화 안에서 일어난다

문화와 문화적 배경(가치관, 전통, 신념)이 환자의 회복 경로를 결정한다. 정신건강치료 서비스는 문화를 토대로 하고 문화에 따라 적절히 조율되고 환자의 고유한 요구에 맞게 조정되어야 한다.

8. 회복은 외상을 치료하면서 일어난다

(신체적이든 정서적이든) 외상 경험은 알코올이나 약물 남용, 정신건강 질환, 인간관계 문제의 전조가 되거나 연관이 있다. 환자의 외상에 관한 정보를 기반으로 치료 서비스와 지원을 제공해야 안전과 신뢰를 확보할 수 있을 뿐 아니라 선택과 권한과 협조를 촉진할 수 있다.

9. 회복은 힘에서 나온다

환자와 가족과 지역사회의 힘과 자원이 회복의 근간이다. 회복은 환자의 다양한 능력, 회복력, 재능, 대처 능력, 고유한 가치에 의미를 부여하고 발전시키는 데 중점을 둔다. 회복 과정은 환자를 지지해주는 믿을 만한 사람들과 소통하면서 일어난다. 환자가 자기를 관리하고 회복 과정을 스스로 책임지고 대처 전략과 치료 과정을 확인하고 건강하고 행복해지려고 노력해야 한다. 가족과 배우자가 옆에서 환자를 지지해주어야 하고, 지역사회에서는 환자를 사회적으로 수용하고 회복시키기 위한 기회와 자원을 제공해야 한다.

10. 회복은 존중에서 일어난다

회복 과정에서는 환자에 대한 차별과 낙인을 제거하는 노력이 중요하다. 환자가 지역사회와 제도와 사회적 차원에서 수용되고 권리를 보호받아야 한다. 환자가 자기를 수용하고 긍정적이고 의미 있는 정체성을 확립하고 자기에 대한 믿음을 되찾는 것이 특히 중요하다.

출처: 물질 남용 및 정신보건 행정국(SAMHSA), "SAMHSA's Working Definition of Recovery: 10 Guiding Principles of Recovery", 2012, https://store.samhsa.gov/system/files/pep12-recdef.pdf

까마득히 멀리 있고 자기한테는 오지 않을 거라고 생각할 수 있다. 물론 맥 빠지는 상황이고, 많은 환자가 포기하고 싶은 지점에 이른다. 하지만 회복하기 어렵다고 해서 회복할 수 없는 것은 아니다. 과정이 힘들수록 결국 돌아오는 보상도 크다. 가족으로서 할 일은 환자를 지지해주면서 창의성을 발휘하고 현실적 낙관주의, 곧 열심히 노력하고 결단력을 발휘하면 다 잘될 거라는, 미래에 대한 합리적인 관점을 제공하는 것이다. 하지만 이런 노력을 꾸준히 지속하기란 쉽지 않다.

회복은 꾸준한 관리가 필요하고 관리하는 법을 배우는 데는 오랜 시간이 필요하다. 안타깝게도 정신건강 회복에서 지름길은 없다. 기운 빠지는 소리로 들릴 수도 있다. 그래서 좋은 치료팀의 인내와 노력과 신뢰가 차이를 만드는 것이다.

우리의 인생처럼 회복하는 과정에도 장애물이 있을 수 있다. 장애물을 피할 방법을 찾아야 한다. 장애물은 마음속에도 생기고 외부에도 생길 수 있다. 마음속 장애물은 부정적인 생각("나는 늘 ○○을 못해")이나 회복을 방해하는 사고방식이 될 수 있다. 직장이나 사회의 외부 사건이나 사람들의 생각과 말도 장애물이 되어 환자의 결정에 영향을 미칠 수 있다. 한편 환자의 내면에서 이런 목소리가 들릴 수도 있다. "너 왜 그 치료자를 만나니? 갈 필요 없어!" 이런 말도 회복에 걸림돌이 된다.

장애물을 알아채는 것이 장애물을 통제하는 과정의 첫 단계다. 그래야 회복 과정에 변화를 주고 상황이나 사람이 미칠 수 있는 영향을 피하거나 줄이는 조치를 취할 수 있다. 이렇게 장애물이 환자의 회복 과정에 미칠 수 있는 부정적인 영향이 점차 줄어든다.

또 한 가지 고려할 점은 환자가 회복하는 중인지 어떻게 알 수 있느냐는 것이다. "아하!" 하는 순간이 오기까지 6개월씩 기다리고 싶지는 않을 것이다. 동기가 생길 때까지 기다리는 시간이 길어지면 도중에 좌절할 수 있다.

해법은 도중에 환자에게 사소한 표식, 곧 평소 모습으로 되돌아가고 있다고 보여주는 작은 표식을 찾아보게 하는 것이다. 가령 전화가 오면 더 자주 회신하거나 전화를 바로 받거나 친구에게 먼저 전화하거나 점심이나 모임 약속을 잡는 식의 변화를 발견할 수 있다. 혹은 우울증으로 그만두었던 취미나 여가에 다시 관심을 가질 수도 있다. 또 환자가 미소를 짓는다거나 가끔 소리 내어 웃기도 한다는 피드백을 들을 수도 있다. 환자가 이런 사소한 변화에 주목하고 하찮게 여겨서는 안 된다. 회복의 여정에서 중요한 표식이기 때문이다. 환자는 이런 변화가 일어날 때마다 알아채서 우울한 날에도 계속 노력하기 위한 동기로 삼을 수 있다.

우울증에서 회복하는 환자의 사례로 루크의 예를 보자.

건강하고 행복한 상태란?

건강하고 행복한 상태는 기분장애의 회복에서 궁극의 목표다. 우울증 환자가 건강해지기를 기대하는 것은 가능하고 현실적인 일이다. 내가 장담한다. 그러면 건강하고 행복한 상태란 무엇일까? 건강하고 행복한 상태^{wellness}와 병에 걸린 상태^{illness}에 대한 개념과 정의는 20세기 중반부터 지금까지 계속 변해왔다. 정신 질환의 정의도 진단에 초점을 맞추다가 사람에게 초점을 맞추

"나는 회복하고 있고 더 나아질 수 있다고 믿어요."

— 루크의 이야기

31세 남성 루크는 지난 몇 년간 주요우울장애로 치료를 받아왔다. 그는 기술고등학교를 졸업하고 시내의 한 공기업에 취업했다. 항우울제와 대화치료를 비롯한 다양한 치료를 받았고, 한 차례 입원한 적도 있다. 정기적으로 익명의 알코올중독자 모임에 나가서 알코올 남용을 동반하는 우울증을 스스로 치료하려 했고, 현재는 5년째 술을 끊었다고 자부한다. 상태가 최악일 때는 하는 일이라고는 우울증을 다스릴 방법을 고심하고 동료와 친구들에게 병을 숨기려고 애쓰는 것밖에 없는 것 같았다. 그는 직장에 결근 신청을 내고 치료를 받으러 다녔다. 하지만 우울증을 다스리며 이런저런 치료를 받으러 다니느라 괜히 시간만 허비하는 느낌이었다. 기분이 어떤지 끊임없이 물어보는 가족의 질문을 피하는 것도 이제 지쳤다. 친구들하고도 연락을 끊고 자전거 타는 것도 시들해지고 예전에 좋아하던 다른 활동에도 흥미를 잃었다.

현재는 치료 계획을 충실히 따르고 치료자들을 믿고 따른 덕에 전보다 잘 지낸다. 한때 그의 삶을 지배하던 부정적인 생각도 사라졌고, 현실적이고 낙관적인 생각이 자리 잡았다. 자기에 대해서도 자부심이 생기고 자기가 할 수 있는 일에 대해서도 자신감이 커지고 삶의 목적의식과 방향성도 생겨서 이제는 강압적인 아버지의 비난에 맞설 수 있다. 루크는 이제 사생활에서든 일에서든 미래에 대한 희망을 안고 그의 분야에서 자격증을 더 딸 생각이다. 그러면 지위가 더 높아져서 승진할 기회도 더 많이 생길 거라는 희망도 품는다.

그는 기술을 최대로 활용하고 그럴 자격이 있다고 믿는다. 다시 자전거로 운동을 시작하고 건강한 음식을 골라 먹으면서 별다른 노력 없이 체중을 3.6킬로그램 줄였다. 가족은 루크의 병과 그를 지지해줄 방법에 관해 공부했다. 루크에게는 가족의 이런 노력도 큰 위안이 되었다. 루크는 오랜 친구 두 명에게 다시 연락하고 여자친구에게 청혼할 계획도 세웠다. 우울할 때는 상상하지도 못한 일이다. 현재는 다시 그의 생각대로 살고 있고 인생의 부침에 더 능숙히 대처하고 있다.

는 쪽으로 달라졌다. 그리고 병이 없는 상태 모형에서 정신건강을 위한 긍정적인 심리 기능을 강조하는 모형으로 넘어왔다.

증상이 없다고 해서 건강한 것은 아니라는 뜻이다. 건강하고 행복한 상태는 주변 세계에 참여하고 삶을 스스로 통제하고 성장을 고민하고 중요한 관계를 맺는 지속적인 과정이다. 환자가 스스로 유능하게 일을 잘한다고 생각하고 자신의 모습을 좋게 생각한다는 뜻이다.

위스콘신-매디슨대학교의 심리학자 C. D. 리프 C. D. Ryff 는 웰니스 wellness 와 웰빙 well-being 을 정의하면서 "마음의 고통이 없다고 해서 건강하고 행복한 상태는 아니다"라고 강조한다. 중요한 지적이다. 나아가 리프는 정신건강은 신체건강과 밀접히 연결되어 있고 정신이 건강하면 신체건강과 생물학적 기능에 영향을 미칠 수 있다고 말한다. 몸과 뇌의 건강이 서로 긴밀히 연결되어 있다는 뜻이다. 심리치료의 한 유형인 웰빙치료는 긍정적인 경험과 그 경험을 음미하는 방법을 배우는 데 초점을 맞춘 치료법으로, 특히 우울증치료에서 효과를 보았다.

웰빙에 관한 흥미로운 논문으로 리프의 「웰빙을 다시 생각하다 Psychological Well-Being Revisited」(2014)가 있다. 과거에는 심리학자들이 웰빙을 행복이나 삶에 대한 만족감이나 긍정적 정서(기분)로 생각했다. 리프는 다른 관점으로 접근해서 웰빙의 주요 특징을 다음과 같이 정리했다.

- **삶의 목적 찾기**: 자신의 삶에 의미와 방향이 있다고 느낀다. 직장에서나 자원봉사 활동에서, 학생으로서나 부모로서나 어떤 역할로서든 이런 목적을 찾아낼 수 있다. 특히 우울할 때는 목적을 망각하기 쉬우므로 더 열심히 찾아내야 한다.
- **자기만의 확신, 신념, 의견, 원칙에 따라 살기**: 자기를 위한 결정을 자유롭게 내릴 수 있다는 뜻이다(자율성). 성인인데도 남에게 통제당하는 느낌인가? 아니면 당신의 생각과 의견과 결정을 존중받는가?

- **자신의 재능과 잠재력을 활용하기**: 개인적으로 성장한다. 학교나 직장이나 자원봉사 활동이나 가정에서 성장할 수 있다.
- **주어진 상황을 능숙하게 헤쳐 나가기 혹은 환경을 지배하기**: 누구나 일상적으로 삶의 부침을 경험한다. 그런 부침에 대처하는 법을 어떻게 배우느냐는 것이 중요하다.
- **사람들과 깊이 연결되는 긍정적인 관계 맺기**: 친구나 가족과 친밀한 관계를 맺을 수 있다. 이런 친밀한 관계는 정신건강의 균형을 잡는 데 중요하고 우울증으로 고립될 때도 도움이 된다.
- **자신을 받아들이기**: 자신의 한계를 알고 자기가 어떤 사람인지 이해하고 수용한다는 뜻이다. 누구도 완벽하지 않다. 누구에게나 강점과 약점이 있고 그런 자기를 있는 그대로 받아들이면서 사는 법을 배울 때 잘 살 수 있다.

결론적으로 회복기의 환자는 자신에게 의미 있고 목적과 방향성이 있으며 자신의 신념과 확신에 따르고, 자신의 재능과 잠재력을 활용해서 삶의 부침에 능숙히 대처하고, 긍정적인 관계를 맺으며, 자기를 있는 그대로 수용하면서 살아갈 것이다. 이것이 회복의 모습이다.

Chapter 13

힘든 시기는 늘 찾아오지만
어떻게 맞을지는 당신에게 달려있다

· 회복력 기르기 ·

"언제나 지금 내 말을 기억하겠다고 약속해주세요.
당신은 당신이 믿는 것보다 용감하고,
보이는 것보다 강하고,
당신이 생각하는 것보다 훨씬 더 똑똑합니다."

- 위니 더 푸

☹️-☹️-😐-😊-😊-😊

회복력이란?

"필요할 때가 오기 전에 미리 구명뗏목을 만휠들어둬라"라는 속담이 있다. 이 말이 기분장애, 특히 우울증과 무슨 상관이 있는지 의아할 것이다. 여기서 구명뗏목은 우리가 인생과 우울증에 맞서 성공적으로 사용해온 대처 기술과 적응 기술을 의미한다. 환자에게 기분이 좋은 상태일 때 대처 기술을 미리 배워둬서 나중에 우울증 증상이 나타나면 써먹으라고 권하면 된다.

이것이 왜 중요할까? 스트레스나 정신 질환의 부정적 감정을 잘 다스리면 우울증이나 양극성장애 삽화가 나타날 때 더 수월하게 '회복할' 수 있다. 이것을 '회복력resilience'이라고 한다. 미국심리학회의 온라인 책자 〈회복력으로 가는 길〉(www.apa.org/topics/resilience)에서는 "역경, 외상, 위협, 주요 스트레스 상황(가족이나 인간관계 문제, 심각한 건강 문제, 직장과 재정 스트레스)에 직면해서 원만하게 적응하는 과정"이라고 정의한다.

회복력은 인생에서 힘든 시기를 잘 헤쳐 나가면서 난관(우울증이나 양극성장애와 같은 질환)에 부딪히고 해결책을 찾고 좌절을 딛고 일어나는 진행형의 과정으로 보아야 한다. 회복력이 있으면 힘든 상황에서도 현명하게 생각하고 대응하는 법을 배울 수 있다. 회복력은 문제 해결, 스트레스 관리, 두려움에 직면하기, 난관에 맞서기, 감정 조절하기, 행동이 초래하는 결과를 배우기와 같은 적응적 행동과 대처 기술을 갖추는 것이다. 이런 대처 전략이 있으면 힘든 일을 겪고도 살아남아 잘 살아가는 데 도움이 될 수 있다.

회복력은 회복할 거라는 희망과 의지를 포함한다. 스트레스와 어려운 생활 사건에 적응하는 일은 복잡한 과정이다. 그중 일부는 부모와 가족에게 배운다. 유전적 요인도 회복력에 영향을 미치는 듯하다. 반면에 남달리 뛰어난 자질을 갖추어야 회복력이 생기는 것은 아니다. 그보다는 스트레스에 적응하면서 드러나는 일반적인 내면의 자질에서 회복력이 나온다.

회복력 강한 사람의 특징

다른 사람들보다 회복력이 강한 사람으로 만들어주는 요인은 무엇일까? 사우스윅과 차니는 살면서 남다른 역경을 겪고도 놀랍도록 잘 사는 사람들 세 집단을 연구했다(Southwick, 2012). 이들의 질문지 답변을 분석해서 집단마다 공통적인 10가지 성격이나 대처 전략을 찾아냈다. 회복력이 있는 사람들이 이런 대처 전략을 많이 사용하는 것을 알아냈고, 이것을 '회복 요인'이라고 불렀다. 회복 요인은 〈표 13-1〉에 정리했다.

한편 〈회복력으로 가는 길〉에서는 다음과 같은 대처 전략을 소개한다. 이는 환자가 회복력을 기르는 데 중요한 요인으로 보인다. 말하자면 이런 자질을 갖춘 사람은 역경을 딛고 더 수월하게 회복하는 듯 보인다는 뜻이다.

| 표 13-1 | **회복 요인**

1. 낙관적이면서도 현실적인 세계관 유지하기

2. 두려움에 직면하기

3. 내면의 핵심 가치관과 이타주의에 의지하기

4. 종교적이거나 영적인 수행하기

5. 사회적 지지를 찾아보고 받아들이기

6. 회복력이 있고 모범이 되는 사람을 따라 하기

7. 자신의 신체적, 정신적, 정서적 건강과 안녕감 살펴보기

8. 정신에 어려운 과제를 내주어 뇌 건강을 유지하기

9. 인지와 정서의 유연성을 유지하려고 노력하기―바꿀 수 없는 것을 인정하고 바꿀 수 있는 것에 집중하기

10. 역경 앞에서 의미와 목적과 기회를 찾아보기

출처: S. M. Southwick & D. S. *Charney, Resilience: The Science of Mastering Life's Greatest Challenges*, Cambridge University Press, 2012.

- 위기 상황을 극복할 수 없는 문제로 바라보지 않기―문제 해결 능력을 통해 자신감을 기르기

- 변화를 삶의 일부로 받아들이기

- 사람들과 연결하기

- 현실적인 목표를 세우고 그것을 향해 나아가기

- 어려운 상황에서 단호히 대처하기

- 자기를 발견할 기회 찾아보기

- 자기를 긍정적으로 바라보기―자신의 직감을 믿기

- 주어진 상황을 균형 잡힌 시각으로 바라보기
- 희망적인 세계관을 유지하기
- 자기를 관리하기 — 삶에서 유연성과 균형을 유지하기

　미국심리학회는 가족 안에서나 밖에서 보살피고 지지해주는 관계가 회복력을 기르는 데 중요하다고 강조한다. 이런 관계는 환자에게 사랑과 신뢰를 쌓고 모범을 보여주고 격려해준다. 앞의 두 가지 목록에 공통으로 들어있는 회복력의 요인이 보일 것이다.

　사람들은 다양한 방식으로 회복력의 기술을 습득한다. 어떤 방식인지는 그 사람에 따라, 그가 가족과 친구들을 통해 얻을 수 있는 자원에 따라, 그가 속한 문화와 종교와 공동체의 성격에 따라 다르다. 한 개인이 자라는 배경이 되는 문화나 공동체는 그가 사람들과 소통하는지, 소통한다면 얼마나 하는지, 감정을 나누는지, 역경에 대처하는지에 영향을 미친다. 어떤 사람은 비밀을 중시해서 자신의 감정에 대해 말하는 것을 불편하게 여기는 반면, 누군가는 감정을 섬세하게 표현한다.

　그런데 이게 다 무슨 의미일까? 우울증에 걸린 당신의 가족이나 친구에게 어떻게 적용될까? 환자를 지지하고 회복력을 발휘하게 해주기 위해 다양한 방법으로 접근할 수 있다는 뜻이다. 당신의 역량과 환자가 어떻게 반응할 것 같은지에 따라 방법을 조율해야 한다. 〈표 13-1〉의 몇 가지 방법(당신이 직접 긍정적인 모범이 되어주기, 환자의 상황을 낙관적이면서도 현실적으로 바라봐주기)과 앞서 소개한 미국심리학회의 〈회복력으로 가는 길〉에서 제시한 한두 가지(균형 잡힌 시각으로 바라보기)를 결합할 수도 있다. 그런 다음 당신 삶의 경험을

더해서 환자의 회복력을 길러줄 계획을 세운다. 환자가 단호히 조치를 취하고 문제를 해결하는 능력에 자부심을 갖도록 도와주는 데 초점을 맞출 수 있다.

앞에서 소개한 회복 요인을 활용해서 환자가 회복력을 기르도록 도와줄 수 있다. 다행히도 회복력을 기르면 우울증에 맞서는 능력이 길러지고 기분이 오르락내리락할 때 더 수월하게 회복할 수 있다. 스트레스와 불안도 더 수월하게 조절할 수 있다.

회복력을 기르도록 도와줄 방법

환자가 회복력을 기르도록 도와줄 수 있는 전략은 많다. 여러 가지 전략을 소개하겠다. 여기서 소개하는 방법을 모두 한꺼번에 적용해야 하는 것은 아니다. 환자에 따라 적절해 보이는 한두 가지를 선택해서 시도하면 된다. 선택한 방법이 통하지 않거나 시도하기 어렵다면 다른 방법을 선택한다.

- 판단하지 않고 무조건적인 사랑과 지지를 보낸다. 환자가 회복력을 기르려고 노력하는 동안 옆에서 지지해주어야 한다.
- 우울증을 앓는 가족에 대해 낙관적이면서도 현실적인 전망을 유지한다. 열심히 노력하면 다 잘될 거라는 희망과 자신감으로 미래에 대한 합리적인 전망을 유지한다. 다음으로 환자가 미래에 대한 현실적인 관점을 받아들이게 해준다. 옆에서 격려해주면서 환자가 지금 할 수 있는 일에 집중하게 해준다. 어려울 수도 있지만 환자의 미래에 대해 희망을 잃지 않으려고 노력

"회복력을 기르면 기분을 조절하기가 조금은 더 수월해져요."
– 앤지의 이야기

37세의 앤지는 오랜 세월 양극성장애를 앓으면서 조증과 우울증 삽화를 수도 없이 겪었다. 일상으로 돌아가기까지 몇 달이 걸렸고, 우울증의 잔여 증상으로 계속 고통스러웠다. 직장 생활을 계속하는 것도 힘들었다. 직장 동료에게 낙인이 찍힐까 봐 두려워 상사에게 제대로 설명하지 못한 것 때문에 잦은 무단결근을 이유로 해고당하기까지 했다.

시간이 지나면서 앤지는 양극성장애와 경조증을 관리하기 위한 최선의 방법을 배우고 치료자와 가족과 협력해서 다시 정상으로 돌아가는 능력, 곧 회복력을 기르기 위한 방법을 모색했다. 평소의 건강한 자아, 곧 한 인간으로서 건강한 자아를 잃지 않고 스스로 능력 있고 가치 있는 사람이고 병이 자신을 규정하지 않는다는 사실을 잊지 않는 법을 배웠다. 나아가 충동을 조절하고 어려운 상황에서 문제를 해결하는 법도 배웠다. 이성적이고 현실적으로 미래를 내다보려고 노력했고, 결국 열심히 노력하고 사람들에게 지지를 받고 꾸준히 치료하면 더 나아질 거라는 사실도 깨달았다. 자신감이 생기자 기분이 좋아지고 희망도 생겼다. 미래에 대한 몇 가지 구체적이고 현실적인 목표에 집중할 수 있어서 새 직장에 지원할 생각으로 컴퓨터 수업을 듣고 역량과 자질을 길렀다. 가족도 앤지를 격려하며 다 잘 될 거라고 장담했다. 자기를 더 긍정적으로 바라보려는 노력도 필요했다.

앤지는 가족과 친한 친구들에게 자신의 병에 대해 공부해달라고 부탁했다. 그 덕에 그들은 앤지에게 필요한 만큼 지지와 격려를 주고 앤지가 이전의 양극성장애 삽화를 견디게 해준 내면의 힘을 일깨워주었다. 앤지는 몸과 마음을 돌보고 건강한 식단을 섭취하고 잠을 푹 자고 매일 규칙적으로 운동하고 스도쿠 퍼즐과 이런저런 게임을 하면서 정신을 예리하게 유지하려 했다. 꾸준히 노력하자 6개월 뒤 우울증이 다시 찾아왔을 때는(안타깝게도 앤지의 우울증은 재발 가능성이 높았다) 기간도 줄고 강도도 떨어진 듯했다. 이번에는 더 빨리 일상으로 복귀할 수 있었고 잔여 증상도 적었다. 더 수월하게 정상 생활로 돌아갔다.

한다. 누구도 다른 사람의 우울증이나 회복을 예측할 수 없다. 누구도 한 치 앞을 내다볼 수 없고, 다음에 무슨 일이 일어날지, 기분장애의 새로운 치료법이 나올지, 긍정적인 생활사건이 발생할지 예측할 수 없다. 지금은 더디더라도 환자가 선택한 삶의 경로를 계속 따라가도록 격려해주어야 한다. 때로는 우울증이 찾아와 계획을 잠시 미뤄야 하더라도 말이다.

• 환자의 기분이 요동칠 때 낙관적인 태도를 유지해야 한다. 그러기가 어려울 수 있다. 다음과 같은 방법을 시도해보라.

　– 환자에게 지금의 상황이 영원히 지속하지는 않을 거라고 일깨워준다.

　– 우울증이나 부정적인 사건을 균형 잡힌 시각으로 바라보도록 도와준다. 우울증이 생물학적 질환으로 환자의 삶의 일부를 차지하기는 하지만 우울증이 환자를 규정하는 것은 아니라고 일깨워준다.

　– 환자의 부정적인 생각과 정서에 반박한다. 환자가 과거 성공의 기억을 떠올리면서 긍정적인 생각을 뒷받침할 증거와 자신과 세계에 대한 부정적인 관점에 반박할 증거를 찾아보게 해준다. 환자가 존중하는 사람들을 통해 환자에 대한 외부의 의견을 들어보게 한다. 긍정적인 생각(희망에 차 있고 자신과 세계를 긍정적으로 바라보는 태도)과 긍정적인 생활사건은 취약한 사람에게 우울증 증상을 막아주는 완충 기능을 할 수 있다.

　– 과거에 환자가 문제에 부딪혔을 때 사용한 내면의 힘과 자원을 떠올리게 해준다. 환자가 지금 그 힘을 사용하도록 격려한다. 환자의 인내심이나 유머 감각이 힘든 시기를 넘기는 데 도움이 될 수 있다.

　– 환자의 힘과 능력을 증명하는 과거의 성공 사례를 끌어낸다. 그 힘을 입증하고 자신감을 확인할 기회를 준다.

• 환자가 구체적이고 현실적인 목표를 추구하도록 이끌어준다. 환자가 미래를 작고 점진적인 단계로 계획하도록 이끌어준다. 그리고 환자가 목표에 도달하기 위한 기술을 습득하고 필요한 지지를 받고 성공하기 위해 조치를 취하도록 격려해준다.

- 환자가 두려움에 맞서는 법을 배우는 사이 옆에서 지지해준다. 앞으로 나아가고 우울증에서 회복하는 데 두려움이 방해할 수도 있다. 환자가 먼저 두려움을 수용하고 두려움에 관한 정보를 모으고 두려움에 맞서기 위한 계획을 세우면 도움이 될 수 있다. 두려움이 저절로 사라져주기만 바라는 것보다 훨씬 낫다.

- 환자가 오랜 세월에 걸쳐 습득한 핵심 가치관과 남을 먼저 도와주면서 얻는 혜택으로 자신의 삶을 이끌어가도록 도와준다. 핵심 가치관은 정직, 존중, 공정성, 연민 같은 원칙으로 이루어지며 환자가 살아가는 데 기준이 되어준다. 환자가 스트레스를 받는 동안 옳고 그름에 대한 내면의 감각(윤리 기준)에 의지하도록 이끌어준다. 환자에게 남을 돕는 연습을 해보라고 제안한다. 자원봉사는 회복력을 기르는 데 큰 도움이 될 수 있다.

- 영적 혹은 종교적 방법이 환자에게 도움이 될지 고려한다. 사우스윅과 차니(Southwick, 2012)는 힘들 때 종교나 영성에 기대어 헤쳐 나가는 사람이 있다는 것을 발견했다. 이런 방법으로 우울증이 감소하고 더 균형 잡힌 관점을 회복할 수 있다.

- 환자의 사회적 지지망을 넓혀준다. 사회적 지지망은 회복력을 기르기 위한 토대가 된다. 친밀한 관계가 힘을 길러주고 특히 스트레스가 심한 시기에 환자를 보호해줄 수 있다. 소외감이 커지고 사회적 지지가 줄어들면 스트레스와 우울증이 심해질 수 있다.

- 환자가 회복력을 기르도록 옆에서 모범이 되어준다. 환자의 가족은 환자가 모방할 만한 기술과 행동을 예시해서 모범이 되어줄 수 있다. 말과 행동으로 환자가 회복력을 기르도록 도와준다. 환자가 스트레스를 관리하고 실망

감이나 어려운 상황이나 인간관계에 대처하고 중요한 결정을 내리고 몸과 마음을 관리하는 법을 배우는 동안 안내자가 되어줄 수 있다. 아래의 기법을 시도할 수도 있다(Southwick, 2012).

- 일관되고 믿을 만한 지지를 제공한다.

- 행동으로 환자에게 영감과 동기를 준다.

- 자존감을 높이도록 도와준다.

- 옳고 그름의 모범이 되어준다.

- 어려운 상황에 대처하는 방법을 보여준다.

- 충동을 조절하는 방법을 예시한다(방법을 보여준다).

- 만족을 지연하고 자기를 위로할 방법을 조언한다.

- 자신과 자신의 행동을 책임질 방법을 보여준다.

• 환자가 자신의 몸과 정신(마음)을 보살피고 자기를 관리하는 법을 배우도록 이끌어준다. 날마다 운동 프로그램을 따르는 것이 중요하다. 규칙적 운동은 우울증치료에 도움이 되고 자신감과 자존감을 길러준다. 체력을 단련하면 기분과 생각과 자신감과 정서적 회복력이 길러진다. 정신적으로나 정서적으로 건강해지고 우울증 증상이 감소한다. 신체 운동에 더해서 매일 뇌 활동을 하면 정신이 맑아지고 삶의 난관에 맞설 준비가 된다. 환자가 책을 읽거나 스도쿠 같은 퍼즐이나 게임을 하게 하거나 혹은 소파에서 멍하니 TV를 보지 말고 난해한 마인드 게임을 하게 한다.

• 환자가 바꿀 수 없는 것은 인정하고 지금 할 수 있는 것에 집중하도록 도와준다. 환자에게 변화는 삶의 일부라는 사실을 일깨워준다. 우울증 때문에 더는 도달하지 못하는 목표도 있을 것이다.

- 환자가 강렬한 감정과 정서와 충동을 통제하고 견디는 법을 배우는 동안 옆에서 지지해준다.
- 환자가 뚜렷한 목적 없이 학교나 직장을 옮겨 다니지 않고 삶의 목적을 추구하도록 이끌어준다. 어떻게 해야 할까? 환자가 즐기거나 잘하는 일을 찾아보게 한다. 그 일에 필요한 교육이나 훈련 프로그램을 마치도록 지원해준다.
- 환자가 이미 가진 힘과 자질을 자각하고 기르도록 도와준다. 우울증을 앓으면 이런 자질을 알아채기 힘들 수 있다. 6장 〈우울증을 겪고 있는 사람에게 다가가는 유용한 방법〉에서 소개한 전략으로 시도하라.
- 환자와 함께 새로운 문제 해결 기술을 개발한다. 그리고 환자가 이미 가지고 있는 기술을 강화한다. 문제를 해결하도록 격려해주는 방법에 관해서는 7장 〈증상이 나타났을 때 즉시 할 수 있는 일〉을 참조한다.

환자가 일시적으로 명료하게 생각하지 못하거나 우울증과 절망감과 활력이 부족한 상태라면, 회복력을 기르는 데 필요한 새로운 기술을 배우는 것을 힘들어할 수 있다. 부정적인 생각이 지배적이고 자신감이 떨어지고 강렬한 감정을 제어하는 능력이 줄어들기는 하지만 이런 기술을 배울 수 없는 것은 아니다. 다만 시기도 적절해야 하고 환자가 인내심을 발휘해야 한다.

Chapter 14

삶의 우선순위는 언제나
자기 자신이 되어야 한다

· 보호자 보호하기 ·

"할 수 없는 일이 할 수 있는 일에
방해가 되지 않도록 하라."

– 존 우든(농구선수 & 감독)

보호자도 기분 관리가 중요하다

우울증이나 양극성장애 환자의 가족이나 친구로서 이 책에서 소개하는 다양한 방법을 시도하다 보면 몸과 마음이 지칠 수 있다. 게다가 환자의 우울증이 당신에게 다른 식으로 영향을 미칠 수도 있다. '나의 어떤 행동이 그를 불행하게 만들었을까?' '내가 한 어떤 말이 그를 무너뜨렸을까?'를 생각하면 두려울 수도 있다. 환자와 대화하기 어렵고 스트레스를 받을 수도 있다. 여기에는 몇 가지 이유가 있다.

우울증 환자는 대개 서로 주고받는 관계를 유지하지 못한다. 그래서 당신은 돌아오는 것이 거의 없는데도 계속 베풀기만 해야 할 수 있다. 사랑을 주면서도 받지는 못한다는 느낌이 들 수도 있고, 공감해주고도 "넌 이해하지 못해"라는 말을 들을 수도 있고, 지지를 보내고도 충분하지 않다거나 "그건 제대로 된 지지가 아니야"라는 말을 들을 수도 있다. 그래서 죄책감이 들다가 화가 나고, 다시 화가 나서 죄책감이 들 수 있다.

보호자들은 환자의 행동과 변덕스러운 기분에 화가 난다. 불쑥 "기운 좀 차려봐!"라고 말해버리고 싶을 때도 있다. 환자가 변덕스럽게 굴고 짜증을 내고 약을 먹지 않아서 당신까지 감정의 롤러코스터를 타는 현실이 납득되지 않을 수 있다. 그러다 점점 화가 나고 급기야 관계가 깨질 수도 있다.

결국에는 당신 자신에게 화가 날 수 있다. 슬프거나 자신의 능력에 의구심이 들거나 환자의 문제를 해결하지 못해서 무력감이 들 수도 있다. 간혹 보호자가 환자를 보살피다가 우울증에 걸리거나 환자와 상관없이 우울증에 걸리는 경우가 있다(당신이 우울증에 걸린 것 같아 걱정된다면 이 장의 마지막 부분을 참조하라). 환자가 밉고 환자에게 화가 날 수도 있다. 아니면 그런 상황 자체를 피하고 싶을 수도 있다. 그러다 자신이 이기적이고 매정한 사람처럼 느껴질 수도 있지만 전혀 진실이 아니다. 환자와 함께 있기 힘들어지면 잠시 벗어날 필요가 있다. 밖에 나가 산책하거나 자신을 위한 활동을 해야 한다. 주말이나 일주일 정도 시간을 내서 쉴 수 있으면 좋겠지만 항상 그렇게 시간을 낼 수 있는 것은 아니다.

가족 중에 아픈 사람이 있으면 가족 전체의 일상과 사회적 활동과 기회와 재정 상태와 사적인 관계에 영향을 미칠 수 있다. 우울증에 걸린 가족을 돌보는 일이 전업이 될 수도 있다. 환자의 정서 문제와 진료를 감당하느라 다른 일을 모두 중단해야 할 것처럼 보일 수도 있다. 그러면 가족 모두가 정신적으로나 육체적으로 탈진할 수도 있다. 환자의 우울증을 최우선에 두느라 친구들이나 친척들과 어울리는 시간을 미룰 수 있다. 나아가 친구들이 우울증은 생물학적 질환이고 가족에게 환자를 돌볼 책임이 있다는 점을 이해해주지 못해서 친구를 잃을 수도 있다. 게다가 취미나 관심사를 추구하고 자신을 돌보는 데 죄책감이 들어서 그런 활동을 모두 그만둘 수도 있다.

하지만 가족의 병이 당신의 사회적 관계를 망치게 놔둬서는 안 된다. 당신의 친구와 가족과 취미와 활동과 사교 모임을 죄책감 없이 유지하기 위해 최선을 다해야 한다. 자신을 관리하는 노력을 최우선에 두어야 한다. 당신을 지탱하고 건강한 정신 상태를 유지하는 데는 이런 활동이 필요하다. 그래야 환자를 오래도록 더 잘 돌볼 수 있다.

보호자로 살아가는 삶에 일어나는 변화

기분장애가 있는 가족을 돌봐야 하는 입장이 되면 당신의 인생에도 많은 변화가 일어날 것이다. 환자의 건강과 안전, 치료, 복약, 일상 활동, 그 밖에 이런저런 결정에 대한 걱정으로 환자가 늘 1순위가 될 수 있다. 당신의 삶에서 다음과 같은 영역에 변화가 생길 수 있다.

- 가족 전체의 생활과 일과
- 마음의 평화
- 사적인 공간
- 재정 상태(의료비, 식료품비, 교통비, 의료비 이외의 비용 증가)
- 수면의 질과 양
- 자기 관리, 운동, 취미활동을 위한 시간
- 여가, 휴식—가만히 앉아서 쉬고 생각하고 읽는 능력

- 개인적인 인간관계―손님, 동료, 친구 등
- 삶을 의미 있게 만들어주고 스트레스를 줄여주는 활동

이런 변화를 알아채고 당신과 가족 전체의 일상을 지키고 당신과 가족 전체의 감정을 배출하고 지지를 받을 방법을 마련해야 한다. 그러려면 적응하는 기간이 필요하고 그사이 불안정해질 수 있다. 환자를 보살피면서 일어나는 변화에 적응하는 데는 시간이 걸린다. 가족들도 가끔 보호자 역할에서 벗어나 휴식을 취할 방법을 확보해야 한다. 다시 강조하지만 기분장애 환자라도 정상으로 대하고 일상의 활동과 가족 모임에 최대한 많이 참여시켜야 한다.

치료비나 생활비로 인한 재정 상태의 변화에 대비해서도 계획을 세워야 한다. 다른 사람을 경제적으로 지원하면 새로 예산을 확보할 방법을 마련해야 한다. 환자를 부양가족으로 올려서 소득세를 감면받을 수 있는지 알아봐야 할 수도 있다. 회계사나 재정 자문에게 문의할 문제다.

환자가 당신 집으로 들어온다면 다른 가족에게 미치는 영향을 살펴야 한다. 누군가(성인 자녀나 노인 부모)가 당신의 집으로 들어와 같이 살게 된다면 현재 한집에 사는 가족들이 어떻게 받아들일까? 새 식구가 들어오면 좋은 상황에서도 부담과 스트레스가 더해진다. 노부모가 들어와 산다면 당신의 아이나 청소년 자녀의 활동이 조부모에게 어떤 영향을 미칠까? 그리고 당신의 부모와 같이 사는 것이 자녀에게는 어떤 영향을 줄까? 당신의 배우자는 어떻게 받아들일까? 이미 결혼생활이 순탄치 않은 가정이라면 자연히 긴장이 생길 수 있다. 이런 경우 모든 당사자가 처음부터 의사결정 과정에 참여하고 자신의 감정과 우려를 표현할 기회를 얻어야 한다.

자신의 페이스 유지하기

심각한 우울증을 앓는 20대 딸을 둔 친구에게서 훌륭한 조언을 들은 적이 있다. 그 친구는 딸이 2, 3개월 안에 회복하기를 바랐지만 그렇게 되지 않았다. 친구와 그의 아내는 인생은 단거리 경주가 아니라 마라톤이고 극도의 인내심이 필요하다는 점을 깨달았다. 그리고 가족이 우울증을 겪고 있을 때 보호자는 자신의 페이스를 지켜야 한다는 것도 배웠다. 자신의 페이스를 유지하는 것은, 현실적으로 가능한 일만 하고 주기적으로 쉬어주고 합리적인 단계를 밟아가면서 조금씩 노력한다는 뜻이다. 혼자서 다른 모두를 대신해서 전부 책임지려 해서는 안 된다. 내 친구의 현명한 조언에 따르면, 그래야만 당신도 탈진하지 않고 훗날 후회할지 모를 태도로 환자를 막 대하지 않을 수 있다고 했다.

우울증은 가족 전체에 다양하게 영향을 미친다. 보호자로서 환자의 삶을 통제하거나 대신하지 않으면서 도와주려면 많은 에너지가 쓰인다. 항상 걱정해야 하고 좀처럼 나아지지 않는 상황에 무력감이 들기도 한다. 소모적이고 때로는 버겁게 느껴질 수 있다. 환자의 부모나 가족이나 친한 친구로서 모든 책임을 떠안고 변함없는 지지자로서 환자의 곁을 지키며, 환자가 식사는 제대로 하는지 봐주고 빨래를 대신 해주고 진료 시간에 맞춰 데려다주고 교통수단을 제공해야 할 것처럼 느껴질 수 있다. 환자가 회피하거나 집에서 맡은 책임을 다하지 않아도 봐주고 학교나 직장에서의 책임을 면제해주고 오랜 기간 경제적으로 지원해주고 싶을 수 있다. 하지만 이것은 최선의 방법이 아니다.

물론 환자를 거리의 위험으로 내몰아도 된다는 뜻은 아니다. 환자에게 가장 좋은 방법이 무엇이고 당신이 현실적으로 제공할 수 있는 지원은 무엇인지 고민하라는 뜻이다. 앞에서 언급한 것처럼 환자를 봐주고 모두 대신해주는 방법은 단기간에는 도움이 될지 몰라도 장기적으로는 환자에게 건강하지 못한 방법이고, 환자가 우울증 삽화를 겪고 다시 일어나는 데 도움이 되지 않는다. 환자를 지원하는 것과 당신에게 전적으로 의존하게 만드는 것 사이에는 미세한 경계선이 있다. 환자를 부양하고 싶어도 환자가 현실적으로 가능한 만큼 스스로 해결하게 해줘야 한다. 이런 다양한 결정을 내리면서 치료자나 정신건강 전문의에게 도움을 받을 수 있다.

따라서 보호자는 자기 페이스를 유지하면서 우울증에 걸린 환자가 실수를 하면서도 잘 살아가는 법을 터득하게 해주어야 한다. 물론 이렇게 하는 것은 매우 어렵다. 죄책감을 느끼지 않으면서 현실적인 제약을 인지해야 한다. 환자가 일상을 살아갈 기본적인 능력을 갖추고 몸과 마음의 건강을 위해 치료받게 해야 한다. 환자를 위해 몇 가지를 대신 해주기는 해도 다 해주고 싶은 마음은 떨쳐내야 한다. 보호자는 환자를 챙겨주는 다정한 마음으로 자신도 제대로 돌봐야 한다. 보호자가 자기를 돌보고 페이스를 조절해야 이 장에서 나중에 다루는 탈진 현상을 막을 수 있다.

우울증 환자의 가족이 감당하는 것들

우울증 환자의 취약성과 가족의 안정성은 긴밀히 연결된다. 가족에 심각한 문제가 있거나 가족의 다른 구성원들도 몸의 병이나 마음의 병을 앓는다면 환자의 우울증이 더 심해지거나 회복하는 데 더 오래 걸릴 수 있다. 가족마다 스트레스를 감당하는 능력이 다르다. 어떤 가족은 잘 대처하고 어떤 가족은 그렇게 잘 대처하지 못한다. 사회적, 경제적 자원, 가족 구성, 사회적 지지, 다른 질환의 존재가 영향을 미칠 수 있다. 스트레스에 적절히 대처하지 못하는 가족 안에서는 환자의 우울증 삽화가 더 오래갈 수 있다.

가족이 정신 질환을 앓으면 대개는 가족 전체가 경제적으로 힘들어진다. 환자가 일을 그만두어 수입이 줄어들기 때문일 수도 있고 또 보호자가 환자를 보살피느라 일하는 시간을 줄여야 해서일 수도 있다. 약값, 진료비, 심리치료 비용의 일부에 보험이 적용되지 않아서 재정적으로 부담이 커질 수도 있다. 여기에 더해서 교통비도 들고 환자를 진료 시간에 데려가기 위해 따로 시간을 내거나 자녀를 맡겨야 하는 비용도 있다. 이런 비용이 모두 누적된다.

배우자가 우울증일 때

배우자가 우울증에 걸리면 부부 사이가 다른 요인들에 영향을 받을 수 있다. 둘 중에 건강한 쪽이 집안일과 가족과 부부 사이의 관계에 대한 책임을 더 많이 져야 하므로 추가로 새로운 역할을 떠맡아야 할 수도 있고, 하루의 일과와 사교 생활에도 변화가 생길 수 있다. 재미나 웃음은 빛바랜 추억으로 남을 수 있다. 일상생활과 경제적 책임을 더 많이 떠안아서 지치면 그런 처지에 내몰린 현실에 염증을 느낄 수 있다. 친밀감과 성적인 문제도 함께 겪을 수 있다. 성생활의 문제는 우울증과 우울증 약의 부작용일 수 있다. 배우자가 우울증을 앓기 전에도 이미 결혼생활이나 부부관계에 문제가 있었다면 그 문제가 이어지거나 더 심각해질 수 있다. 이번 기회에 배우자와 진솔하게 대화를 나누고 치료자에게 이런 문제를 털어놓고 상의하게 해야 한다.

부부 중 건강한 쪽은 우울증에 걸린 배우자가 전처럼 관심을 가져주지 않아 상실감과 소외감을 느낄 수 있다. 예전처럼 같이 있어도 즐겁지 않고 의미 있는 대화도 과거의 일이 되어버렸다. 당신이 가족이나 부부관계나 자녀 양육의 문제를 해결하거나 가정을 위한 결정을 내릴 때 배우자가 정서적으로 전혀 도와주지 못할 수 있다. 이런 관계는 전에는 두 사람이 함께 즐기던 사회적 관계로 확장되고, 이제는 당신도 그런 사회적 관계에서 멀어져 소외감을 느낄 수 있다.

부부 모두가 한쪽이 임상적 우울증을 앓고 있다는 사실을 인지하지 못하면 당신은 배우자가 왜 그렇게 부정적으로 행동하고 위축되거나 짜증을 내는지 이해하지 못할 것이다. 배우자가 당신에게 화를 내는가? 우울증 환자가 경험하는 피로감, 절망감, 지속적인 걱정, 흥미 상실이 가정의 안정성을 해칠 수 있다. 우울증이 문제의 원인일 수 있다는 점을 이해하면 부부가 더 잘 헤쳐나가고 이런 문제에 대비하는 데 도움이 될 것이다.

배우자나 다른 가족 구성원이 기분장애로 치료를 받을 때 그 사람의 정서적 고통이나 치료에 관해 자세히 알지 못할 수 있다. 가족 전체에 영향을 미칠 수 있는 이런 중요한 문제를 제대로 이해하지 못하면 힘들어질 수 있다. 따라서 환자를 존중하고 다정하게 배려하면서 환자가 당신과 가족에게 영향을 미치는 문제에 관해 털어놓게 할 수 있다. 그리고 당신도 이 상황을 함께 겪는다는 사실을 환자에게 인지시켜야 한다. 환자가 당신에게 솔직히 말하고 싶지 않을 수 있다는 점을 이해해주어야 한다. 환자가 치료에서의 사적인 대화를 세세하게 말해줄 거라고 기대해서는 안 된다.

이런 경우에는 치료자와 가족이 만나는 자리가 부부의 관계와 가족 전체의 건강에 도움이 될 수 있다. 가족 만남은 치료자와 환자와 가족이 한자리에 만나는 임상적 만남이다. 먼저 환자의 허락이 있어야 한다. 가족 만남은 모든 가족이 환자의 질환을 이해하고 환자를 최선의 방법으로 지지하고 의문에 답하고 모든 문제의 배경이 되는 상황을 개선하기 위해 모이는 자리다.

가족 구성원의 우울증이 아이들에게 미치는 영향

부모나 형제자매가 정신 질환을 겪고 있다면 아이들에게도 영향을 미칠 수 있다. 집에서 정신 질환에 관해 공개적으로 말하지 않아도 마찬가지다. 아이들은 부모의 행동과 말을 관찰하고 우울증의 미묘한 단서를 예민하게 포착한다. 한쪽 부모가 우울증에 걸린 가정에서 성장한 아이는 훗날 우울증에 걸릴 위험이 있다. 짜증이 늘거나 학교 공부를 게을리 하거나 친하게 지내는 친구들이나 관심사가 달라지는 등 아이의 행동에 변화가 나타날 수 있다.

가족 구성원이 기분장애를 겪고 있다면 자녀의 연령에 맞게 솔직하게 얘기해야 한다. 사실 아이들은 우울증과 싸우는 부모의 기분과 행동을 재빨리 알아챈다. 아이들의 상상이 더 커지기 전에 실제로 무슨 일이 벌어지는지 설명해주어야 한다.

집에 어린 자녀가 있으면 "아빠는 지금 기분이 별로 좋지 않아. 무척 슬프고 평소에 즐겨 하던 일을 하기 힘들어하셔. 지금은 다 같이 참고 기다릴 때야. 아빠가 의사 선생님하고 얘기하고 약도 드시니까 좋아지실 거야. 괜찮아지실 거야. 아빠는 널 아주 많이 사랑한단다." 한편 우울증 환자의 형제자매도 마찬가지로 관심이 필요할 수 있다.

보호자에게 번아웃이 찾아왔을 때

가족이 우울증에 걸리면 다른 가족 구성원이 감당해야 할 일이 많다. 환자의 가족에게는 인내심과 집요함과 결단력과 용기가 필요하다. 객관적인 태도를 잃지 않아야 한다. 환자의 말과 행동의 소용돌이에 휘말리지 않으려고 최선을 다해야 한다. 환자의 감정과 정서적 고통에 집중하고 반응해주려고 노력해야 한다. 이 모든 것이 가족에게는 압박이 될 수 있다. 환자의 가족이 자신을 살피고 돌보기 위해 노력하지 않으면 번아웃burnout(탈진 상태)이 될 수 있다.

번아웃이 된다는 것은 정확히 어떤 의미일까? 번아웃은 누군가를 보살피는 스트레스로 인해 생길 수 있는 증상과 감정이다. 일종의 피로감으로, 인내심과 대처 능력이 바닥난 느낌이다. 역량과 자원과 시간과 에너지에 대한 요구가 과도할 때 나타난다. 주어진 상황이 개인의 대처 능력을 넘어서는 것이다. 번아웃은 환자의 보호자에게 흔히 나타나는데 다음과 같은 신체적·정서적 증상을 보일 수 있다.

- 두통

- 수면장애(불면증)

- 활력 부족

- 근육통

- 복통

- 좌절감, 짜증, 분노

- 슬픔

- 비관주의

- 억울한 감정

- 무관심과 냉담함

- 우울증

가족이 우울증을 겪을 때 보호자가 탈진하지 않고 자기를 잃지 않으려면 어떻게 할까? 가장 좋은 방법은 시간을 내서 자기를 돌보는 것이다. 자신의 욕구에 집중한다고 해서 환자의 욕구를 무시한다는 뜻이 아니다. 오히려 환자를 더 잘 돌보고 지지해줄 수 있다.

환자의 가족은 자신의 몸과 정신과 마음을 돌보기 위해 최선을 다해야 한다. 수면과 운동과 휴식을 충분히 취하려고 노력해야 한다. 요가 수업이나 명상으로 균형과 휴식을 찾는 사람이 많다. 3장의 〈표 3-3〉을 참고해서 균형 잡힌 식단과 영양 계획도 따라야 한다. 수면 시간을 일정하게 유지하고 거의 매일 운동하기로 목표를 정해야 한다. 자신의 친구와 지지자들, 자신을 지탱해주는 사람들과 계속 연락하고 자주 만나려고 노력해야 한다. 환자를 보살

핀다는 이유로 이런 사람들을 소홀히 해서는 안 된다.

환자의 가족은 자신의 페이스를 유지해야 한다. 일상의 자잘한 스트레스가 감당하기 힘들어 폭발하기 전에 미리미리 다스려야 한다. 커다란 과제를 작은 단계로 나누어 자신에게 주어지는 요구의 우선순위를 정하고 때에 따라 거절하는 법도 배울 수 있다. 누구나 거절하는 것을 어려워한다. 하지만 자신의 능력을 넘어서 환자를 무리하게 보호하려 하면 결국 환자를 제대로 보살필 수 없다는 점을 명심해야 한다.

환자의 가족도 자신의 삶에서 평소처럼 일상을 살아가려고 노력해야 한다. 하루의 일정에서 자신의 일과를 우선순위에 두어야 한다. 자신의 요구와 원하는 것을 돌아보고 자존감과 즐거움을 높여주는 활동(취미, 관심사, 기술, 자원봉사)을 한다. 인생을 보람 있고 풍성하게 만들어주는 활동을 해야 한다. 가끔은 자신에게 특별한 대접을 해주고(외식, 꽃다발, 마사지), 그러면서 죄책감을 느끼지 말아야 한다. 시간을 내서 기분 좋은 활동을 하다보면 실제로 기분이 좋아진다(〈표 3-6〉 참조).

어떤 사람은 이런 시기에 간단한 지지를 받기 위해 심리치료를 찾는다. 개인 치료를 받기도 하고 우울증 환자의 가족이나 친구를 위한 특별한 지지 모임에 참가할 수도 있다. 국립정신건강연합(NAMI)과 우울증 및 양극성장애 지지 연합(DBSA) 같은 전국 기관의 지부에서 마련한 기분장애 환자의 가족을 위한 소모임이 있다. 이런 모임에서 비슷한 상황과 비슷한 문제를 가진 사람들과 소통할 수 있다.

아래 줄리아의 사례에서는 탈진 상태가 보호자 자신에게 영향을 미치고 이어서 다시 환자의 요구를 들어주는 능력에 영향을 미치는 몇 가지 경우를

"남편을 돌보느라 정작 제 자신을 돌보지 못했어요."

- 줄리아의 이야기

줄리아는 53세로, 그녀의 남편 카를로는 주요우울장애로 치료를 받고 있다. 줄리아는 취미도 있고 관심사도 있고 친구들도 있고 간호사로 파트타임으로 일하면서 열심히 살아간다. 이들 부부에게는 장성해서 따로 사는 자녀가 둘 있다. 줄리아는 요새 온종일 직장을 그만둔 남편을 보살피는 데 몰두해있다. 남편에게 시간 맞춰 약을 먹고 진료를 받으러 가라고 알려주고 차로 직접 병원에 데려다주는 역할까지 도맡았다. 줄리아는 남편이 무슨 일로 괴로운지 진지하게 대화를 나눠보려고 해봤지만 번번이 실패했다. 이제는 아무런 반응을 보이지 않거나 자기 몸도 건사하지 못하는 남편에게 좌절감을 느낀다. 줄리아는 집안의 요리사이자 집사이고 빨래와 심부름을 도맡아 하고 집수리와 청구서까지 관리한다. 카를로가 극도로 피곤해하고 집안일에 전혀 관심을 보이지 않아서다. 줄리아는 남편을 돌보는 데만도 지쳐서 운동하고 친구들을 만나는 등 평소 즐기던 활동과 관심사를 접었다. 남편을 사랑하고 남편이 다시 건강해지기를 바라기에 우울증을 앓는 남편을 소홀히 대하면 안 될 것 같았다. 지난달에는 지치고 좌절하고 결혼생활을 힘들게 만드는 남편에게 화가 났다. 한두 번은 남편의 우울증이 그녀와 가족에게 미치는 영향에 분개하기도 했다. 가끔은 한계에 도달해서 더 이상 남편을 보살피고 남편에게 필요한 지지를 보내주지 못할 것만 같았다. 긴장성 두통, 복통, 수면 장애, 근육통처럼 평소 경험한 적 없던 온갖 증상에 시달렸다.

그래서 주치의를 찾아가 진료를 받았다. 주치의는 보호자 번아웃 증상이라면서 남편의 우울증에 건강하게 대처하는 방법을 일러주었다. 자기 관리와 운동과 취미 활동과 사교모임을 계속하고 자기를 돌보는 활동을 최우선에 두라고 했다. 요가 수업에 참석하고 머리를 손질하고 정원을 가꾸고 죄책감 없이 친구들과 점심을 먹는 등 휴식을 취하고 기분 좋은 활동을 하면서 평소의 일상으로 돌아가라고 했다.

1차 진료의도 줄리아에게 자신의 페이스를 유지하고 현실적으로 가능한 일만 하고 가족 전체를 위해 모든 일을 책임지려고 안간힘을 쓰지 말라고 조언했다. 그러려면 다른 가족이나 친구들에게 도움을 받아서 휴식을 취해야 할 수도 있다. 나아가 그녀의 시간과 에너지를 요구하는 일을 거절하는 법도 배워야 한다.

볼 수 있다. 환자를 돌보는 데만 매달리는 생활의 여파를 최소로 줄이기 위해 노력하고 자기만의 페이스를 조절하는 방법도 확인할 수 있다.

환자의 가족이 자신을 돌보기 위한 지침

로젠과 아마도르는 환자의 가족이 자신을 돌보기 위한 다음과 같은 지침을 제공했다(Rosen, 1996).

- 우울증에 관해 최대한 공부한다. 많이 배울수록 더 수월하게 대처할 수 있다. 우울증을 제대로 이해하면 환자를 더 많이 도울 수 있다. 한마디로 똑똑한 소비자가 되어야 한다. 사실을 배우고 치료자의 자격증을 확인하고 치료자가 제안하는 치료법에 관한 학술적 증거도 꼼꼼히 따져봐야 한다.
- 환자를 도울 방법에 관해 현실적인 기대 수준을 정해야 한다. 환자의 가족으로서 어디까지 할 수 있는지 명확한 한계를 정하고 힘에 부치지 않도록 주의해야 한다. 환자에게도 이 점을 주지시켜야 한다.
- 우울증 환자를 무조건적으로 지지해준다.
- 환자의 가족은 자신의 규칙적인 일과를 지키려고 노력한다. 일하고 식사하고 자고 운동하고 사람들을 만나고 휴식을 취한다. 이런 일과를 우선순위에 두고 환자의 요구를 맞춰주느라 자신의 일상을 잃어서는 안 된다.
- 가능하면 자신의 삶에 대한 감정을 환자와 나눈다. 솔직히 털어놓으면 환자와 소통할 수 있다.
- 환자가 무슨 말을 하더라도 기분 나쁘게 받아들이면 안 된다. 우울증 환자는 부정적이고 왜곡된 렌즈로 세상을 본다는 사실을 잊으면 안 된다. 우울증으로 인해 생각과 소망과 요구를 표현하는 능력이 손상되었을 수 있다. 환자는 자신이 사랑받을 수 없고 사랑받을 자격도 없다고 생각할 수 있다

는 점을 이해해주어야 한다.

- 친구나 가족에게 도움을 구하는 것이 좋다. 세탁물을 찾아오거나 개를 산 책시키거나 우체국에 다녀오는 일을 부탁할 수도 있고 당신의 말을 들어주 거나 당신을 지지해달라고 부탁할 수 있다. 혼자서 다 할 수는 없다.
- 환자와 팀이 되어 함께 노력해야 한다. 환자의 삶을 통제하려 해서는 안 된다.

이 장에서 소개한 전략으로 효과를 본 사람이 많다. 모든 방법을 한 번에 다 시도할 수 있을 거라고 기대해서는 안 된다. 한 번에 한 가지를 선택해서 익숙해질 때까지 시도해보고 다음 전략으로 넘어가는 것이 좋다.

보호자가 우울증에 걸린 것 같을 때

여러 가지 방법을 모두 시도해봐도 슬프거나 기분이 가라앉고 보호자인 당신도 우울증에 걸렸는지 의심이 든다면 어떻게 해야 할까? 흔하지는 않지 만 그럴 수 있다. 1장에서 소개한 우울증의 특징적인 증상을 확인해서(〈표 1-1〉 참조) 당신에게 해당하는 2주 이상 지속하는 증상이 몇 가지인지 확인 한다. 그런 다음 3장에서 소개한 정신건강의 기본 요소(〈표 3-1〉 참조)를 따른 다. 이를테면 술과 약물을 피하고 규칙적으로 자고 건강한 식단으로 식사하 고 매일 운동하고 하루의 일과를 짜고 혼자 고립되지 않으려고 노력하라는 뜻이다. 삶의 균형과 익숙한 일과를 추구해야 한다. 친한 친구와 가족들에게 최대한 지지받아야 한다. 이제는 정신건강 전문의를 만나야 할 때일 수 있다. 의사가 당신의 정서와 건강 상태에 관해 질문하고 평가할 것이다. 그리고 의사와 함께 당신이 단시일 내에 정신건강 전문가를 만나야 하는지 결정할 수 있다. 같은 처지의 환자 가족을 위한 지지 모임에서 도움을 받을 수도 있다.

Chapter 15

우울한 이들의 손을 잡고
일으켜주고 싶다면

• 어떻게 말하고 행동해야 할까? •

"우울증을 극복하려면 평생의 노력이 필요하다.
나는 내 인생을 위해서
그리고 나를 사랑해주는 사람들을 위해서
그 약속을 지켰다."

– 수전 폴리스 슈츠(시인)

어떤 말을 해줘야 할까?

사람들은 저마다의 방식으로 스트레스에 대처하고 우울증이나 양극성장애 같은 질환에 대처한다. 개인의 경험에 따라 우울증과 인간관계와 생활사건과 일을 다르게 경험한다. 결과적으로 남에게 도움을 받을 때도 저마다의 요구가 다르다. 어떤 사람은 도움을 받는 것 자체를 힘들어한다. 도움을 받으면 나약하거나 애정에 굶주리거나 부적절하거나 의존적이라고 느낄 수 있다. 한편으로 도움을 훨씬 수월하게 받아들이는 사람도 있다. 우울증 환자에게 도와주겠다고 제안할 때도 이 점을 기억해야 한다.

다음 표에서는 많은 사람에게 유용한 것으로 밝혀진 말과 접근 방식을 소개한다. 얼핏 단순해 보일 수도 있지만 그렇지 않다. 매우 중요한 내용이 많이 담겨 있다. 힘들어하는 사람을 도와주고 싶을 때 유용하게 참고할 내용이다. 핵심 내용을 세심히 검토하면 도움이 될 것이다.

| 표 14-1 | **누군가를 돕고자 할 때 필요한 말과 행동 수칙**

하지 말아야 할 말과 행동	해야 할 말과 행동
충고하지 말고	경청한다. 환자의 곁에서 온전히 말에 집중한다.
판단하지 말고	경청한다. "네가 이런 일을 겪지 않으면 좋았을 텐데."
말하라고 강요하지 말고	말하고 싶은 만큼 말하게 한다. 그리고 환자가 속마음을 털어놓으면 비밀을 지켜준다.
절망감을 표현하면 바로 위로부터 하지 말고	기다린다. 그저 그 말을 듣는 당신의 불안을 잠재우려고 하는 말은 아닌지 생각해본다.
불쑥 "다 괜찮아질 거야"라고 말하지 말고	"많이 힘든 거 알겠어. 나도 마음이 안 좋아"라고 말해준다. 환자의 감정을 타당한 것으로 인정해주고, 당신이 경청하고 있고 그만한 가치가 있다고 느끼게 해준다.
환자의 경험을 당신이나 다른 사람의 경험과 비교하지 말고	"지금 많이 힘든 거 알겠어"라고 말해준다. 환자의 감정을 타당한 것으로 인정해주고, 당신이 경청하고 있고 그만한 가치가 있다고 느끼게 해준다.
상황을 지나치게 사적으로 받아들이거나 당신이 들이는 시간을 억울해하지 말고	무조건적 사랑과 지지를 보낸다. 때로는 더 큰 인내와 연민이 필요할 수 있다는 점을 명심한다.
실망하거나 회복에 대한 기대치를 낮추지 말고	희망과 현실적인 낙관주의를 보여준다. 때로는 더 큰 인내와 연민이 필요할 수 있다는 점을 명심한다. 신체적으로든 정신적으로든 좋은 날도 있고 안 좋은 날도 있을 거라고 예상한다.
모든 것을 약속하지 말고	할 수 있는 것만 약속한다. 어떻게 해주겠다고 한 약속은 지킨다.
말로 하지 않아도 속으로라도 환자의 우울증이나 생각이나 감정을 탓하지 말고	기분장애가 생물학적 질환이라는 사실을 이해한다. 우울증과 조증의 증상을 파악한다. 우울증이나 조증이 심해지는 경고 신호를 주시하고 전문가에게 도움을 구하자고 말해야 할 때를 파악한다.
우울증이나 조증에 관해 말하는 것을 두려워하지 말고	자신의 한계를 존중한다. 우울증과 조증에 관해 배운다. 우울증과 조증의 증상을 알아본다. 우울증과 조증에 관해 말하면 도움이 될 수 있다는 것을 이해한다.

자살 생각이나 계획이나 시도에 관해 물어보는 것을 두려워하지 말고	경청한다. 환자가 자살에 관해 말한다고 해서 실행에 옮기는 것은 아니다. 자살의 경고 신호를 알아챈다. 걱정되면 119에 신고한다.
환자를 책임지려 하거나 무력한 사람으로 취급하지 말고	구체적인 방법으로 도와주겠다고 제안한다(장을 봐주거나 개를 산책시키거나 진료를 받으러 갈 때 같이 가주기). 환자가 자기를 관리하도록 격려할 방법을 찾는다.
환자를 피하거나 환자와의 관계에서 우울증을 중심에 놓지 말고	일상의 활동과 사교 행사에 환자를 불러낸다. 이런 활동을 감당하기 힘든지는 환자가 스스로 결정하게 한다. 환자와의 관계를 가능한 정상적이고 균형 잡힌 상태로 유지한다.
환자 대신 모든 것을 해주려고 애쓰지 말고	환자의 가족으로서 자신의 한계를 인정한다. 자신을 돌본다. 탈진하면 환자를 제대로 도와주지 못한다.

주의해야 할 말과 행동

아무리 의도가 좋아도 다음과 같은 말은 우울증 환자에게 동기를 부여하지도 않고 긍정적인 영향을 미치지도 못한다. 이런 말을 하면 환자는 이해받지 못하고 자신의 상태가 타당하지 않거나 자신의 문제가 합당하지 않다고 느끼고 당신이 자기를 진지하게 생각해주지 않고 무시한다고 느낄 수 있다. 이런 이유로 다음과 같은 표현은 피해야 한다.

- 그렇게 나쁜 건 아니야.
- 더 나빠질 수도 있어.
- 버텨봐.
- 고생 끝에 낙이 와.
- 다 괜찮아질 거야.

- 있는 그대로 받아들여.
- 하나님의 뜻이야.
- 운명이야.
- 이제 네 인생을 살아야지.
- 털고 일어나야지.
- 너만 힘든 거 아니야.
- 힘내.

대신 이렇게 말해보자

환자에게 위로와 지지, 이해를 보여줄 때는 다음의 표현이 더 효과적이다. 대화할 때 다음의 표현을 기억하자.

- 정말 힘들겠구나. 나도 마음이 안 좋아.
- 내 말이!
- 지금 무척 고통스럽겠구나.
- 내가 어떻게 도와줄 수 있는지 말해줘.
- 난 네 편이야. 넌 혼자가 아니야.
- 이건 정말 힘든 일이야.
- 일단은 한 번에 하나씩, 조금씩 버텨봐.
- 우선 할 수 있는 것부터 해봐.

- 괜찮아.

- 시간이 걸릴 거야.

- 네가 이런 일을 겪지 않았으면 좋았을 텐데.

- 널 사랑해.

제대로 알아야 포기하지 않고 잘 돌볼 수 있다

지금까지 기분장애 환자를 도울 방법을 함께 탐색한 독자 여러분께 감사드린다. 이 책을 읽고 기분장애에 대한 이해가 깊어지고 새롭고 효과적인 방법을 배웠으리라 믿는다. 이제 우울증이나 양극성장애가 있는 가족이나 친구에게 무슨 말을 해주고 어떻게 도와줘야 할지 더 많이 알았으니 환자가 회복하는 과정에서 더 큰 도움을 줄 수 있기를 바란다. 기분장애를 겪는 사람들이 당신의 노력에 고마워할 것이다.

기분장애를 겪는 가족이 있으면 그 병의 특유의 복잡한 속성 때문에 환자를 도와줄 방법을 찾는 과정에서 힘든 처지에 놓인다. 기분장애 삽화가 지나가는 동안 기분장애의 전반적인 성격이 변할 수도 있고, 가족으로서 환자가 기분장애의 경로에서 어디쯤 있는지 파악해서 적절히 대처해야 할 수 있다. 기분장애 환자를 보살피기란 여타의 신체 질환 환자를 보살피는 것과 차원이 다르게 어려울 수 있다. 예를 들어 환자가 자신의 질환을 통찰하지 못하거나 비현실적인 기대를 갖고 있을 수 있다. 환자가 가족의 도움을 거부하거나 속마음을 털어놓지 않고 치료자에게서 들은 이야기를 자세히 전달하지 않을 수 있다. 환자가 정신질환의 낙인을 두려워해서 친구들이나 자존감이나 삶의 기회를 잃고 고통스러워할 수 있다. 기분장애의 이런 모든 특성 때문에 불안과 혼란에 빠진 환자를 어떻게든 지지하고 도와주고 싶은 당신의 욕구가 좌절될 수 있다. 환자의 가족으로서 감당해야 할 일이 많다.

이 책의 서두에서 주요우울증과 양극성장애의 기본 정보를 정리하고 환자가 경험할 만한 일반적인 증상을 알아보았다. 환자의 가족이 이런 배경 정보를 이해하면 무엇을 상대하고 있고 최선의 대응책은 무엇인지 더 잘 이해할 수 있다. 그리고 불안 증상이 우울증 환자의 절반에게 어떤 영향을 미치는지 설명했다. 이제 당신의 가족이나 친구가 기분장애를 앓는 것 같으면 무엇을 주의 깊게 살펴봐야 할지 알았을 것이다. 전반적인 외양, 행동, 생각, 감정에서 평소와 달라진 부분을 알아챌 수 있을 것이다.

이제 우울증이 성인, 청소년, 노인, 남자, 여자에게서 어떻게 다르게 나타나는지 더 잘 이해할 것이다. 자녀가 평범한 사춘기를 보내는 중인지 우울증에 걸렸는지 분간하기 어려울 수 있다. 둘 사이에 중첩되는 증상이 있기 때문이다. 노인 부모의 경우에는 애도 반응이나 다른 의학적 질환을 우울증과 혼동할 수 있다. 이제는 어떤 부분을 살펴야 할지, 언제 전문가의 도움을 구해야 할지 더 잘 이해할 것이다.

다음으로 생활양식의 개입을 다루었다. 몸과 마음을 건강하게 유지해주고 기분장애 환자에게 특히 중요한 일상생활의 기본적인 모든 것을 다루었다. 건강한 식습관, 규칙적인 수면, 운동, 하루의 일과와 구조에 주목하고 다른

(지지해주는) 사람들과 소통하는 것도 중요하다고 지적했다. 환자의 가족으로서 이런 생활 습관의 일부나 전부를 실천해서 모범을 보여주면 당신 자신도 활력을 되찾은 모습에 놀랄 것이다.

치료 과정에서 매일 시도할 만한 전략도 몇 가지 소개했다. 환자와 소통하기 위한 대화와 지지 기술로는 판단하지 않고 지지하기, 개방형 신체 언어를 통해 적극적으로 경청하기, 부정적인 생각 다루기, 경계선을 정하기, 청소년 환자에게 엄한 사랑의 전략으로 접근하기가 있다. 가장 효과적으로 적용할 만한 기술 중 하나는 공감하면서 반응하는 방법으로, 환자가 느끼는 감정과 그 감정이 어디서 왔는지 알아채고 이해하고 환자의 입장에 서보는 것이다.

다음으로 회복의 개념을 설명하고(환자가 정신질환 진단을 받은 뒤 삶에 대한 통제력을 되찾고 잃어버린 모든 것을 되찾는 과정) 회복에 대한 몇 가지 정의를 소개하고 실제 사례를 들었다. 그리고 건강하고 행복한 상태, 곧 '잘 삶'이란 질환이나 질병이 없는 상태만이 아니라 심리적으로 긍정적이고 건강한 상태라고 설명했다. 이어서 회복력, 곧 힘든 시간을 보내고 난 뒤 원래대로 되돌아오는 능력에 관해 설명했다. 우울증이 있는 가족이나 친구에게 회복력을 길러주면 환자가 폭풍우 같은 우울증과 양극성장애 삽화를 잘 헤쳐나갈 가능성이 높아진다. 당신이 모범이 되어 환자를 격려하고 환자에게 회복력 기술을 가르쳐줄 수 있다.

마지막으로 환자의 가족이 자신을 돌보는 노력의 중요성을 강조했다. 의학적 질환, 특히 기분장애가 있는 가족이나 친구를 보살피면 스트레스도 심하고 시간도 많이 들어가고 늘 걱정에 시달린다. 가족이 탈진해서 환자의 병에 분개하면 환자를 도와줄 수 없다. 충분히 자고 균형 잡힌 식단으로 식사하고 규칙적으로 운동하고 스트레스를 관리하고 친구들을 만나고 사회 활동을 이어가고 자신을 지탱해줄 취미를 찾아야 한다. 날마다 즐거운 활동을 하고 페이스를 조절해야 한다. 그래야 탈진하지 않을 수 있을 것이다. 그러면 환자도 이런 노력에 고마워할 것이다.

이 책에는 많은 내용이 담겨 있다. 한 번 읽고 당장 잘할 수 있을 거라고 기대해서는 안 된다. 새로운 기술을 익히려면 시간과 노력과 인내심이 필요하다. 효과가 있을 만한 방법 한두 가지를 골라서 차근차근 하나씩 연습하길 바란다. 한 번에 다 익힐 필요는 없다. 한 장씩 천천히 익히고 필요하다면 몇 번씩 반복해서 읽어도 된다. 어떤 기술을 익숙하게 사용할 수 있을 것 같으면 다음으로 넘어가서 새로운 기술을 익혀라. 보호자도 환자도 변화를 느낄 수 있을 것이다. 기분 좋은 변화다.

당신과 당신의 사랑하는 가족, 친구의 행운을 빈다.

경계선 boundaries

우울증 환자와 보호자가 합의한 행동 규칙이나 제약.

경조증 hypomania

양극성장애의 일부로, 고양되고 들뜬 기분. 경조증 삽화는 양극성 우울증과 번갈아 나타나고 개인마다 다른 양상을 보인다. 증상은 조증과 유사하다. 경조증은 조증보다 기간이 짧고 강도도 약하다.

공감적 반응 empathic response

상대의 감정이나 문제를 자기 일처럼 공감하고 이해하려고 애쓰는 반응. 상대가 느끼는 감정과 그 감정이 어디서 왔는지 알아채고 이해한다는 것을 보여주는 식으로 반응한다.

공유의사결정 shared decision making

환자가 의사결정에 참여해서 임상적 증거를 기반으로 한 진단 검사와 치료법과 간병 계획을 선택하고 개인적인 선호도와 가치관을 반영해서 위험과 효과의 균형을 잡는 과정.

기분장애 mood disorder

마음의 상태, 곧 생각과 감정과 행동에 영향을 미치고 유도하는 내면의 일부와 관련된 뇌 질환으로 치료가 가능한 생물학적 질환이다. 기분장애의 유형으로는 주요우울증과 양극성장애가 있다.

낙인stigma

어떤 사람의 성격이나 자질 또는 정신 질환 등을 이유로 그 사람에게 근거도 없이 부정적 꼬리표를 달거나 비난하는 현상. 낙인이 찍히면 사람들이 그 사람을 피하거나 거부하거나 멀리할 수 있다.

대사증후군metabolic syndrome

다음의 심혈관계 위험 요인 다섯 가지 중 세 가지가 나타나는 신체조건. ① 복부 비만, ② 고혈압, ③ 중성지방 수치가 높음, ④ '좋은' HDL 콜레스테롤 수준이 낮음, ⑤ 공복혈당 수치가 높음. 대사증후군이 있으면 심장발작, 뇌졸중, 당뇨병에 걸릴 위험이 커진다.

대처 전략coping strategy

스트레스 요인과 일상의 힘든 일을 해결하기 위한 전략. 대처 전략으로는 문제 해결, 자기 위로, 휴식, 오락, 유머, 마음챙김 명상, 그 밖에 여러 가지 기법이 있다.

따돌림bullying

실제로든 지각된 상태로든 힘이 약한 상대에게 가하는 공격적 행동으로, 학교에 다니는 아동과 청소년에게 흔히 나타난다. 누군가를 위협하고 소문과 거짓 정보를 퍼트리고 신체적으로나 언어적으로 공격하고 의도적으로 집단에서 배제하는 행위가 포함된다. 주로 오랜 시간에 걸쳐 반복해서 나타난다. 인터넷과 소셜미디어에서 벌어지는 따돌림을 사이버 따돌림cyberbullying이라고 한다.

망상delusion

일부 정신과 질환에 나타나는 고착된 거짓 신념이다.

반추rumination

같은 일을 반복해서 되새기는 경우를 말한다.

불안anxiety

미래에 대해 지나치게 초조해하고 걱정하는 감정. 걱정의 강도와 걱정이 지속되는 시간과 걱정하는 빈도가 실제 일어날 사건에 비해 과도한 상태.

산후우울증postpartum depression

눈물이 나고, 슬프고, 기분이 변덕스럽게 변하고, 짜증이 나고, 불안한 상태가 출산 후 2일에서 5일 사이에 절정을 이루고 2주 정도 지속하는 증상. 가볍게 지나갈 때도 있고 깊고 극단적일 수도 있고, 일상생활이나 아기-산모의 애착 관계를 손상시킬 수도 있다. 산후우울증은 출산 후 급격한 호르몬 변화와 관련이 있다.

수면 위생sleep hygiene

환자의 수면에 영향을 미치는 개인적인 습관과 행동과 환경 조건. 일주일 동안 같은 시간에 잠들고 깨어나고 침대는 잠만 자는 공간으로 정하고 12시 이후에는 카페인을 섭취하지 않는 방법이 포함된다. 이런 습관이 수면의 질과 양에 긍정적 영향을 미친다.

악화recurrence

우울증이나 양극성장애 삽화에서 완전히 회복된 뒤 완전한 우울증 증상이 다시 나타나는 상태.

양극성우울증bipolar depression

환자의 생각과 감정과 행동에 부정적인 영향을 미치는 생물학적 질환. 재발과 완화를 반복하고 극단적으로 고양된 기분(조증이나 경조증)과 번갈아 나타난다. 관계와 활동과 관심사와 그 밖에 다양한 삶의 측면에 영향을 미친다. 양극성우울증은 뇌 신경망의 오작동과 관계가 있는 것으로 알려졌다.

양극성장애bipolar disorder

일상생활에 상당한 영향을 미치는 만성적인 기분장애. 조울장애manic-depressive disorder라고도 하며, 뇌 신경망의 오작동을 원인으로 본다. 양극성장애의 주된 특징은 극단적으로 고양된 기분이나 과민한 상태의 삽화(조증이나 경조증)가 나타나고 이어서 우울증 삽화가 나타나는 것이다.

엄한 사랑 tough love
환자에게 단호하면서도 애정을 보여주고 환자가 행동의 제약에 동의하게 만들고 제멋대로의 행동과 선택에 대해 스스로 책임지게 만드는 전략.

완화 remission
우울증 증상이 완전히 사라진 상태.

왜곡된 사고 distorted thinking
사건에 대한 해석을 왜곡하는 생각의 오류. 인지행동치료는 연습을 통해 우울증에서 나타나는 부정적이고 왜곡된 사고에 반박하고 대체한다.

우울증 depression
생각과 감정과 행동에 부정적인 영향을 미치는 생물학적 질환. 우울증은 재발하고 완화되지만 치료가 가능한 마음과 몸의 병이다. 우울증은 관계와 활동과 관심사와 그 밖에 다양한 삶의 측면에 영향을 미친다. 우울증은 뇌 신경망의 오작동과 연관된 것으로 본다. 살면서 겪는 특정 경험이 유독 예민한 사람에게 일어날 때 우울증을 유발할 수 있다. 단극성 우울증이나 주요우울증이라고도 한다.

우울증의 경고 신호 warning signs of depression
평소의 생각이나 감정이나 행동이나 하루의 일과나 자기 관리 상태가 남들이 알아챌 만큼 달라진 모습. 이런 변화는 새로운 우울증 삽화를 나타낼 수도 있고 우울증의 악화를 의미할 수도 있다.

유전자×환경 이론 gene×environment theory

유전자와 생활사건(환경)이 상호작용하여 뇌의 복잡한 신경망에 영향을 미친다는 우울증의 한 이론.

이중진단 dual diagnosis

정신질환(우울증)과 물질사용장애를 동시에 경험하는 사람들을 가리키는 용어.

인지 왜곡 cognitive distortion

사건을 왜곡해서 해석하게 만드는 생각의 오류. 우울증의 흔한 증상이다. 인지행동치료는 연습을 통해 부정적이고 왜곡된 생각에 현실적인 생각으로 반박해서 대체하게 해준다.

인지행동치료 Cognitive Behavioral Therapy(CBT)

대화치료, 곧 심리치료의 한 유형으로, 생각과 감정과 행동이 연결된 기제를 설명해준다. 인지행동치료는 환자에게 왜곡될 수 있는 사고 패턴과 잘못된 신념과 유익하지 않은 행동을 알아채고 바꿔나가도록 이끌어준다.

자동적인 부정적 사고 automatic negative thought

우울증 삽화가 있을 때 부지불식간에 떠올라 고통스럽게 만드는 생각. 이런 생각이 떠오르는 이유는 첫째, 부정적 사건이 우울증 환자의 사고를 지배하고 둘째, 우울한 마음은 상황을 부정적으로 해석하고 왜곡하는 경향이 있기 때문이다. 하지만 현실을 정확히 반영하지 않는 생각이다.

잘 삶 well-being

자신의 신념과 확신에 따라 목적과 방향을 가지고 재능과 잠재력을 발휘하면서 의미 있게 살아가는 상태. 건강한 사람은 삶의 여러 상황에 능숙하게 대처하고 긍정적인 관계를 맺고 자신을 수용한다.

재발 relapse

우울증이나 양극성장애 삽화에서 부분적으로 회복된 뒤 완전한 우울증 증상이 다시 나타나는 상태.

적극적 경청 active listening

온전히 집중하면서 상대의 말을 경청하고 있다고 알리는 대화 방식.

정신증 psychosis

사고가 왜곡되고 현실 검증 능력을 상실하는 기간이 있는 심각한 질환이자 정신과적 응급상황이다. 환자는 실제로 있지도 않은 현상을 보거나 듣는 환각을 경험한다. 환자에게는 환각이 지극히 현실이다. 하지만 환자가 '지시받은' 대로 행동할 수도 있어서 문제다. 편집망상 때문에 누군가에게 스토킹을 당하고 쫓기고 있다고 믿을 수 있다.

조증 mania

양극성장애의 한 부분으로 고양되고 들뜬 기분. 조증 삽화는 사람마다 다르고 양극성 우울증과 번갈아 나타난다. 고양된 기분 증상이 생각과 감정과 행동에 영향을 미친다. 과장된 자아 감각, 신체 에너지 증가, 수면 욕구 감소, 정신없는 생각의 흐름, 짜증, 위험한 행동, 그밖에도 여러 가지 증상으로 나타난다.

주요우울증 major depression

생각과 감정과 행동에 부정적인 영향을 미치는, 치료가 가능한 생물학적 질환. 우울증은 재발하고 완화되는 마음과 몸의 병이다. 우울증은 관계와 활동과 관심사와 그 밖에 다양한 삶의 측면에 영향을 미친다. 우울증은 뇌 신경망의 오작동과 연관된 것으로 여겨진다. 살면서 겪는 특정 경험이 특히 예민한 사람에게 일어날 때 우울증을 유발할 수 있다.

촉발 요인 trigger

환자를 고통스럽게 만들고 우울증 증상을 촉발할 수 있는 사건이나 상황.

치료 저항성 우울증^{treatment-resistant depression}

항우울제나 기타 치료법을 적절한 용량과 기간으로 적절히 적용한 뒤에도 반응이 없거나 완화되지 않는 상태(한 가지나 세 가지 이상의 치료 과정—치료에 몇 번 실패해야 치료 저항성으로 정의할 수 있는지에 관해서는 아직 공식적으로 합의되지 않았다).

행동 활성화^{behavioral activation}

우울증을 위한 인지행동치료(CBT) 기술과 대처 전략으로, 기분에 긍정적인 영향을 미치고 우울증 위험을 줄이고 우울증 치료에 도움이 되는 기법이다. 행동 활성화의 목표는 환자가 즐거움과 보상을 주는 활동을 다시 시작하고 문제 해결 기법을 개발하거나 발전시키도록 도와주는 데 있다.

현실적인 낙관주의^{realistic optimism}

희망을 품고 열심히 노력하고 단호히 맞서면 다 잘될 거라는, 미래에 대한 합리적인 관점.

회복^{recovery}

몸과 마음의 건강을 개선하고 주도적으로 살고 잠재력을 온전히 발휘하기 위해 노력하는 변화의 과정. 정신질환 진단을 받고 그로 인해 많은 것을 잃은 뒤 삶의 통제력을 되찾는 진행형의 과정.

회복력 요인^{resilience factor}

스트레스가 심한 상황에서 잘 적응하는 사람들에게 공통된 성격 특질.

회복력^{resilience}

역경과 난관(우울증이나 양극성장애와 같은 질환)에 맞서고 잘 적응하고 해결책을 찾고 더 쉽게 원래 상태로 되돌아가는 능력.

〈〈 참고 문헌 〉〉

프롤로그

American Foundation for Suicide Prevention(AFSP). www.afsp.org/understanding-
suicide/facts-and-figures. Accessed March 2019.

American Psychiatric Association (APA). *Diagnostic and Statistical Manual of Mental
Disorders (DSM-5)*. 5th edition. American Psychiatric Association; 2013.

Lepine JP, Briley M. The increasing burden of depression. *Neuropsychiatr Dis Treat*.
2011;7(Suppl 1):3-7.

Martin LA, Neighbors HW, Griffith DM. The experience of symptoms of depression in men
vs women: Analysis of the National Comorbidity Survey Replication. *JAMA Psychiatry*.
2013;70(10):1100-1106.

National Institute of Mental Health (NIMH). www.nimh.nih.gov. Accessed February 2019.

Mojtabal R, Olfson M, Han B. National trends in the prevalence and treatment of
depression in adolescents and young adults. *Pediatrics*. 2016;138(6):12.

Wingo AP, Wrenn G, Pelletier T, Gutman AR, Bradley B, Ressler KJ. Moderating effects of
resilience on depression in individuals with a history of childhood abuse or trauma
exposure. *J Affect Disord*. 2010;126(30):411-414.

World Health Organization (WHO). www.who.int. Accessed February 2019.

Chapter 01. 기분장애에 대한 이해

Altemus M. Neuroendocrine networks and functionality. *Psychiatr Clin North Am*.

2017;40(2):189 – 200.

American Psychiatric Association *(APA). Diagnostic and Statistical Manual of Mental Disorders (DSM-5)*. 5th edition. American Psychiatric Association; 2013.

Barker ED, Copeland W, Maughan B, Jaffee SR, Uher R. Relative impact of maternal depression and associated risk factors on offspring psychopathology. *Br J Psychiatry*. 2012;200(2):124 – 129.

Batten LA, Hernandez M, Pilowsky DJ, et al. Children of treatment-seeking mothers: A comparison with the sequenced treatment alternatives to relieve depression (STAR*D) child study. *J Am Acad Child Adolesc Psychiatry*. 2012;51(11):1185 – 1196.

Benbow A. Mental illness, stigma, and the media. *J Clin Psychiatry*. 2007;68(Suppl 2):31 – 35.

Bilello JA. Seeking an objective diagnosis of depression. *Biomark Med*. 2016;10(8):861 – 875.

Bromberger JT, Kravitz HM, Chang YF, Cyranowski JM, Brown C, Matthews KA. Major depression during and after the menopause transition: Study of Women's Health Across the Nation (SWAN). *Psychol Med*. 2011;41(9):1879 – 1888.

Bromberger JT, Schott L, Kravitz HM, Joffe H. Risk factors for major depression during midlife among a community sample of women with and without prior major depression: Are they the same or different? *Psychol Med*. 2015;45(8):1653 – 1664.

Cohen L, Freeman M. Psychiatric disorders in women: Diagnostic and treatment considerations across the female lifespan. An interactive CME course conducted by the Center for Women's Mental Health and the Psychiatry Academy, Department of Psychiatry, Massachusetts General Hospital; November – December 2019; Boston, MA.

di Scalea TL, Pearlstein T. Premenstrual dysphoric disorder. *Psychiatr Clin North Am*. 2017;40(2):201 – 216.

Fava GA, Rafanelli C, Grandi S, Conti S, Belluardo P. Prevention of recurrent depression with cognitive behavioral therapy: Preliminary findings. *Arch Gen Psychiatry*. 1998;55:816 – 820.

Frye MA. Bipolar disorder—a focus on depression. N Engl J Med. 2011;364(1):51 – 59.

Gambadauro P, Carli V, Hadlaczky G. Depressive symptoms among women with endometriosis: A systematic review and meta-analysis. *Am J Obstet Gynecol*. 2019;220(3):230 – 241.

Hyde CL, Nagle MW, Tian C, et al. Identification of 15 genetic loci associated with risk of major depression in individuals of European descent. *Nat Genet*. 2016;48(9):1031 – 1036. doi:10.1038/ng3623.

Johnson D, Dupuis G, Piche J, Clayborne Z, Colman I. Adult mental health outcomes of adolescent depression: A systematic review. *Depress Anxiety*. 2018;35(8):700 – 716.

Martin LA, Neighbors HW, Griffith DM. The experience of symptoms of depression in men vs women: Analysis of the National Comorbidity Survey Replication. *JAMA Psychiatry*. 2013;70(10):1100 – 1106.

Massachusetts General Hospital. MGH Center for Women's Mental Health. www.womensmentalhealth.org. Accessed February 2020.

Melton TH, Croarkin PE, Strawn JR, McClintock SM. Comorbid anxiety and depressive symptoms in children and adolescents: A systematic review and analysis. *J Psychiatr Pract*. 2016;22(2):84 – 98.

Nierenberg AA, DeCecco LM. Definitions of antidepressant treatment response, remission, nonresponse, partial response, and other relevant outcomes: A focus on treatment-resistant depression. *J Clin Psychiatry*. 2001;62(Suppl 16):5 – 9.

Nonacs R. NT-814: Neurokinin receptor antagonist effective for menopausal vasomotor symptoms. MGH Center for Women's Mental Health; March 12, 2020. https://womensmentalhealth.org/posts/nt-814-neurokinin-receptor-antagonist-effective-for-menopausal-vasomotor-symptoms/?utm_source=rss&utm_medium=rss&utm_campaign=nt-814-neurokinin-receptor-antagonist-effective-for-menopausal-vasomotor-symptoms. Accessed March 2020.

Park LT, Zarate CA Jr. Depression in the primary care setting. *N Engl J Med*. 2019;380(6):559 – 568.

Pilowsky DJ, Wickramaratne, PJ, Rush AJ, et al. Children of currently depressed mothers: A STAR*D ancillary study. *J Clin Psychiatry*. 2006;67(1):126 – 136.

Regier DA, Rae DS, Narrow WE, Kaelber CT, Schatzberg AF. Prevalence of anxiety disorders and their comorbidity with mood and addictive disorders. *Br J Psychiatry Suppl*. 1998;(34):24 – 28.

Rice F, Riglin L, Lomax T, et al. Adolescent and adult differences in major depression symptom profiles. *J Affect Disord*. 2019;243:175 – 181.

Saveanu RV, Nemeroff CB. Etiology of depression: Genetic and environmental factors.

Psychiatr Clin North Am. 2012;35:51−71.

Schmidt PJ, Ben Dor R, Martinez PE, et al. Effects of estradiol withdrawal on mood in women with past perimenopausal depression: A randomized clinical trial. *JAMA Psychiatry*. 2015;72(7):714−726.

Sichel D, Driscoll JW. *Women's Moods: What Every Woman Must Know about Hormones, the Brain, and Emotional Health*. Quill; 1999.

Soares C. Depression and menopause: An update on current knowledge and clinical management for this critical window. *Psychiatr Clin North Am*. 2017;40(2):239−254.

Stein MB, Sareen J. Generalized anxiety disorder. *N Engl J Med*. 2015;373(21):2059−2068.

Stewart DE, Vigod S. Postpartum depression. *N Engl J Med*. 2016;375(22):2177−2086.

Teasdale JD, Segal ZV, Williams JMG, Ridgeway VA, Soulsby JM, Lau MA. Prevention of relapse/recurrence in major depression by mindfulness−based cognitive therapy. *J Consul Clin Psychol*. 2000;8(4):615−623.

Trivedi MH, Rush AJ, Wisniewski SR, et al. Evaluation of outcomes with citalopram for depression using measurement−based care in STAR*D: Implication for clinical practice. *Am J Psychiatry*. 2006;163(1):28−40.

Trower M, Anderson RA, Ballantyne E, Joffe H, Kerr M, Pawsey S. Effects of NT−814, a dual neurokinin 1 and 3 receptor antagonist, on vasomotor symptoms in postmenopausal women: A placebo−controlled, randomized trial. *Menopause*. 2020;27(5). doi:10.1097/GME.0000000000001500.

Weissman MM, Feder A, Pilowsky DJ, et al. Depressed mothers coming to primary care: Maternal reports of problems with their children. *J Affect Disord*. 2004;78(2):93−100.

Yeung A, Feldman G, Fava M. *Self-Management of Depression: A Manual for Mental Health and Primary Care Professionals*. Cambridge University Press; 2010.

대사증후군

Akbaraly TN, Ancelin ML, Jaussent I, et al. Metabolic syndrome and onset of depressive symptoms in the elderly: Findings from the Three−City Study. *Diabetes Care*. 2011;34:904−909.

Goldbacher EM, Bromberger J, Matthews KA. Lifetime history of major depression predicts the development of the metabolic syndrome in middle−aged women. *Psychosom Med*. 2009;71:266−272.

Kinder LS, Carnethon MR, Palaniappan LP, King AC, Fortmann SP. Depression and the metabolic syndrome in young adults: Findings from the Third National Health and Nutrition Examination Survey. *Psychosom Med*. 2004;66:316-322.

Marijnissen RM, Smits JE, Schoevers RA, et al. Association between metabolic syndrome and depressive symptom profiles—sex-specific? *J Affect Disord*. 2013;151(3):1138-1142.

Mendelson SD. *Metabolic Syndrome and Psychiatric Illness*. Elsevier; 2008.

Pan A, Keum N, Okereke OI, et al. Bidirectional association between depression and metabolic syndrome: A systematic review and meta-analysis of epidemiologic studies. *Diabetes Care*. 2012;35:1171-1180.

Rethorst CD, Bernstein I, Trivedi MH. Inflammation, obesity, and metabolic syndrome in depression: Analysis of the 2009-2010 National Health and Nutrition Examination Survey (NHANES). *J Clin Psychiatry*. 2014;75(12):e1428-1432.

Vaccarino V, McClure C, Johnson BD, et al. Depression, the metabolic syndrome and cardiovascular risk. *Psychosom Med*. 2008;70(1):40-80.

Chapter 02. 우울증의 징후와 진단

Alpass FM, Neville S. Loneliness, health and depression in older males. *Aging Ment Health*. 2003;7(3):212-216.

Chapter 03. 기분장애 관리를 위한 기초적이지만 필수적인 방법

수면위생

American Academy of Sleep Medicine. Healthy sleep habits. http://sleepeducation.org/essentials-in-sleep/healthy-sleep-habits. Accessed March 2019.

Asarnow LD, Manber R. Cognitive behavioral therapy for insomnia in depression. *Sleep Med Clin*. 2019;14(2):177-184.

National Institute of Neurologic Disorders and Stroke. Brain basics: Understanding sleep. NIH Publication No. 17-3440c. https://www.ninds.nih.gov/Disorders/Patient-

Caregiver-Education/Understanding-Sleep. Accessed March 2019.

National Sleep Foundation. Sleep hygiene. https://www.sleepfoundation.org/articles/
sleep-hygiene. Accessed March 2019.

Tsuno N, Besset S, Ritchie K. Sleep and depression. *J Clin Psychiatry*. 2005;66(10):1254–
1269.

Winkelman JW. How to identify and fix sleep problems: Better sleep, better mental health.
JAMA Psychiatry. 2020;77(1):99–100. doi:10.100/jamapsychiatry.2019.3832.

식습관

Berk M, Jacka FN. Diet and depression—from confirmation to implementation. *JAMA*.
2019;321(9):842–843.

Bodnar LM, Wisner KL. Nutrition and depression: Implications for improving mental
health among childbearing-aged women. *Biol Psychiatry*. 2005;58(9):679–685.

Diet and depression. Tufts University Diet and Nutrition Letter. *Jan* 2019;36(11):6–7.

Firth J, Marx W, Dash S, et al. The effects of dietary improvement on symptoms of
depression and anxiety: A meta-analysis of randomized controlled trials. *Psychosom
Med*. 2019;81(3):264–280. doi:10.1097/PSY.0000000000000673.

Frank E. Interpersonal and social rhythm therapy: A means of improving depression and
preventing relapse in bipolar disorder. *J Clin Psychol*. 2007;63(5):463–473.

Jacka FN, O'Neil A, Opie R, et al. A randomized controlled trial of dietary improvement
for adults with major depression (the "SMILES" trial). *BMC Med*. 2017;15(1):23.
doi:10.1186/s12916-017-0791-y.

Jacka FN, Pasco JA, Mykletun A, et al. Association of Western and traditional diets with
depression and anxiety in women. *Am J Psychiatry*. 2010;167(3):305–311.

Khalid S, Williams CM, Reynolds SA. Is there an association between diet and depression
in children and adolescents? A systematic review. *Br J Nutr*. 2016;116(12):2097–2108.

Ma J, Rosas LG, Lv N, et al. Effect of integrated behavioral weight loss treatment and
problem-solving therapy on body mass index and depressive symptoms among
patients with obesity and depression: The RAINBOW randomized clinical trial. *JAMA*.
2019;321(9):869–879. doi:10.1001/jama20190557.

Mayo Clinic. Mediterranean diet. www.mayoclinic.org/healthy-lifestyle/nutrition-and-
healthy-eating/in-depth/mediterranean-diet/art-20047801. Accessed May 2019.

Sanchez-Villegas A, Delgado-Rodriguez M, Schlatter AA, et al. Association of the Mediterranean dietary pattern with the incidence of depression: The Seguimiento Universidad de Navarra/University of Navarro follow up. *Arch Gen Psychiatry*. 2009;66(10):1090-1098.

United States Department of Agriculture (USDA). www.choose myplate.gov. Accessed March 2019.

United States Health and Human Services (HHS) and the United States Department of Agriculture (USDA). 2015-2020 Dietary guidelines for Americans. 8th edition. December 2015. http://health.gov/dietaryguidelines/2015/guidelines/. Accessed March 2019.

신체 운동

Carter T, Morres ID, Meade O, Callaghan P. The effect of exercise on depressive symptoms in adolescents: A systematic review and meta-analysis. *J Am Acad Child Adolesc Psychiatry*. 2016;55(7):580-590.

Choi KW, Chen CY, Stein MB, et al. Assessment of bidirectional relationships between physical activity and depression among adults: A 2-sample Mendelian randomization study. *JAMA Psychiatry*. 2019;76(4):399-408.

Cooney G, Dwan K, Mead G. Exercise for depression. *JAMA*. 2014;311(23):2432-2433.

Cooney GM, Dwan K, Greig CA, et al. Exercise for depression. *Cochrane Database* Syst Rev. 2013;9(9):CD004366.

Cotman CW, Berchtold NC, Christie LA. Exercise builds brain health: Key roles of growth factor cascades and inflammation. *Trends Neurosci*. 2007;30(9):464-472.

Dunn AL, Trivedi MH, Kampert JB, Clark CG, Chambliss HO. Exercise treatment for depression: Efficacy and dose response. *Am J Prev Med*. 2005;28(1):1-8.

Harvey SB, Øverland S, Hatch SL, Wessely S, Mykletun A, Hotopf M. Exercise and the prevention of depression: Results of the HUNT cohort study. *Am J Psychiatry*. 2018;175(1):28-36.

Hoare E, Milton K, Foster C, Allender S. The associations between sedentary behaviour and mental health among adolescents: A systematic review. *Int J Behav Nutr Phys Act*. 2016;13(1):108.

Trivedi MH, Greer TL, Grannemann BD, et al. Exercise as an augmentation strategy for treatment of major depression. *J Psychiatr Pract.* 2006;12(4):205 – 213.

McMahon EM, Corcoran P, O'Regan G, et al. Physical activity in European adolescents and associations with anxiety, depression and well-being. *Eur Child Adolesc Psychiatry.* 2017;26(1):111 – 122.

Melo MCA, Daher EDF, Albuquerque SGC, de Bruin VMS. Exercise in bipolar patients: A systematic review. *J Affect Disord.* 2016;198:32 – 38.

Morres ID, Hatzigeorgiadis A, Stathi A, et al. Aerobic exercise for adult patients with major depressive disorder in mental health services: A systematic review and meta-analysis. *Depress Anxiety.* 2019;36(1):39 – 53.

Murri MB, Ekkekakis P, Menchetti M, et al. Physical exercise for late-life depression: Effects on symptom dimensions and time course. *J Affect Disord.* 2018;230:65 – 70.

Piercy KL, Troiano RP, Ballard RM, et al. The Physical Activity Guidelines for Americans. *JAMA.* 2018;320(19):2020 – 2028.

Rethorst CD, Trivedi MH. Evidence-based recommendations for the prescription of exercise for major depressive disorder. *J Psychiatr Pract.* 2013;19(3):204 – 212.

Rethorst CD, Wipfli BM, Landers DM. The antidepressant effect of exercise: A meta-analysis of randomized trials. *Sports Med.* 2009;39(6):491 – 511.

Schuch FB, Vancampfort D, Richards J, Rosenbaum S, Ward PB, Stubbs B. Exercise as a treatment for depression: A meta-analysis adjusting for publication bias. *J Psychiatr Res.* 2016;77:42 – 51.

United States Department of Health and Human Services (HHS). *Physical Activity Guidelines for Americans.* 2nd edition. HHS; 2018. https://health.gov/paguidelines/second-edition/pdf/Physical_Activity_Guidelines_2nd_edition.pdf. Accessed March 2019.

Vancampfort D, Stubbs B, Firth J, Van Damme T, Koyanagi A. Sedentary behavior and depressive symptoms among 67,077 adolescents aged 12 – 15 years from 30 low-and middle-income countries. *Int J Behav Nutr Phys Act.* 2018;15(1):73.

Yang L, Cao C, Kantor ED, et al. Trends in sedentary behavior among the US population, 2001 – 2016. *JAMA.* 2019;321(16):1587 – 1597.

Barry MJ, Edgman-Levitan S. Shared decision making—pinnacle of patient-centered care. *N Engl J Med*. 2012;366(9):780-781.

Elwyn G, Cochran N, Pignone, M. Shared decision making—the importance of diagnosing preferences. *JAMA Intern Med*. 2017;177(9):1239-1240.

Elwyn G, Frosch D, Thomson R, et al. Shared decision making: A model for clinical practice. *J Gen Intern Med*. 2012;27(10):1361-1367.doi.1007/s11606-012-2077-6.

Haselden M, Brister T, Robinson S, Covell N, Pauselli L, Dixon L. Effectiveness of the NAMI Homefront program for military and veteran families: In-person and online benefits. *Psychiatr Serv*. 2019;70(10):935-939. https://doi.org/10.1176/appi.ps.201800573.

Highet N, Thompson M, McNair B. Identifying depression in a family member: The carers' experience. *J Affect Disord*. 2005;87:25-33.

Mulley AG, Trimble C, Elwyn, G. Stop the silent misdiagnosis: Patients' preferences matter. *BMJ*. 2012;345:e6572.

Nierenberg AA. Medication Treatment of Bipolar Disorder: Challenges and Promises. Presented at: Patient and Family Education Day, The Dauten Family Center for Bipolar Treatment Innovation, Department of Psychiatry, Massachusetts General Hospital; June 23, 2018; Boston, MA.

Noonan SJ. *Managing Your Depression: What You Can Do to Feel Better*. Johns Hopkins University Press; 2013.

Psychiatric Advance Directives. National Resource Center on Psychiatric Advance Directives. https://www.nrc-pad.org. Accessed March 2019.

Sajatovic M, Jenkins JH, Cassidy KA, et al. Medication treatment perceptions, concerns and expectations among depressed individuals with type I bipolar disorder. *J Affect Disord*. 2009;115(3):360-366.

Simmons MB, Hetrick SE, Jorm AF. Making decisions about treatment for young people diagnosed with depressive disorders: A qualitative study of clinicians' experiences. *BMC Psychiatry*. 2013;13:335. doi:10.1186/1471-244X-13-335.

Sturmey, P. Behavioral activation is an evidence-based treatment for depression. *Behavior Modification*. 2009;33(6):818-829.

Swanson KA, Bastani R, Rubenstein LV, Meridith LS, Ford DE. Effect of mental health care and shared decision making on patient satisfaction in a community sample of patients with depression. *Med Care Res Rev*. 2007;64(4):416–430.

Weinstein S. Does your family know your mental health care preferences? Care for Your Mind. December 5, 2018. http://careforyourmind.org/does-your-family-know-your-mental-health-care-preferences. Accessed March 2019.

Chapter 05. 돌봄 과정의 어려움과 지지하고 소통하는 법

Buckman R. *How to Break Bad News: A Guide for Health Care Professionals*. Johns Hopkins University Press; 1992.

Chapter 06. 우울증을 겪고 있는 사람에게 다가가는 유용한 방법

Beck A, Rush A, Shaw BF, Emery G. *Cognitive Therapy of Depression*. Guilford Press; 1979.

Burns D. *Feeling Good: The New Mood Therapy*. HarperCollins; 2009.

Families for Depression Awareness. Helping Someone Living with Depression or Bipolar Disorder: A Handbook for Families and Caregivers. familyaware.org/new-caregiver-resources. Accessed March 2019.

Kitchener BA, Jorm AF. Mental health first aid training for the public: Evaluation of effects on knowledge, attitudes and helping behavior. *BMR Psychiatry*. 2002;2:10.

Langlands RL, Jorm AF, Kelly CM, Kitchener BA. First aid for depression: A Delphi consensus study with consumers, carers and clinicians. *J Affect Disord*. 2008;105:157–165.

Mental Health First Aid Australia. www.mhfa.com.au. Accessed May 2019.

Noonan SJ. *Managing Your Depression: What You Can Do to Feel Better*. Johns Hopkins University Press; 2013.

Noonan SJ. *Take Control of Your Depression: Strategies to Help You Feel Better Now*. Johns Hopkins University Press; 2018.

Reivich K, Shatte A. *The Resilience Factor*. Broadway Books; 2002.

Sheffield A. *How You Can Survive When They're Depressed*. Three Rivers Press; 1998.

Southwick SM, Charney DS. *Resilience: The Science of Mastering Life's Greatest Challenges*. Cambridge University Press; 2012.

Yeung A, Feldman G, Fava M. *Self-Management of Depression: A Manual for Mental Health and Primary Care Professionals*. Cambridge University Press; 2010.

Chapter 07. 증상이 나타났을 때 즉시 할 수 있는 일

Baldwin DS, Papakostas GI. Symptoms of fatigue and sleepiness in major depressive disorder. *J Clin Psychiatry*. 2006;67(Suppl 6):9 – 15.

Benson H. *The Relaxation Response*. 2000 revised edition. Avon; 1975.

Burns D. *Feeling Good: The New Mood Therapy*. HarperCollins; 2009.

Kabat-Zinn J. *Wherever You Go, There You Are*. Hyperion; 1994.

Noonan SJ. *Managing Your Depression: What You Can Do to Feel Better*. Johns Hopkins University Press; 2013.

Chapter 08. 자살을 생각하거나 행동에 옮기려 할 때

American Foundation for Suicide Prevention (AFSP). www.afsp.org/preventing-suicide/suicide-warning-signs. Accessed March 2019.

Beyer JL, Weisler RH. Suicide behaviors in bipolar disorder: A review and update for the clinician. *Psychiatr Clin North Am*. 2016;39(1):111 – 123.

Centers for Disease Control and Prevention (CDC). Suicide: Risk and protective factors. www.cdc.gov/violenceprevention/suicide/riskprotectivefactors. Accessed March 2019.

Centers for Disease Control and Prevention (CDC). www.cdc.gov. Accessed March 2019.

Centers for Disease Control and Prevention (CDC). The relationship between bullying and suicide: What we know and what it means for schools. 2014. https://www.cdc.gov/violenceprevention/pdf/bullying-suicide-translation-final-a.pdf. Accessed March2020.

Centers for Disease Control and Prevention (CDC). Youth Suicide Prevention Programs: A Resource Guide. CDC; 1992.

Dazzi T, Gribble R, Wessely S, et al. Does asking about suicide and related behaviours induce suicidal ideation? What is the evidence? *Psychol Med*. 2014;44(16):3361–3363.

Fazel S, Runeson B. Suicide. *N Engl J Med*. 2020;382:266–274.

Lardier DT Jr, Barrios VR, Garcia-Reid P, Reid RJ. Suicidal ideation among suburban
adolescents: The influence of school bullying and other mediating risk factors. *J Child
Adolesc Ment Health*. 2016;28(3):213–231.

McClatchey K, Murray J, Rowat A, Chouliara Z. Risk factors for suicide and suicidal
behavior relevant to emergency health care settings: A systematic review of post-2007
reviews. *Suicide Life Threat Behav*. 2017;47(6):729–745.

Miron O, Yu K, Wilf-Miron R, Kohane IS. Suicide rates among adolescents and young
adults in the United States, 2000–2017. *JAMA*. 2019;321(23):2362–2364. doi:10.1001/
jama.2019.5054.

Olson R. Why do people kill themselves? Centre for Suicide Prevention. 2014. https://
www.suicideinfo.ca/resource/suicidetheories/ Accessed April 2019.

Steinhauer JVA. Officials, and the nation, battle and unrelenting tide of veteran suicides.
New York Times. April 14, 2019.

Stone DM, Simon TR, Fowler, KA, et al. Vital signs: Trends in state suicide rates—United
States, 1999–2016 and circumstances contributing to suicide—27 states, 2015.

MMWR Morb Mortal Wkly Rep. 2018;67(22):617–224. https://www.cdc.gov/mmwr/
volumes/67/wr/pdfs/mm6722a1-H.pdf.

Turecki G, Brent DA. Suicide and suicidal behaviour. *Lancet*. 2016;387(10024):1227–1239.

National Institute of Mental Health (NIMH). www.nimh.nih.gov. Accessed March 2019.

National Suicide Prevention Lifeline. Suicide risk factors. www.suicidepreventionlifeline.
org. Accessed March 2019.

Youth Risk Behavior Survey 2017. Centers for Disease Control and Prevention. https://
www.cdc.gov/nchhstp/dear_colleague/2018/dcl-061418-YRBS.html. Accessed March
2019.

Chapter 09. 기분장애와 중독

Blanco C, Alegria AA, Liu SM, et al. Differences among major depressive disorder with
and without co-occurring substance use disorders and substance-induced depressive

disorder: results from the National Epidemiologic Survey on Alcohol and Related
Conditions. *J Clin Psychiatry*. 2012;73(6):865–873.

Di Forti M, Quattrone D, Freeman TP, et al. The contribution of cannabis use to
variation in the incidence of psychotic disorder across Europe (EU-GEI): A
multicentre case-control study. *Lancet Psychiatry*. 2019;6(5):427–436. doi:10.1016/
S2215-0366(19)30048-3.

Gobbi G, Atkin T, Zytynski T, et al. Association of cannabis use in adolescence and risk
of depression, anxiety, and suicidality in young adulthood: A systematic review and
meta-analysis. *JAMA Psychiatry*. 2019;76(4):426–434.

Kessler RC. The epidemiology of dual diagnosis. *Biol Psychiatry*. 2004;56:730–737.

Mark TL. The costs of treating persons with depression and alcoholism compared with
depression alone. *Psychiatr Serv*. 2003;54(8):1095–1097.

NAMI Chicago. Dual diagnosis: Mental illness and substance abuse. www.namichicago.
org. Accessed April 2019.

NAMI. Dual diagnosis. https://www.nami.org/Learn-More/Mental-Health-Conditions/
Related-Conditions/Dual-Diagnosis. Accessed April 2019.

SAMHSA. Behavioral health trends in the United States: Results from the 2014 National
Survey on Drug Use and Health. https://www.samhsa.gov/data/sites/default/files/
NSDUH-FRR1-2014/NSDUH-FRR1-2014.pdf Accessed April 2019.

Schrier LA, Harris SK, Kurland M, Knight JR. Substance use problems and associated
psychiatric symptoms among adolescents in primary care. *Pediatrics*. 2003;111(6 Pt
1):e699-705.

Chapter 10. 청소년 자녀가 우울증인 부모 또는 부모가 우울증인 청소년

Barry MJ, Edgman-Levitan, S. Shared decision making—pinnacle of patient-centered care.
N Engl J Med. 2012;366(9):780–781.

Cheung AH, Zuckerbrot RA, Jensen PS, Laraque D, Stein REK; GLAD-PC Steering Group.
Guidelines for adolescent depression in primary care (GLAD-PC): Part II. Treatment
and ongoing management. *Pediatrics*. 2018;141(3).

Coles ME, Ravid A, Gibb B, George-Denn D, Bronstein LR, McLeod S. Adolescent mental health literacy: Young people's knowledge of depression and social anxiety disorder. *J Adolesc Health*. 2016;58(1):57 – 62.

Denizet-Lewis B. Why are more American teenagers than ever suffering from severe anxiety? *New York Times*. October 11, 2017. https://www.nytimes.com/2017/10/11/magazine/why-are-more-american-teenagers-than-ever-suffering-from-severe-anxiety.html. Accessed March 2019.

Elwyn G, Cochran N, Pignone M. Shared decision making—the importance of diagnosing preferences. *JAMA Intern Med*. 2017;177(9):1239 – 1240.

Elwyn G, Frosch D, Thomson R, et al. Shared decision making: A model for clinical practice. *J Gen Intern Med*. 2012;27(10):1361 – 1367. doi:10.1007/s11606-012-2077-6.

Faber A, Mazlish, E. *How to Talk So Teens Will Listen & Listen So Teens Will Talk*. William Morrow; 2005.

Hoare E, Milton K, Foster C, Allender S. The association between sedentary behaviour and mental health among adolescents: A systematic review. *Int J Behav Nutr Phys Act*. 2016;13(1):108.

Johnco C, Rapee RM. Depression literacy and stigma influence how parents perceive and respond to adolescent depressive symptoms. *J Affect Disord*. 2018;241:599 – 607.

Khalid S, Williams CM, Reynolds SA. Is there an association between diet and depression in children and adolescents? A systematic review. *Br J Nutr*. 2016;116(12):2097 – 2108.

Lardier DT Jr, Barrios VR, Garcia-Reid P, Reid RJ. Suicidal ideation among suburban adolescents: The influence of school bullying and other mediating risk factors. *J Child Adolesc Ment Health*. 2016;28(3):213 – 231.

Lipson SK, Lattie EG, Eisenberg D. Increased rates of mental health service utilization by U.S. college students: 10-year population-level trends (2007 – 2017). *Psychiatr Serv*. 2019;70:60 – 63.

Lovell S, Clifford M. Nonsuicidal self-injury of adolescents. *Clin Pediatr (Phila)*. 2016;55(11):1012 – 1019.

Marino C, Gini G, Vieno A, Spada MM. The associations between problematic Facebook use, psychological distress and well-being among adolescents and young adults: A systematic review and meta-analysis. *J Affect Disord*. 2018;225:274 – 281.

McMahon EM, Corcoran P, O'Regan G, et al. Physical activity in European adolescents and associations with anxiety, depression and well-being. Eur Child Adolesc *Psychiatry*.

2017;26(1):111–122.

Melton TH, Croarkin PE, Strawn JR, McClintock SM. Comorbid anxiety and depressive symptoms in children and adolescents: A systematic review and analysis. *J Psychiatr Pract*. 2016;22(2):84–98.

Schrier LA, Harris SK, Kurland M, Knight JR. Substance use problems and associated psychiatric symptoms among adolescents in primary care. *Pediatrics*. 2003;111(6 Pt 1):e699-705.

Schrobsdorff, S. Teen depression and anxiety: Why the kids are not alright. *TIME*. October 27, 2016. http://time.com/4547322/american-teens-anxious-depressed-overwhelmed/. Accessed March 2019.

Simmons MB, Hetrick SE, Jorm AF. Making decisions about treatment for young people diagnosed with depressive disorders: A qualitative study of clinicians' experiences. *BMC Psychiatry*. 2013;13:335. doi:10.1186/1471-244X-13-335.

Swanson KA, Bastani R, Rubenstein LV, Meredith LS, Ford DE. Effect of mental health care and shared decision making on patient satisfaction in a community sample of patients with depression. *Med Care Res Rev*. 2007;64(4):416–430.

Vancampfort D, Stubbs B, Firth J, Van Damme T, Koyanagi A. Sedentary behavior and depressive symptoms among 67,077 adolescents aged 12–15 years from 30 low- and middle-income countries. *Int J Behav Nutr Phys Act*. 2018;15(1):73.

Wisdom JP, Clarke GN, Green CA. What teens want: Barriers to seeking care for depression. *Adm Policy Ment Health*. 2006;33(2):133–145.

Zuckerbrot RA, Cheung A, Jensen PS, Stein REK, Laraque D; GLAD-PC Steering Group. Guidelines for adolescent depression in primary care (GLAD-PC): Part I. Practice preparation, identification, assessment, and initial management. *Pediatrics*. 2018:141(3).

Chapter 11. 노인 우울증

Mojtabai R. Diagnosing depression in older adults in primary care. *N Engl J Med*. 2014;370(13):1180–1182.

Qata D, Ozenbergweger K, Olfson M. Prevalence of prescriptions with depression as a potential adverse effect among adults in the United States. *JAMA*.2018;319(22):2289 – 2298. doi:10.1001/jama.2018.6741.

Taylor WD. Depression in the elderly. *N Engl J Med*. 2014;371(13):11228 – 11236.

Chapter 12. 우울증 회복 과정

Anthony WA. Recovery from mental illness: The guiding vision of the mental health system in the 1990s. *Psychosoc Rehabil* J. 1993;16:11 – 23.

DBSA/Appalachian Consulting Group. *DBSA Peer Specialist Core Training Manual*. 2009;2:2.

Manderscheld RW, Ryff CD, Freeman EJ, McKnight-Eily LR, Dhingra S, Strine TW. Evolving definitions of mental illness and wellness. *Prev Chronic Dis*. 2010;7(1):1 –6.

National Association of Mental Illness (NAMI). Can people recover from mental illness. https://www.nami.org/FAQ/General-Information-FAQ/Can-people-recover-from-mental-illness-Is-there-a. Accessed March 2019.

Ryff CD. Psychological well-being revisited: Advances in science and practice of eudaimonia. *Psychother Psychosom*. 2014;83(1):10 – 28. doi:10.1159/000353263.

SAMHSA Working Definition of Recovery. https://store.samhsa.gov/system/files/pep12-recdef.pdf. Accessed March 2019.

Well Beyond Blue: Report of the externally-led patient-focused medical product development meeting on major depressive disorder. DBSA. March 2019. https://www.dbsalliance.org/wp-content/uploads/2019/10/final-Externally-led-VOPR.pdf Accessed January 2020.

Chapter 13. 회복력 기르기

American Psychological Association (APA). Resilience guide for parents and teachers. www.apa.org/helpcenter/resilience.aspx. Accessed May 2015.

American Psychological Association (APA). The road to resilience. www.apa.org/helpcenter/road-resilience.aspx. Accessed March 2020.

Catalano D, Wilson L, Chan F, Chiu C, Muller VR. The buffering effect of resilience on depression among individuals with spinal cord injury: A structural equation model. *Rehabil Psychol*. 2011;56(3):200-211.

Comas-Diaz L, Luthar SS, Maddi SR, O'Neill HK, Saakvitne KW, Tedeschi RG. *The Road to Resilience*. American Psychological Association, 2013.

Dunn AL,Trivedi MH, Kampert JB, Clark CG, Chamblis HO. Exercise treatment for depression: Efficacy and dose response. *Am J Prev Med*. 2005;28(1):1-8.

Haeffel GF, Vargas I. Resilience to depressive symptoms: The buffering effects of enhancing cognitive style and positive life events. *J Behav Ther Exp Psychiatry*. 2011;42(1):13-18.

Mak WWS, Ng ISW, Wong CCY. Resilience: Enhancing well-being through the positive cognitive triad. *J Couns Psychol*. 2011;58(4):610-617.

Masten AS. Ordinary magic: Resilience processes in development. *Am Psychol*. 2001;56:227-238.

Mead GE, Morley W, Campbell P, Greig CA, McMurdo M, Lawlor DA. Exercise for depression. *Cochrane Database of Syst Rev*. 2009;(3):CD004366.

Rethorst CD, Trivedi MH. Evidence-based recommendations for the prescription of exercise for major depressive disorder. *J Psychiatr Pract*. 2013;19(3):204-212.

Southwick SM, Charney DS. *Resilience: The Science of Mastering Life's Greatest Challenges*. Cambridge University Press; 2012.

Stein MB, Campbell-Sills L, Gelernter J. Genetic variation in 5HTTLPR is associated with emotional resilience. *Am J Med Genet B Neuropsychiatr Genet*. 2009;150B(7):900-906.

Trivedi MH, Greer TL, Grannemann BD, Chambliss HO, Jordan AN. Exercise as an augmentation strategy for treatment of major depression. *J Psychiatr Pract*. 2006;12(4):205-213.

Vanderhorst RK, McLaren S. Social relationships as predictors of depression and suicidal ideation in older adults. *Aging Ment Health*. 2005;9(6):517-525.

Wingo AP, Wrenn G, Pelletier T, Gutman AR, Bradley B, Ressler KJ. Moderating effects of resilience on depression in individuals with a history of childhood abuse or trauma exposure. *J Affect Disord*. 2010;126(30):411-414.

Barker ED, Copeland W, Maughan B, Jaffee SR, Uher R. Relative impact of maternal depression and associated risk factors on offspring psychopathology. *Br J Psychiatry*. 2012;200(2):124–129.

Batten LA, Hernandez M, Pilowsky DJ, et al. Children of treatment-seeking mothers: A comparison with the sequenced treatment alternatives to relieve depression(STAR*D) child study. *J Am Acad Child Adolesc Psychiatry*. 2012;51(11):1185–1196.

DePaulo JR Jr, Horvitz LA. *Understanding Depression: What We Know and What You Can Do about It*. John Wiley and Sons; 2002.

Golant M, Golant S. *What to Do When Someone You Love Is Depressed*. Henry Holt; 1996, 2007.

Pilowsky DJ, Wickramaratne PJ, Rush AJ, et al. Children of currently depressed mothers: A STAR*D ancillary study. *J Clin Psychiatry*. 2006;67(1):126–136.

Rosen LE, Amador XF. *When Someone You Love Is Depressed: How to Help Your Loved One without Losing Yourself*. Simon & Shuster; 1996.

Weissman MM, Feder A, Pilowsky DJ, et al. Depressed mothers coming to primary care: Maternal reports of problems with their children. *J Affect Disord*. 2004;78(2):93–100.

Weissman MM, Wickramaratne P, Pilowsky DJ, et al. Treatment of maternal depression in a medication clinical trial and its effect on children. *Am J Psychiatry*. 2015;172(5):450–459.

Chapter 15. 어떻게 말하고 행동해야 할까?

Yeung A, Feldman G, Fava M. *Self-Management of Depression: A Manual for Mental Health and Primary Care Professionals*. Cambridge University Press; 2010, appendix C.